कथा द्वादशी

कथा द्वादशी

सम्पादक

हिन्दी अध्ययन मंडल

डॉ. बाबासाहेब आम्बेडकर मराठवाड़ा विश्वविद्यालय, औरंगाबाद

वाणी प्रकाशन

वाणी प्रकाशन

4695, 21-ए, दरियागंज, नयी दिल्ली 110 002

फ़ोन : +91 11 23273167 फ़ैक्स : +91 11 23275710

शाखाएँ

अशोक राजपथ, पटना 800 004, बिहार

कॉफ़ी हाउस कैम्पस, महात्मा गांधी मार्ग, इलाहाबाद 211 001, उत्तर प्रदेश

महात्मा गांधी अन्तरराष्ट्रीय हिन्दी विश्वविद्यालय, वर्धा 442 001, महाराष्ट्र

www.vaniprakashan.com
marketing@vaniprakashan.in
sales@vaniprakashan.in

Katha Dwadashi
Editor : Hindi Adhyayan Mandal
Dr. Babasaheb Ambedkar Marathwada Vishwvidylaya, Aurangabad

ISBN : 978-93-5229-866-2

प्रथम संस्करण 2022
द्वितीय संस्करण 2022

मूल्य : ₹ 145

सिटी प्रेस, दिल्ली-110 032 में मुद्रित

वाणी प्रकाशन का लोगो मक़बूल फ़िदा हुसेन की कूची से

अनुक्रम

हिन्दी कहानी का उद्‌भव और विकास		7
प्रेमचन्द	• पूस की रात	23
जयशंकर प्रसाद	• ममता	32
सुदर्शन	• हार की जीत	39
भगवतीचरण वर्मा	• मुग़लों ने सल्तनत बख़्श दी	46
फणीश्वरनाथ रेणु	• तीसरी क़सम	55
अमरकान्त	• डिप्टी-कलक्टरी	87
मोहन राकेश	• आर्द्रा	112
धर्मवीर भारती	• गुलकी बन्नो	130
मन्नू भण्डारी	• यही सच है	149
उषा प्रियंवदा	• वापसी	174
रमणिका गुप्ता	• दाग़ दिया सच	185
स्वदेश दीपक	• रफ़ूजी	203

हिन्दी कहानी का उद्भव और विकास

प्राचीन कहानी : कहानी की परम्परा अत्यन्त प्राचीन है, यद्यपि आधुनिक साहित्यिक कहानी का इतिहास 19वीं शताब्दी से प्रारम्भ होता है। भारत में कहानी का प्राचीनतम रूप कथा है। कथा शैली की कहानियों के विषय वीरों तथा राजाओं के शौर्य, प्रेम, न्याय, ज्ञान और वैराग्य आदि हैं। इनमें कथानक या घटना-प्रधान रूप ही अधिक मिलते हैं। भारतीय साहित्य में कहानी का प्राचीनतम रूप ऋग्वेद के यम-यमी, पुरुरवा-उर्वशी जैसे रूपकात्मक व्याख्यानों, महाभारत के गंगावतरण, श्रृंग, नहुष, ययाति, शकुन्तला, नल आदि उपाख्यानों, गीता के प्रवचनों, शिव, स्कन्द जैसे पुराणों के वार्तालाप में खोजा जा सकता है। इनमें कहानी की प्रेरणा का आधार धार्मिक आचार, आध्यात्मिक, तत्त्व चिन्तन तथा नीति और कर्तव्य की शिक्षा देना है। पंचतन्त्र, हितोपदेश, जातक कथाओं के द्वारा भी नीति उपदेश दिया गया। ई. पूर्व तक कहानी की यात्रा मौखिक ही रही। उसके बाद लेखन कौशल का विकास हुआ और लिखित रूप में कहानियों को हम प्राचीन ग्रन्थों के माध्यम से जान सकते हैं।

कहानी का प्रारम्भिक काल : हिन्दी के आधुनिक काल की 'कहानी' कथा के विकास में एक नवीन दिशा है। आधुनिक कहानी की कथात्मकता की झलक इंशाअल्ला खाँ की 'रानी केतकी की कहानी' या 'उदयभान चरित', लल्लूलाल रचित 'सिंहासन बत्तीसी', 'बेताल पच्चीसी', 'माधवानल कामकन्दला', 'शकुन्तला', 'प्रेमसागर', सदल मिश्र की 'नासिकेतोपाख्यान', जटमल की 'गोरा बादल की कथा', राजा शिवप्रसाद 'सितारे हिन्द' की 'राजा भोज का सपना' या 'वीरसिंह का वृत्तान्त' इत्यादि मौलिक और अनुवादित कथा ग्रन्थों में मिलती है।

कहानी के इस प्रारम्भिक काल में कहानियाँ प्रायः दो स्रोतों से सम्बन्धित थीं—एक संस्कृत कथा या लोकप्रचलित मौखिक कथाओं का स्रोत, दूसरा उर्दू-फारसी की कहानियों का स्रोत। पहले में संस्कृत की धार्मिक एवं पौराणिक कथाओं के अनुवाद तथा 'शुक बहत्तरी', 'सारंगा वृक्ष', 'किस्सा तोता-मैना',

'किस्सा साढ़े-तीन यार', 'किस्सा-ए-चार यार', और दूसरे में 'बागोबहार', 'किस्सा हातिमताई', 'चहार दरवेश', 'दास्ताने अमीर हमजा', 'तिलिस्मे होशरूबा' जैसी कहानियाँ रखी जा सकती हैं। इस समय में जादू, कुतूहल और वासनामूलक प्रेम कहानियाँ ही भारतीय जनता का मनोरंजन कर रही थीं। इसमें आधुनिक कहानी के तत्त्वों का सर्वथा अभाव है। इसी प्रकार का क्रम भारतेन्दु युग में चलता रहा जब संस्कृत, बंगला या अंग्रेजी के कुछ नाटकों, आख्यानों या कथाओं को हिन्दी गद्य में प्रस्तुत करने का प्रयास हुआ। कोई ऐसी कहानी इस युग में नहीं रची गयी जिसे हिन्दी की मौलिक साहित्यिक कहानी कहा जा सके।

आधुनिक कहानी का विकास : पाश्चात्य संस्कृति तथा उसके भौतिक दृष्टिकोण के प्रसार, राष्ट्रीय जागरण, सांस्कृतिक आन्दोलन, व्यक्ति-स्वातन्त्र्य की वृद्धि, गद्य के प्रकार, मुद्रण की सुविधाओं और पत्रों के इस युग में 'हिन्दी प्रदीप', 'सरस्वती', 'सुदर्शन' के प्रकाशन से हिन्दी कथा साहित्य में अभूतपूर्व क्रान्ति हुई। प्रारम्भ में 'हिन्दी प्रदीप' में कात्यायन वररुचि की कथा, उपकोशा की कथा; 'सुदर्शन' में पौराणिक आख्यान और 'सरस्वती' में 'रत्नावली', 'मालविकाग्निमित्र', 'कादम्बरी', 'सीम्बलीन', 'एथेंस का टाइमन', 'पेरीक्लीज', 'कॉमेडी ऑफ एरर' जैसी देशी-विदेशी कहानियाँ, काव्य तथा नाटकों के अनुवाद प्रकाशित हुए, किन्तु 'सरस्वती' में 1900 में किशोरीलाल गोस्वामी की 'इन्दुमती' कहानी प्रकाशित हुई, जो परम्परागत, अनूदित या तथाकथित मौलिक कहानियों से सर्वथा भिन्न प्रकार की थी। इस पर शेक्सपियर के 'टेंपेस्ट' तथा किसी राजपूत कहानी का प्रभाव माना गया है, किन्तु शिल्प की दृष्टि से यह एक नवीन कहानी है। इसके बाद कुछ समय तक रूपान्तरित और अनुवादित कहानियों का बाहुल्य रहा। बंगला से कहानियों के अनुवादकों में गिरिजाकुमार घोष, लाला पार्वतीनन्दन तथा बंग महिला का प्रमुख स्थान है।

हिन्दी की पहली कहानी : हिन्दी की पहली कहानी को लेकर विद्वानों में मतभेद है। यह माना जाता है कि बीसवीं शताब्दी के प्रथम दशक में हिन्दी में आधुनिक ढंग की कहानियाँ लिखी जाने लगीं। हिन्दी की मौलिक कहानी के रूप में किशोरीलाल गोस्वामी की 'इन्दुमती' (1900), माधवप्रसाद मिश्र की 'मन की चंचलता' (1900), माधवराव सप्रे की 'एक टोकरी मिट्टी' (1901), मास्टर भगवानदीन की 'प्लेग की चुड़ैल' (1902), आचार्य रामचन्द्र शुक्ल की 'ग्यारह वर्ष का समय'(1903), बंग महिला की 'दुलाईवाली' (1907), वृन्दावनलाल वर्मा की 'राखी बन्द'(1909), जयशंकर प्रसाद की 'ग्राम' (1911) आदि कहानियों की चर्चा होती है।

श्री देवी प्रसाद वर्मा ने माधवराव सप्रे की कहानी को पहली कहानी साबित करते हुए कई प्रमाण प्रस्तुत किये। डॉ. खगेन्द्र ठाकुर ने वर्माजी के दावे को मान्यता दी। डॉ. अजय तिवारी ने रैवरेंड जे. न्यूटन की कहानी 'जमींदार का दृष्टान्त' (1871) को हिन्दी की प्रथम कहानी के रूप में प्रस्तावित किया। आ. रामचन्द्र शुक्ल के अनुसार,"हम देखें तो इंशाअल्लाह की 'रानी केतकी की कहानी' न आधुनिक उपन्यास के अन्तर्गत आयेगी, न राजा शिवप्रसाद की 'राजा भोज का सपना' या 'वीर सिंह का वृत्तान्त' आधुनिक कहानी के अन्तर्गत। 'सरस्वती' के प्रथम वर्ष (1900) में ही पण्डित किशोरीलाल गोस्वामी की 'इन्दुमती' नाम की कहानी छपी जो मौलिक जान पड़ती है।" इस प्रकार पण्डित किशोरीलाल गोस्वामी की 'इन्दुमती' ही हिन्दी की पहली मौलिक कहानी है।

हिन्दी कहानी का विकास क्रम : हिन्दी कहानी की विकास यात्रा को तीन युगों में विभाजित किया जा सकता है—प्रेमचन्द पूर्व युग, प्रेमचन्द युग, प्रेमचन्दोत्तर युग। हिन्दी कहानी के विकास चक्र में प्रेमचन्द के नाम का उल्लेख इसलिए आवश्यक है, क्योंकि उन्होंने हिन्दी कहानी को मनोरंजन से निकालकर गम्भीर साहित्यिक एवं मौलिक विधा का रूप प्रदान किया।

प्रेमचन्द पूर्व युग : प्रेमचन्द पूर्व युग की कहानियाँ तत्कालीन परिवेश से प्रभावित हैं। यह युग समाज सुधारों का था, जिनमें आर्य समाज और सनातन धर्म द्वारा अपने-अपने ढंग से पुनरुत्थान की रूपरेखा निर्मित की जा रही थी। इसलिए इस युग में मनोरंजनात्मक, उपदेशात्मक, घटनाप्रधानात्मक, कल्पनात्मक, विस्मयपूर्ण तथा व्यंग्यविनोदात्मक कहानियाँ अधिक हैं। इसी युग में कुछ कुतूहल-वृत्ति प्रधान एवं संवेदनात्मक कहानियाँ भी लिखी गयीं। जिनमें वर्णनात्मकता और भावुकता का समन्वय है। इस युग के प्रमुख कहानीकार और कहानियाँ हैं—केशवप्रसाद की 'आपत्तियों का पर्वत', 'चन्द्रलोक की यात्रा'; गिरिजादत्त वाजपेयी की 'पति का पवित्र प्रेम', 'पण्डित और पण्डितानी'; कार्तिक प्रसाद खत्री की 'दामोदर राव की आत्मकहानी'; लाला पार्वतीनन्दन की 'प्रेम का फुआरा', 'बिजली' और जयशंकर प्रसाद की 'ग्राम'। इसके बाद उन्होंने 'आकाशदीप', 'बिसाती', 'प्रतिध्वनि', 'स्वर्ग के खण्डहर', 'चित्रमन्दिर' आदि कहानियाँ लिखीं, राधिकारमण प्रसाद सिंह की भावपूर्ण कहानी 'कानों में कंगना'; विश्वम्भरनाथ शर्मा 'कौशिक' की 'रक्षाबन्धन'; माधवराव सप्रे की 'एक टोकरी भर मिट्टी'; किशोरीलाल गोस्वामी की 'गुलबहार'; भगवानदीन 'बी.ए.' की 'प्लेग की चुड़ैल'; रामचन्द्र शुक्ल की 'ग्यारह वर्ष की सभा'; वृन्दावनलाल वर्मा की ऐतिहासिक कहानी

'राखी बंदभाई'; मैथिलीशरण गुप्त की 'नकली किला'; चन्द्रधर शर्मा 'गुलेरी' की 'उसने कहा था'; ज्वालादत्त शर्मा की 'मिलन' आदि। इस युग के उल्लेखनीय कहानीकार हैं—ज्वालादत्त शर्मा तथा हास्य रस की कहानियाँ लिखने वाले जी.पी. श्रीवास्तव, पदुमलाल पन्नालाल बख़्शी, किशोरीलाल कौशिक, वृन्दावनलाल वर्मा, चन्द्रधर शर्मा 'गुलेरी', जयशंकर प्रसाद, रामचन्द्र शुक्ल। इसके साथ ही इस युग में प्रेमचन्द, आचार्य चतुरसेन एवं इलाचन्द्र जोशी की भी प्रारम्भिक कहानियाँ प्रकाशित हुईं। शैली की दृष्टि से इस युग की हिन्दी कहानियाँ तीन प्रकार की हैं—ऐतिहासिक, आत्मकथात्मक और यात्रा शैली आदि।

प्रेमचन्द पूर्व युग यर्थाथतः पत्रकारिता का आरम्भिक काल था और इसने समाज को कहानी की ओर आकर्षित किया। भारतेन्दु जी का इसमें विशेष योगदान रहा। कवि वचन सुधा (1867), हरिश्चन्द्र मैगजीन (1873), हरिश्चन्द्र चन्द्रिका (1874), हिन्दी प्रदीप (1877), ब्राह्मण (1883), सारसुधा निधि (1879), क्षत्रिय पत्रिका (1880) एवं भारत मित्र (1888) आदि पत्र-पत्रिकाओं में कथा साहित्य प्रकाशित हुआ। हिन्दी कहानी का वास्तविक आरम्भ सरस्वती (1900) के प्रकाशन से शुरू हुआ, परन्तु सन् 1909 में बनारस से 'इन्दु' पत्रिका तथा 1918 से 'हिन्दी गल्पमाला' नामक मासिक पत्र का प्रकाशन हुआ और हिन्दी का कथा साहित्य नियमित रूप से प्रकाशित होने लगा। इसमें प्यारेलाल गुप्त की 'समालोचक', श्रीमती फूलमती की 'बड़े की बेटी', रुद्रनाथ भट्ट की 'अजीबदास की जासूसी' तथा जी.पी. श्रीवास्तव की 'मैं ना बोलूँगी' आदि कहानियाँ प्रकाशित हुईं।

अतः कहा जा सकता है कि सन् 1900 से 1912 तक के कालखण्ड में कहानी के जन्म की प्रक्रिया रही है और उसके बाद उसकी प्रतिष्ठा की। सन् 1912 से 1920 तक कहानी एक स्वतन्त्र विधा के रूप में प्रतिष्ठित हुई। साहित्यिक विधा के रूप में कहानी को तभी मान्यता मिली। किसी भी साहित्यिक विधा के लिए यह समय बहुत कम है, परन्तु भारतीय मानस में 'कथा' के बीज विद्यमान थे, पाश्चात्य कहानी कला से परिचित होते ही वे बीज अंकुरित होते देर न लगी और हिन्दी कहानी का वृक्ष पुष्पित और पल्लवित हो उठा। हिन्दी कहानी को दो प्रवृत्तियों ने अधिक प्रभावित किया। एक व्यक्ति जीवन से सम्बन्ध और दूसरा समाज जीवन से सन्निकटता। प्रसाद और प्रेमचन्द यह दो नाम हैं, जो हिन्दी कहानी साहित्य को मनोरंजन से अलग जीवन और जगत से जोड़ते गये। प्रेमचन्द की पहली कहानी सन् 1916 में 'सरस्वती' में प्रकाशित हुई।

यहीं से हिन्दी कहानी में एक युगान्तर दिखाई देता है जो प्रेमचन्द युग के नाम से जाना जाता है।

प्रेमचन्द युग : हिन्दी कहानी के विकास-क्रम में 'प्रेमचन्द युग' ने कहानी को नया रूप देकर यथार्थवादी एवं आदर्शवादी दृष्टिकोण में कथा साहित्य का सृजन किया। प्रेमचन्द और जयशंकर प्रसाद इस युग के प्रतिनिधि रचनाकार हैं। प्रेमचन्द आदर्शोन्मुख यथार्थवादी परम्परा के प्रतीक थे तो प्रसाद भावमूलक परम्परा के प्रतीक थे, किन्तु इस युग में प्रेमचन्द को सर्वश्रेष्ठ स्थान प्राप्त है। 1907 से प्रेमचन्द उर्दू में लिख रहे थे लेकिन हिन्दी में उनकी पहली मौलिक कहानी 'पंच परमेश्वर' 1916 में और पहला कहानी संकलन 1917 में 'सप्त सरोज' नाम से प्रकाशित हुआ। प्रेमचन्द्र जी की 400 से अधिक कहानियाँ प्रकाशित हैं। जिनमें सामाजिक, राजनीतिक, ऐतिहासिक, मनोवैज्ञानिक और किसान वर्ग के यथार्थमय जीवन का चित्रण पहली बार कहानियों में हुआ है। इनकी 'पंच परमेश्वर', 'बड़े घर की बेटी', 'शतरंज के खिलाड़ी', 'वज्रपात', 'रानी सारंधा', 'अलगौजा', 'ईदगाह', 'अग्निसमाधि', 'पूस की रात', 'सुजान भगत', 'कफन' आदि कहानियों को विश्व की श्रेष्ठ कहानियों में रखा जाता है।

प्रेमचन्द युग में आधुनिक बोध और सामाजिक बोध के साथ व्यक्ति जीवन की विडम्बनाओं को आर्थिक दृष्टि से देखने का प्रयास किया गया है। वास्तव में प्रेमचन्द की कहानियों की उत्कृष्टता, श्रेष्ठता, परिपक्वता, गहरी भाव-राशि, संवेदन-शक्ति एवं चित्रण कला की विलक्षण प्रतिभा ने अनुभूत सत्य को उजागर किया है। रीति-रिवाज, परम्परा, छुआछूत, मजदूर, वैश्य समाज, वृद्ध विवाह, बाल विवाह, बहु विवाह, अन्धविश्वास, आर्थिक शोषण, जमींदारी संस्था, पुलिस व्यवस्था इन सभी पक्षों का स्पर्श करके प्रेमचन्द जी ने कहानी को एक नयी दृष्टि दी है।

जयशंकर प्रसाद जी कहानी के क्षेत्र में प्रेमचन्द के पहले आये थे। प्रसाद जी मूलतः कवि हैं और उसके पश्चात नाटककार, इसलिए उनकी कहानियों में काव्यात्मकता एवं नाटकीयता लक्षित होती है उन्होंने यथार्थपरक, आदर्शवादी, भावना प्रधान, कल्पना प्रधान तथा चरित्र प्रधान कहानियाँ लिखीं। 'प्रतिध्वनि', 'आकाशदीप', 'इन्द्रजाल', 'छाया' आदि प्रसाद जी के प्रमुख कहानी संग्रह हैं।

प्रेमचन्द युग की हिन्दी कहानियों के प्रमुख प्रकार निम्नांकित हैं–

1. चरित्र-प्रधान कहानियाँ
2. वातावरण-प्रधान कहानियाँ
3. कथानक-प्रधान कहानियाँ
4. कार्य-प्रधान कहानियाँ

चरित्र-प्रधान कहानियों में चरित्र के किसी एक पक्ष को इतनी कुशलता से चित्रित किया जाता है कि सम्पूर्ण चरित्र स्पष्ट हो जाता है चरित्र-प्रधान कहानियों में प्रेमचन्द की 'आत्माराम', 'बड़े घर की बेटी', 'बाँका गुमान', 'बूढ़ी काकी', 'रानी सारंधा', 'मुक्ति-मार्ग', 'अग्नि -समाधि' आदि प्रमुख हैं

वातावरण-प्रधान कहानियों में जीवन के किसी एक प्रमुख अंग को भावना के परिवेश के कथानक विकास का मुख्य भाग बनाकर भावना को संवेदित करके कहानी का विकास किया जाता है।

वातावरण-प्रधान कहानियों में जयशंकर प्रसाद की 'आकाशदीप', 'प्रतिध्वनि', 'बिसाती', 'स्वर्ग के खँडहर में', 'हिमालय का पथिक', 'समद्र संतरण' आदि उच्च कोटि की कहानियों को स्थान मिला है। वातावरण-प्रधान कहानीकारों में जयशंकर प्रसाद, सुदर्शन, गोविन्द बल्लभ पन्त, चंडीप्रसाद हृदयेश और राजा राधिकारमण प्रसाद सिंह आदि प्रमुख हैं।

कथानक-प्रधान कहानियों में चरित्र एवं परिस्थितियों के सम्बन्धों पर अधिक बल दिया जाता है। विश्वंभरनाथ शर्मा 'कौशिक', ज्वालादत्त शर्मा और पदुमलाल पुन्नालाल बख़्शी कथानक-प्रधान कहानियों के प्रमुख लेखक हैं।

कार्य-प्रधान कहानियों में आदि से अन्त तक लेखक की दृष्टि कार्य पर होती है। जासूसी तथा वैज्ञानिक कहानियाँ इसी कोटि की होती हैं। इनमें चरित्र-चित्रण को अधिक महत्त्व दिया जाता है।

इन कहानियों के अतिरिक्त हास्य एवं व्यंग्य प्रधान, ऐतिहासिक, धार्मिक, सामाजिक, राजनीतिक, प्रकृतिवादी एवं प्रतीकवादी कहानियाँ भी लिखी गयीं। इसलिए प्रेमचन्द युग को कहानी का विकास युग माना जाता है।

प्रेमचन्द युग में कहानी के प्रकारों के विकास के साथ ही शैली-रूपों का भी विकास हुआ है। कहानी लेखन की पाँच शैलियाँ प्रचलित हुईं। सर्वाधिक 'वर्णनात्मक शैली' का प्रचलन हुआ। इस शैली में लेखक तटस्थ होकर सम्पूर्ण कहानी सुना जाता है। इसमें बौद्धिक एवं भावात्मक विवेचन को भी स्थान मिलता है। 'संवाद शैली' में कथा एवं चरित्र दोनों का विकास वार्तालाप के सहारे किया जाता है। 'आत्मकथात्मक शैली' में लेखक अपने को 'मैं' में रखकर सम्पूर्ण कहानी आत्म चित्रण के रूप में कहता है। 'पत्रात्मक शैली' में पत्रों के माध्यम से कहानी लिखी जाती है। 'मिश्रित शैली' में ऐतिहासिक, पत्रात्मक, डायरी, संवाद, आत्मचरित्र आदि का सहयोग लिया जाता है।

प्रेमचन्द युग में कहानी ने अपने स्वरूप को सँवारने एवं निखारने का काम किया है। विषय वैविध्य एवं शिल्प सजगता का विकास हुआ। इस युग की

कहानियों को तीन वर्गों में विभाजित किया जा सकता है। प्रथम वर्ग बहिर्मुखी परम्परा प्रतिनिधि कहानीकार प्रेमचन्द को माना जाता है। द्वितीय वर्ग में अन्तर्मुखी परम्परा का प्रतिनिधि कहानीकार जयशंकर प्रसाद को माना जाता है। तृतीय वर्ग में मध्यवर्ती परम्परा का प्रतिनिधि कहानीकार सुदर्शन को माना जाता है।

प्रेमचन्द के आदर्श की नयी दृष्टि लेकर लिखने वाले कहानीकारों में विश्वंम्भरनाथ 'कौशिक' की 'रक्षाबन्धन'; राजा राधिकारमण प्रसाद सिंह की 'कानों में कंगना'; सुदर्शन की 'हार की जीत'; 'कवि की स्त्री' इन कहानियों को आदर्शोन्मुख कथावस्तु के रूप में स्वीकार किया जाता है, किन्तु इन कहानियों में ग्रामीण जीवन से अधिक शहरी जीवन को महत्त्व दिया गया है। इनकी दृष्टि आदर्शोन्मुख यथार्थवादी रही है।

सुदर्शन जी ने मानव-जीवन के विविध पक्षों के साथ सामाजिक सत्य को उजागर किया। इनकी 'सुदर्शन-सुध', 'तीर्थयात्रा', 'सुदर्शन-सुमन', 'पुष्पलता', 'सुप्रभात', 'नगीना', 'फूलवती', 'पनघट' आदि प्रमुख कहानियाँ हैं।

कौशिक जी ने पारिवारिक जीवन का सुन्दर चित्रण किया है। उनकी 'गल्पमन्दिर', 'चित्रशाला', 'प्रेम प्रतिमा', 'कल्लोल' आदि कहानियाँ प्रमुख हैं। पाण्डेय बेचन शर्मा 'उग्र' जी की कहानियों में समाज और राजनीति की दुष्प्रवृतियों पर प्रहार किया गया है। 'चॉकलेट', 'चिनगारियाँ', 'इन्द्रधनुष', 'निर्लज्जा', 'दोजख की आग', 'बलात्कार', 'सनकी अमीर', 'पीली इमारत', 'चित्र विचित्र', 'यह कंचन सी काया' आदि कहानियों में भावुकता, काल्पनिकता, प्रतीकात्मकता, समस्यामूलकता एवं नाटकीयता का रेखांकन हुआ है।

राधाकृष्ण दास की प्रतीकवादी कहानियाँ भी अपना एक महत्त्व रखती हैं। इनकी कहानियों के विषय सामाजिक एवं ऐतिहासिक रहे हैं। चंडीप्रसाद हृदयेश की कहानियों में उच्च भावों की व्यंजना, स्वल्प कथानक, अलंकृत भाषा लक्षित होती है। पण्डित गोविन्द बल्लभ पन्त की कहानियों में भावुकता, रोचकता एवं यथार्थ की कटुता का दर्शन होता है। वृन्दावनलाल वर्मा की कहानियाँ कल्पना एवं इतिहास के समन्वय के साथ सरल, स्वाभाविक लेखन शैली के कारण वर्णनात्मक एवं आदर्शोन्मुख हैं। राधिकारमण प्रसाद सिंह, जनार्दन प्रसाद, सियारामशरण गुप्त, विनोद शंकर व्यास, मोहनलाल महतो, वियोगी हरि, भगवती प्रसाद वाजपेयी, शिवपूजन सहाय, सुमित्रानन्दन पन्त, निराला आदि ने भी कुछ कहानियाँ लिखीं।

हिन्दी की प्रारम्भिक कहानियों में कथानक विकास आकस्मिक एवं दैवी घटनाओं पर निर्भर करता था। प्रेमचन्द युग में कथानक का विकास चरित्रों की मनोवैज्ञानिक विशेषताओं द्वारा होने लगा।

प्रेमचन्द युग के प्रथम चरण में 'सरस्वती' के माध्यम से चन्द्रधर शर्मा 'गुलेरी' और प्रेमचन्द; 'इन्दु' के माध्यम से जयशंकर प्रसाद तथा 'हिन्दी गल्पमाला' के माध्यम से जी.पी.श्रीवास्तव तथा इलाचन्द्र जोशी आदि कहानीकार सामने आये। कहानियों की प्रथम धारा 'यथार्थवादी' दृष्टिकोण को लेकर व्यावहारिक पक्ष के साथ विकसित हुई। इस धारा के अन्तर्गत प्रेमचन्द, सुदर्शन, विश्वंभरनाथ शर्मा 'कौशिक', ज्वालादत्त शर्मा और चन्द्रधर शर्मा 'गुलेरी' आते हैं। कहानियों की दूसरी धारा में कहानी आदर्श प्रधान प्रवृत्ति से प्रेरित होकर भाव सत्य को लेकर आगे बढ़ी है। इस धारा के अन्तर्गत जयशंकर प्रसाद, चंडीप्रसाद हृदयेश तथा राजा राधिकारमण प्रसाद सिंह प्रमुख हैं।

प्रेमचन्द युग के उत्तरार्ध में हिन्दी कहानियों की एक नयी दिशा स्पष्ट होने लगी थी। प्रेमचन्द सुधारवादी युग के हस्ताक्षर थे। यथार्थ समस्याओं का समाधान वे आदर्शवादी ढंग से करते रहे। सुधारवादी युग के बाद संघर्ष एवं संक्रान्ति युग आया। इस युग की कहानियों में मध्यवर्ग की समस्याओं को उजागर किया गया। कला का झुकाव यथार्थ एवं वैज्ञानिक यथार्थवाद की ओर हुआ। नये संकेतों एवं सत्यों को लेकर कहानी क्षेत्र में जैनेन्द्र, इलाचन्द्र जोशी, यशपाल और उपेन्द्रनाथ 'अश्क' आदि कहानीकारों ने मार्क्सवाद से प्रभावित होकर सामाजिक समस्याओं को कहानियों में अभिव्यक्त किया। जैनेन्द्र, इलाचन्द्र जोशी और अज्ञेय जी ने चरित्र प्रधान मनोवैज्ञानिक कहानियाँ लिखीं। प्रगतिशील लेखक यशपाल जी ने जीवन के संघर्षों एवं विभिन्न परिस्थितियों का अपने अनुभवों के आधार पर सजीव अंकन किया है। रांगेय राघव और फणीश्वरनाथ रेणु ने आँचलिक कहानियाँ लिखीं।

प्रेमचन्द युग के अन्तिम चरण में कहानी क्षेत्र में अपना प्रभाव विस्तारने वाले कहानीकारों में भगवती प्रसाद वाजपेयी, भगवतीचरण वर्मा, अमृतलाल नागर, विष्णु प्रभाकर, द्विजेंद्रनाथ मिश्र 'निर्गुण' और महिला लेखिकाओं में उषादेवी मित्रा, होमवती देवी, सत्यवती मलिक, कमला चौधरी, चन्द्रकिरण सोनरेक्सा आदि लेखक-लेखिकाओं ने अपनी निजी विशेषताओं के साथ घरेलू जीवन की बहुरंगी झाँकियाँ प्रस्तुत की हैं।

प्रेमचन्दोत्तर युग : प्रेमचन्दोत्तर युग की कहानी मनोवैज्ञानिक, दार्शनिक, समाजशास्त्रीय बोध के साथ ही जीवन के यथार्थ को प्रखरता और प्रामाणिकता से अभिव्यक्त करती है। इस युग में कहानी में केवल घटना का विवरण महत्त्वपूर्ण नहीं है बल्कि मानवीय जीवन के सत्य तथा, बुनियादी प्रश्नों को उठाया गया है। एक ओर फ्रायड के मनोवैज्ञानिक सिद्धान्त से प्रेरित होकर

कहानीकारों ने अन्तर्जगत् के क्रियाकलापों का विश्लेषण किया है तो दूसरी ओर समाज के वर्ग संघर्ष, गरीबी की पीड़ा तथा शोषण की अभिव्यक्ति मार्क्सवादी चिन्तन के द्वारा होती रही। परिणामस्वरूप कई कहानीकारों ने सामाजिक शोषण, नग्नता तथा भूख को व्यंग्यात्मक ढंग से चित्रित करने का प्रयास भी कहानी के माध्यम से किया। कहानी अपने समकालीन प्रश्नों तथा सन्दर्भों से जुड़ती गयी। 1936-50 तक प्रगतिवादी और व्यक्तिवादी दो प्रकार की प्रवृत्तियाँ रहीं। इस युग के प्रमुख प्रगतिवादी लेखक यशपाल हुए। इनकी कहानियों में सामाजिक, राजनीतिक तथा सांस्कृतिक जीवन के संघर्ष, द्वन्द्व तथा मर्यादाओं का नकलीपन उद्घाटित होता है। आर्थिक वैषम्य, नैतिकता तथा यौन संवेदनाएँ इनकी कहानियों की विशेषताएँ हैं। 'पिंजड़े की उड़ान', 'वो दुनिया', 'ज्ञानदान', 'अभिशप्त', 'तर्क का तूफ़ान', 'भस्मावृत्त', 'चिनगारी', 'फूलो का कुर्ता' आदि इनके 16 कहानी संग्रह हैं। मार्क्सवादी विचारों से प्रेरित होकर रांगेय राघव, नागार्जुन, अमृतराय, भैरवप्रसाद गुप्त जैसे सामाजिक कथाकारों ने कहानियाँ लिखीं।

जैनेन्द्र ने मनोविश्लेषणात्मक कहानियाँ लिखीं, इन्होंने घटनाओं की अपेक्षा चरित्र-चित्रण को अधिक महत्त्व दिया। जैनेन्द्र का मनोविश्लेषण निजी जीवनानुभवों पर आधारित है। इनके कहानी संग्रह है–'फाँसी', 'वातायन', 'नीलम देश की राजकन्या', 'एक रात', 'दो चिड़िया', 'पाजेब', 'जयसन्धि' आदि। अज्ञेय भी मनोवैज्ञानिक कथाकार हैं। इन्होंने व्यक्ति के आत्मसंघर्ष तथा नैतिक दायित्व को बड़ी सजगता से कहानियों के माध्यम से अंकित किया है। इसके लिए उन्होंने आत्मकथात्मक शैली का प्रयोग किया। इनके प्रमुख कहानी संग्रह है–'विपथगा', 'परम्परा', 'कोठरी के बाद', 'शरणार्थी', 'जयदोल', 'अमरबल्लरी', 'यह तेरे प्रतिरूप', आदि अज्ञेय के प्रसिद्ध कहानी संग्रह हैं। 'रोज' इनकी बहुचर्चित कहानी है। इसके साथ ही मनोविज्ञान के शास्त्रीय आधारों पर लिखने वाले इलाचन्द्र जोशी हैं, जिनके प्रमुख कहानी संग्रह हैं–'धूपरेखा', 'दीवाली और होली', 'रोमांटिक छाया', 'आहूती', 'खँडहर की आत्माएँ', 'डायरी के नीरस पृष्ठ', 'कँटीले फूल लचीले काँटे' आदि। 'चरणों की दासी', 'डोली', 'अनाश्वित', 'रोगी', 'परित्यक्ता', 'एकाँकी', 'शराबी' आदि। उपेन्द्रनाथ 'अश्क' भी मनोवैज्ञानिक परम्परा को लेकर लिखने वाले कहानीकार हैं। उनके कहानी संग्रह हैं–'जुदाई की शाम के गीत', 'काले साहब', 'पिंजरा', 'सत्तर श्रेष्ठ कहानियाँ' आदि।

प्रेमचन्द के परवर्ती कथाकारों में ऐसे कथाकार हैं जो न तो मार्क्सवादी कहे जा सकते हैं न मनोवैज्ञानिक, फिर भी उनमें सामाजिक जीवन की चेतना विद्यमान है और मनोविज्ञान से भी गहरा लगाव है वे कहानीकार हैं–पाण्डेय बेचन शर्मा 'उग्र',

भगवतीचरण वर्मा, चन्द्रगुप्त विद्यालंकार, अमृतलाल नागर, विष्णु प्रभाकर, रामवृक्ष बेनीपुरी, भगवती वाजपेयी आदि। ऐतिहासिक व सांस्कृतिक परम्परा के अन्तर्गत वृन्दावनलाल वर्मा, भगवतशरण उपाध्याय आदि कहानीकारों ने कहानियाँ लिखीं। हास्य-व्यंग्य धारा के कहानीकार हैं—जी.पी. श्रीवास्तव, हरिशंकर परसाई, रघुकुल तिलक तथा बरसानेलाल चतुर्वेदी। महिला कथाकार हैं—सुभद्राकुमारी चौहान, उषादेवी मित्र, महादेवी वर्मा, पुष्पा महाजन, रजनी पनिकर तथा कौशल्या अश्क आदि। इसके साथ ही प्रेमचन्दोत्तर युग के अन्य प्रमुख कथाकार हैं—मोहन राकेश, राजेन्द्र यादव, कमलेश्वर, मार्कण्डेय, फणीश्वरनाथ 'रेणु', धर्मवीर भारती, हरिशंकर परसाई, भैरवप्रसाद गुप्त, डॉ. लक्ष्मीनारायण लाल, अमरकान्त, अमृतराय, विष्णु प्रभाकर, द्विजेन्द्रनाथ मिश्र 'निर्गुण', भीष्म साहनी, उषा प्रियंवदा, मन्नू भंडारी, कृष्णा सोबती, शिवप्रसाद सिंह, शैलेश मटियानी, कृष्ण बलदेव वैद, निर्मल वर्मा, ज्ञानरंजन आदि।

हिन्दी कहानी के विकास में सरस्वती, चाँद, इन्दु, माया, कहानी, सरिता और मनोरमा आदि पत्रिकाओं ने महत्त्वपूर्ण योग दिया।

नयी कहानी : स्वातन्त्र्योत्तर हिन्दी कहानी के वस्तु और शिल्प में परिवर्तन हुआ, इसलिए नयी कविता के साथ-साथ कहानी के लिए भी 'नयी कहानी' संज्ञा का प्रचलन हुआ। सन् 1950 से नयी कविता के समान कहानी के क्षेत्र में भी असामाजिक भावनाओं, अनास्था, काम कुण्ठा, घुटन, निराशा, जीवन के प्रति वितृष्णा को अभिव्यक्ति मिली। सबसे पहले दुष्यन्त कुमार ने इस संज्ञा का प्रयोग किया। उनका 1959 में लिखा लेख 'नयी कहानी परम्परा और शीर्ष लेख' इस दृष्टि से महत्त्वपूर्ण है। नये कहानीकारों में मोहन राकेश, राजेन्द्र यादव, कमलेश्वर, धर्मवीर भारती, अमरकान्त, अमृतराय, निर्मल वर्मा, मन्नू भंडारी आदि प्रमुख हैं।

स्वतन्त्रता से पूर्व साहित्यकार की मूल समस्या राष्ट्रीय मुक्ति थी। स्वतन्त्रता के बाद यह स्थिति बदल गयी। भारतीय जीवन में परिवर्तन हुआ। स्वतन्त्रता पूर्व के सपने स्वतन्त्रता के बाद झूठे निकले। भारत-पाक विभाजन, चीन-भारत युद्ध, राजनीति में स्वार्थी तत्त्वों का ध्रुवीकरण, अर्थ का विषम विभाजन, अवसरवादिता, भ्रष्टाचार, बेईमानी आदि की वृद्धि का परिणाम यह हुआ कि चारों ओर निराशा, कुण्ठा, सत्रास की स्थिति उत्पन्न हुई। इन स्थितियों को नये कहानीकारों ने अपनी खुली आँखों से देखा, महसूस किया और उसकी अभिव्यक्ति की। मोहन राकेश की कहानी 'परमात्मा का कुत्ता', नौकरशाही और लाल फीताशाही के कारण उत्पन्न हुई दयनीय स्थिति को चित्रित करती है।

नयी कहानी पारिवारिक सम्बन्धों के बदलाव को भी चित्रित करती है। उषा प्रियंवदा की 'वापसी' इस दृष्टि से महत्त्वपूर्ण कहानी है। स्त्री-पुरुष के बीच में तीसरे की उपस्थिति, स्त्री स्वतन्त्रता की माँग तथा आर्थिक दबाव के कारण दाम्पत्य प्रेम में अजीब तरह की कशमकश पैदा हो गयी है। मोहन राकेश की कहानी 'एक और जिन्दगी'; कमलेश्वर की 'राजा निरबंसिया' तथा श्रीकान्त वर्मा की 'परिचय' में स्त्री-पुरुष के बदलते हुए सम्बन्धों को चित्रित किया गया है।

नयी कहानी में जो कथाकार मार्क्सवाद से प्रभावित हैं वे ग्रामीण समस्याओं को वर्तमान परिवेश में बड़े कलात्मक ढंग से उभारते हैं। मार्कण्डेय, भीष्म साहनी आदि इसी तरह के कथाकार हैं। शिवप्रसाद सिंह, कमलेश्वर तथा फणीश्वरनाथ 'रेणु' आदि ने भी ग्रामीण पात्रों से गहरी अस्मिता स्थापित की है।

नयी कहानी में भोगे हुआ यथार्थ और परिवेश प्रतिबद्धता के नाम पर व्यक्तिवादिता को अधिक महत्त्व मिला है। नयी कहानी में प्रतीकात्मकता का महत्त्व है। मार्कण्डेय की 'तारों का गुच्छा'; राजेन्द्र यादव की 'प्रश्नवाचक पेड़' तथा दूधनाथ सिंह की 'रीछ' इसी तरह की कहानियाँ हैं। 1962 के बाद नयी कहानी का आन्दोलन अकहानी के रूप में परिणत हो गया।

अकहानी : 1960 के आसपास नयी कहानी में नया आयाम उभरने लगा। 'अकहानी' वास्तव में पश्चिम में जन्मी 'एंटी स्टोरी' का रूपान्तर है। 'एंटी नॉवेल' की प्रेरणा से इसका जन्म हुआ है। इस प्रकार की कहानी में घटना की कोई आवश्यकता नहीं होती, इसमें 'क्षणों' का महत्त्व है। अकहानी पूर्व निर्मित जीवन मूल्यों पर प्रश्न है। इसमें जीवन की विसंगतियों का चित्रण हुआ है। अकहानी के पात्र अहंवादी और आत्मकेन्द्रित हैं। ज्ञानरंजन की 'रक्तपात', सुधा अरोड़ा की 'मरी हुई चीज' के पात्र इसी तरह के हैं।

अकहानी में सम्बन्धों के तनाव का चित्रण भी हुआ है। महेन्द्र भल्ला की कहानी 'एक पति के नोट्स' में पति-पत्नी के बीच विकसित हुए विचित्र तरह के सम्बन्धों का वर्णन आया है। भाषा के स्तर पर अकहानी में किसी तरह की बनावट सजावट स्वीकार नहीं है, अनुभव का यथातथ्य सम्प्रेषण ही इसका लक्ष्य है। इस तरह की कहानियाँ लिखने वालों में गंगा प्रसाद विमल 'विध्वंस'; रवीन्द्र कालिया 'एक डरी हुई औरत' कृष्ण बलदेव वैद 'त्रिकोण'; रमेश बक्षी 'पिता-दर-पिता'; दूधनाथ सिंह 'सुखान्त'; सुदर्शन चोपड़ा 'सड़क दुर्घटना'; श्रीकान्त वर्मा 'ठण्ड'; तथा अतुल भारद्वाज, ममता कालिया, सुधा अरोड़ा आदि के नाम प्रमुख हैं।

सचेतन कहानी : 1960 में ही महीप सिंह ने इस कहानी आन्दोलन का प्रवर्तन किया। यह मूलतः विचार प्रधान आन्दोलन है। इसमें वैचारिकता को महत्त्व दिया गया। 'सचेतनता' एक दृष्टि है। वह दृष्टि जिसमें जीवन जिया और जाना जाता है।

इसमें मानव विरोधी और रुग्ण मानसिकता का विरोध किया गया। 'आधार' नामक पत्रिका में महीप सिंह ने 'सचेतन' कहानी विशेषांक निकाला। इस वर्ग के प्रमुख कहानीकार हैं—महीप सिंह, रामकुमार भ्रमर, देवेन्द्र सत्यार्थी, बलराज पण्डित, हिमांशु जोशी, सुदर्शन चोपड़ा, कमल जोशी, मधुकर सिंह, योगेश गुप्ता, वेद राही, मनहर चौहान आदि।

सहज कहानी : 1968 में अमृतराय ने 'नयी कहानियाँ' पत्रिका का स्वामित्व खरीदकर 'सहज कहानी' नाम से सम्पादकीय लिखना शुरू किया। इससे आन्दोलन को कोई व्यापक रूप नहीं मिला।

समान्तर कहानी : समान्तर कहानी आन्दोलन का सूत्रपात 1972 में कमलेश्वर से 'सारिका' की सम्पादकीय टिप्पणियों द्वारा हुआ। अनेक युवा कथाकारों ने इसका समर्थन किया। कमलेश्वर ने 'सारिका' के तीन विशेषांक समान्तर कहानी पर प्रकाशित किये। इस प्रकार के कहानी लेखन की सार्थकता सामान्य आदमी की सम्बद्धता है। सतीश जायसवाल की कहानी 'शहादतनामा' में आम आदमी के संघर्षों को समग्रता से उभारा गया है। राजेन्द्र यादव ने उच्च तथा मध्यमवर्गीय समाज की पीड़ा, बेचैनी तथा जिजीविषा को अंकित किया है। 'अभिमन्यु की आत्महत्या', 'देवताओं की मूर्तियाँ', 'किनारे से किनारे तक', 'खेल खिलौने', 'अपने पार', 'जहाँ लक्ष्मी कैद है', 'छोटे-छोटे ताजमहल', 'प्रतीक्षा', 'मेरी प्रिय कहानियाँ' आदि इनके प्रमुख कहानी संग्रह हैं।

सक्रिय कहानी : सन 1979 में राकेश वत्स ने 'मंच' पत्रिका के माध्यम से सक्रिय कहानी आन्दोलन का सूत्रपात किया। इस कहानी आन्दोलन के प्रमुख कहानीकार हैं—रमेश बत्रा, चित्रा मुद्‌गल, सच्चिदानन्द, धूमकेतु, सुरेन्द्र सुकुमार, धीरेन्द्र अस्थाना आदि। इस आन्दोलन का प्रभाव भी सीमित रहा।

उपर्युक्त सभी आन्दोलनों पर एक साथ विचार किया जाये तो स्पष्ट हो जायेगा कि उनके मूल में जीवन सन्दर्भों के बदलाव और उनकी अभिव्यक्ति के प्रयत्न में कथ्य और शिल्प में अनिवार्य परिवर्तन की माँग कम और उन्नायकों की व्यक्तिगत महत्त्वाकांक्षा अधिक थी। इतना अवश्य है कि इन आन्दोलनों से कहानी की जीवन्तता बनी रही और वह फॉर्मूलाबद्ध होने से बच गयी। यदि 1955 से लेकर आज तक के कहानी साहित्य के विकास को आन्दोलनों से अलग करके देखा जाये, तो उसमें परिवर्तन के तीन चरण स्पष्ट लक्षित होते हैं। विकास का प्रथम चरण 1955 से 1965 तक माना जाता है। इस अवधि में रचनाकारों ने जीवन की समस्याओं को निजी अन्तरंग दृष्टि से देखा है। अनुभव की प्रामाणि ाकता और भोगे हुए यथार्थ को अधिक ही महत्त्व दिया है और अपने अनुभवों

के दायरे में आने वाले यथार्थ के चित्रण में ही रुचि दिखाई है। दूसरा चरण 1965 से 1980 तक का माना जाता है। इसमें पहले दौर में स्थापित रूढ़ियों और आयातित मूल्यों का विरोध किया गया है। मूल्यों को जीवन-स्थितियों के व्यापक सन्दर्भ से जोड़ने की कोशिश की है ताकि रचना जीवन तथा जमीन से जुड़े और विश्वसनीय बनकर सामने आये। विकास के तीसरे चरण की अवधि 1980 से आज तक मानी जा सकती है। इस दौर में स्थितियों के वस्तुपरक विश्लेषण की प्रवृत्ति बढ़ी है। जिसने रचना को वैचारिक आधार से समृद्ध किया है। कला को सभी प्रकार के मैनरिज्म से बचाकर सहज बनाने की चेष्टा की गयी है और जीवन के व्यापक सन्दर्भों से सीधे साक्षात्कार को महत्त्व दिया गया है। सब मिलाकर देखा जाये तो उपन्यासों की तुलना में कहानी-साहित्य अधिक जीवन्त और प्रेरणाप्रद दिखाई देगा।

कहानी : कहानी की कोई ऐसी परिभाषा नहीं है जिससे सभी आलोचक और कथाकार सहमत हों। लेकिन आमतौर पर यह माना जाता है कि जीवन की किसी छोटी-सी घटना, भावना, संवेदना, समस्या के कथात्मक स्वरूप को कहानी कहते हैं।

परिभाषा : "कहानी मनुष्य के जीवन से सम्बन्धित तथा उनके हृदय पर एक भावात्मक प्रभाव डालने वाली छोटी, किन्तु मनोरंजक रचना है।"

"गल्प एक ऐसी रचना है जिससे जीवन के किसी अंग या मनोभाव को प्रस्तुत करना ही लेखक का उद्देश्य होता है। उसके चरित्र, उसकी शैली, उसका कथा-विन्यास सब उसी एक मनोभाव को पुष्ट करते हैं।"

–प्रेमचन्द

"सौन्दर्य की एक झलक का चित्रण करना और उसके द्वारा इसकी सृष्टि करना ही कहानी कहलाती है।"

–जयशंकर प्रसाद

"कहानी एक सूक्ष्मदर्शी यन्त्र है, जिसके नीचे मानवीय अस्तित्व के दृश्य खुलते हैं।"

–अज्ञेय

कहानी के तत्त्व : कहानी का जन्म मानव सभ्यता के विकास के साथ ही माना जाता है। अपनी बात कहने और दूसरे की बात सुनने की स्वाभाविक इच्छा ने कहानी को जन्म दिया होगा। वस्तुतः कहानी ऐसी विधा है जिसमें वास्तविक जीवन के यथार्थ तथा मानव जीवन के अन्तर्जगत की जटिल चेतना का विश्लेषण होता है। विद्वानों ने कहानी के मूल्यांकन हेतु उन प्रमुख आधारों की तलाश की है,

जिन पर कहानी का रचना-विधान खड़ा होता है। इनको कहानी का तत्त्व कहते हैं। शास्त्रीय समीक्षा के अन्तर्गत छह प्रमुख तत्त्व माने गये हैं वह इस प्रकार हैं–

1. कथानक या कथावस्तु
2. चरित्र या पात्र
3. संवाद/कथोपकथन
4. देशकाल वातावरण
5. भाषा-शैली,
6. उद्‌देश्य

1. **कथानक या कथावस्तु :** ऐसी घटना या कथा, जिस पर कहानी का ढाँचा खड़ा होता है, कथावस्तु कही जाती है। जीवन जगत के किसी भी पक्ष से कथावस्तु का चयन हो सकता है। परन्तु लेखक उसे जिस रूप में अनुभव करता है, उसी रूप में प्रस्तुत करने के स्थान पर अपनी कल्पना एवं मर्मस्पर्शी अनुभूतियों से सजाता है और उसे सम्भाव्य, विश्वसनीय एवं रोचक बनाता है। जीवनयापन के विविध क्षेत्र हैं, परन्तु भारत में 7 को विशिष्ट माना गया है–1. सामाजिक 2. राजनीतिक 3. आर्थिक 4. धार्मिक 5. शैक्षणिक 6. वैज्ञानिक एवं कलात्मक 7. सैन्य-सामारिक एवं मनोवैज्ञानिक।

हिन्दी कहानी की कथावस्तु मूलतः इन्हीं सन्दर्भों पर आधारित होती है।

कथावस्तु के विस्तार के चार सोपान माने जाते हैं–आरम्भ, विकास, चरम-सीमा तथा अन्त। आरम्भ रोचक एवं आकर्षक होना चाहिए। विकास के अन्तर्गत कहानी की मुख्य समस्या का स्पष्टीकरण प्रस्तुत कर संघर्ष की अवतारणा होती है। चरम-सीमा वह धरातल होता है जहाँ कहानी की मूल संवेदना पाठक तक भली-भाँति पहुँच जाती है और वह अभिभूत हो उठता है। अन्त में उद्‌देश्य प्रस्तुत होता है जो सुखद भी हो सकता है और दुःखद भी।

2. **चरित्र या पात्र :** प्रेमचन्द ने लिखा है–"घटनाओं का कोई स्वतन्त्र महत्त्व नहीं होता। उनका महत्त्व केवल पात्रों के मनोभावों को व्यक्त करने की दृष्टि से ही है।" अर्थात् कहानी के पात्र ही उसे जीवन्त बनाते हैं, क्योंकि कथावस्तु उनके माध्यम से गतिशील होती है। अतः उनका चयन बहुत सावधानी से करना पड़ता है। यदि वे विश्वसनीय होते हैं तो पाठक कहानी को सहज भाव से स्वीकार कर लेता है। पात्रों की संख्या सीमित होनी चाहिए। इनमें भी मुख्य पात्र के चारित्रिक विकास पर ध्यान अधिक केन्द्रित किया जाता है। अन्य चरित्रों का विकास यदि होता है तो इन्हीं के सहारे। इसके लिए अपनाये जाने वाले प्रमुख माध्यम हैं वर्णन द्वारा, पात्रों के क्रिया-व्यापार द्वारा, आत्मकथन द्वारा, पारस्परिक वार्तालाप द्वारा, संकेत द्वारा। कभी-कभी कहानीकार स्वयं भी पात्र बन जाता है, जिसे आत्मनिष्ठ पात्र कहते हैं।

3. संवाद या कथोपकथन : पात्रों के वार्तालाप को संवाद कहते हैं जो पात्रों को सजीव, स्वाभाविक एवं विश्वसनीय बनाने के साथ ही, कथावस्तु को भी गतिशील करते हैं। संवाद की श्रेष्ठता हेतु ये विशिष्टताएँ आवश्यक मानी जाती हैं–

1. पात्र, परिस्थिति एवं घटना के अनुरूप होने चाहिए।
2. संक्षिप्त एवं प्रभावी होने चाहिए।
3. कथानक को गतिशील बनाने में समर्थ होने चाहिए।
4. चरित्रों के विकास में सहयोग देने वाले होने चाहिए।
5. सरल, सुबोध एवं स्पष्ट होने चाहिए।

श्रेष्ठ लेखकों की कहानियों में संवाद कभी-कभी उसके प्राणतत्त्व बन जाते हैं।

4. देशकाल व वातावरण : रीति-नीति, खान-पान, पहनावा-प्रभृति सन्दर्भों द्वारा प्रायः प्रत्येक क्षेत्र की अपनी मौलिक पहचान बनती है। इसमें समय की विशेष भूमिका होती है, क्योंकि समय के परिवर्तन से परिस्थितियाँ सहज ही बदल जाती हैं। कहानी के कथानक और पात्रों को विश्वसनीय बनाने हेतु देशकाल पर विशेष ध्यान देना पड़ता है। इनका तिरस्कार कहानी को निष्प्रभावी बना देता हैं। लेकिन देशकाल की सीमा से मुक्त कहानी के कालजयी बनने की सम्भावना भी प्रबल बन जाती है।

वातावरण अर्थात परिवेश का आशय है उन परिस्थितियों का चित्रण, जिसमें कहानी की विविध घटनाएँ घटित होती हैं तथा पात्र सक्रिय बनते हैं। वस्तुतः व्यक्ति के जीवन संघर्ष और परिवेश का घनिष्ठ सम्बन्ध होता है। कहानीकार इस यथार्थ का तिरस्कार नहीं कर सकता। इसकी सहायता से ही पात्रों की मानसिक अवस्था का उद्‌घाटन होता है और प्रस्तुत उद्‌देश्य के साथ ही कहानी विश्वसनीय बनती है।

विद्वान इस वातावरण के तीन भेद करते हैं–

1. जो हमारी इन्द्रियों को प्रभावित कर उद्‌दीप्त करता है। 2. जो हमारी कृत्रिम सौन्दर्यानुभूति की वृत्ति को परितृप्त करता है। 3. जो हमारी सच्ची सहानुभूति की वृत्ति को जाग्रत करता है। इन्हें क्रमशः सामान्य, गम्भीर और मर्मस्पर्शी भी कहते हैं। इसमें तृतीय वर्ग को अधिक विशिष्ट माना गया है।

5. भाषा-शैली : कहानी की प्रभावोत्पादकता का मूलाधार उसकी सम्प्रेषण सामर्थ्य है। यदि वह पाठकों को प्रभावित न कर सके तो लेखक का सारा प्रयास व्यर्थ जाता है। अतः यह आवश्यक है कि उसकी भाषा सरल, सुबोध, स्पष्ट, प्रभावोत्पादक तथा पात्रानुकूल हो। संवेदना की दृष्टि से कहानी तभी

प्रभावी बनती है जब वह यथार्थ जीवन के निकट स्थापित होती है। ऐसा तभी सम्भव है जब उसकी भाषा यथार्थ जीवन में प्रयुक्त होने वाली भाषा या बोली के निकट हो। इसके लिए भाषा के कृत्रिम रूप की अपेक्षा उसके स्वाभाविक रूप को अपनाना आवश्यक है।

शैली वह तत्त्व है जिसके सहारे अपेक्षानुसार कहानी विकसित होती है। इससे कहानी में सजीवता, रोचकता, सांकेतिकता एवं प्रभावोत्पादकता आती है। अपनायी जाने वाली प्रमुख शैलियाँ हैं–विवरणप्रधान, वर्णनप्रधान, विचारप्रधान तथा भावप्रधान, व्यंग्य प्रधान तथा आत्मकथात्मक शैली का उपयोग भी यथावसर किया जाता है।

6. उद्‌देश्य : कहानी सामान्यतः मनोरंजन प्रधान होती है। परन्तु यही उसका उद्‌देश्य नहीं होता। वस्तुतः वह जीवन के किसी पक्ष विशेष का उद्‌घाटन करती है, उससे सम्बद्ध विसंगतियों का चित्रण करती है, समाधान के उपाय बताती है और नूतन जानकारियों से परिचित कराती है।

संक्षेप में कह सकते हैं कि जीवन जगत का कोई भी रोचक प्रसंग कहानी का विषय बन सकता है, किन्तु यदि रचनाकार कोरे उपदेशक की भूमिका में उतर आता है तो कहानी प्रभावहीन बन जाती है। वस्तुतः पाठकों के संवेगों को जाग्रत करने वाली कहानी ही विशिष्ट मानी जाती है।

प्रेमचन्द

हिन्दी कथा-साहित्य के आधार स्तम्भ मुंशी प्रेमचन्द का जन्म सन् 1880 ई. में जुलाई माह के इकतीसवें दिन बनारस के साथ ही लमही नामक गाँव में एक सामान्य परिवार में हुआ था। इनके पिता के पास खेती योग्य भूमि का अभाव था, इसी कारण इनके पास नौकरी के सिवा जीविका का कोई दूसरा साधन नहीं था। प्रेमचन्द पाँच वर्ष की आयु में ही माँ के प्यार से वंचित हो गये। प्रेमचन्द चौदह वर्ष के थे कि पिता ने भी अपना मुँह मोड़ लिया। प्रेमचन्द बचपन से ही अपने माँ-बाप के प्यार से वंचित हो गये थे। इसी कारण इन्हें जीवन में बहुत संघर्ष करना पड़ा था। जैसे-तैसे बी.ए. किया और अध्यापन कार्य करने लगे और धीरे-धीरे डिप्टी इंस्पेक्टर के पद तक पहुँच गये। अंग्रेजी सरकार इन्हें हमेशा शंका की दृष्टि से देखती थी, क्योंकि इनका ध्यान स्वाधीनता-संग्राम (जो उस समय देश में चल रहा था) की ओर बढ़ गया था। अतः 1916 ई. में ही इन्होंने नौकरी छोड़ दी और लेखन कार्य में जुट गये।

प्रेमचन्द ने साहित्य की हर विधा को लेकर अपनी लेखनी चलाई है, चाहे वह नाटक, जीवनी, निबन्ध, बाल-साहित्य, अनुवाद और सम्पादन-कार्य ही क्यों न रहा हो, मगर आपको असली ख्याति कथाकार के रूप में ही प्राप्त हुई है। इनके कथा-साहित्य में सामान्य लोगों की आम ज़िन्दगी की समस्याओं का चित्रण मिलता है। इन्होंने पहले उर्दू में और फिर हिन्दी में लिखना शुरू किया। हिन्दी-उर्दू शब्दावली के कारण इनकी भाषा बहुत ही सरल और सहज है, जोकि हिन्दी के किसी भी दूसरे साहित्यकार में बिल्कुल भी देखने को नहीं मिलती है।

रचनाएँ : प्रेमचन्द की प्रमुख साहित्यिक रचनाएँ निम्नवत हैं—

उपन्यास : सेवासदन, रंगभूमि, कर्मभूमि, गबन, निर्मला, वरदान, प्रेमाश्रम, अहंकार, कायाकल्प, प्रतिज्ञा, गोदान आदि।

कहानी-संग्रह : मानसरोवर (भाग एक से आठ तक)

नाटक : कर्बला, संग्राम, प्रेम की वेदी।

प्रेमचन्द की पहली कहानी 'पंच परमेश्वर' सन् 1916 ई. में प्रकाशित हुई। इनकी कथाओं के पात्र निम्न या मध्य वर्ग के हैं तथा कथावस्तु यथार्थ जीवन पर आधारित है। इनकी सर्वश्रेष्ठ कहानियों में पंच परमेश्वर, नमक का दरोगा, बूढ़ी काकी, ईदगाह, नशा, शतरंज के खिलाड़ी, पूस की रात, कफन आदि के नाम लिए जा सकते हैं। इन्होंने लगभग 300 कहानियाँ लिखीं हैं।

सारांश : पूस की रात

हिन्दी साहित्य को जन साधारण के जीवन से उनकी भावनाओं से, परिस्थितियों से और उनकी समस्याओं से जोड़ने का कार्य करने वाले प्रेमचन्द जी का जन्म 31 जुलाई 1880 को लमही में हुआ था। गरीबी, अभाव, शोषण एवं उत्पीड़न को अपनी कहानी एवं उपन्यास का विषय बनाकर जीवन की यथार्थ स्थिति का बोध प्रेमचन्द जी ने अपने साहित्य के माध्यम से कराया है। उनके उपन्यास एवं कहानियाँ जीवन की यथार्थ स्थिति का बड़ी बारीकियों से बोध कराने में सफल होने के कारण प्रेमचन्द जी को उपन्यास सम्राट के रूप में जाना जाता है।

आर्थिक विषमता, किसान-मजदूरों की खस्ता हालात को उनकी कई कहानियाँ अधोरेखित करती है। कमजोर, आर्थिक स्थिति का सामना करता हुआ गरीब-मजदूर हालात के आगे मजबूर है। खेतों में आये दिन मजदूरी करना और रात के समय जंगली जानवरों से फसल की रक्षा करना। अपनी जान को दाँव पर लगाकर मालिक की सेवा करना आदि को विषय बनाकर उनके द्वारा लिखी 'पूस की रात' कहानी आज भी प्रासंगिक है। 'पूस की रात' कहानी का मजदूर हल्कू आज भी हमारे सामने, हमारे इर्द-गिर्द मौजूद है।

मुंशी प्रेमचन्द जी ने बीसवीं सदी के प्रारम्भ में एक कहानी लिखी थी 'पूस की रात'। कहानी का मुख्य पात्र गरीब मजदूर हल्कू पूस के जाड़े की रात में खेत की रखवाली करता है। जाड़ा इतना जानलेवा है कि थमने का नाम ही नहीं लेता। उसके साथ खेत की रखवाली करने के लिए जबरा नामक 'कुत्ता' भी है। जिसके साथ हल्कू दोस्ताना व्यवहार करता है। इस साल हल्कू ने मेहनत-मजदूरी करके तीन रुपये कम्वल खरीदने के लिए जोड़ रखे थे। किन्तु साहूकार से पीछा छुड़ाने के लिए वह तीन रुपये देकर उसने ब्याज चुकाया अतः कम्बल खरीदना उसके नसीब नहीं रहा। ठण्ड से बचने के लिए आग जलाकर तापने की कोशिश की। आग से मन और शरीर को सुकून देनेवाली गर्माहट अच्छी लगी और वह कब नींद की आगोश में आ गया उसे पता ही नहीं चला। वहीं अलाव के पास सोता रहा। इधर, नीलगायें खड़ी लहलहाती फसल खत्म कर रही थीं।

हल्कू का ईमानदार साथी जबरा कुत्ता रातभर भौं-भौं कर नीलगायों को भगाने की चेष्टा करता रहा फिर भी नीलगायों ने पूरी की पूरी खड़ी फसल खत्म कर दी थीं। भौंकते-भौंकते जबरा सुबह तक बेहोश हो गया था। सुबह हल्कू की पत्नी मुन्नी जब उसे नींद से उठाने आयी तो पता चला सारा खेत चौपट हो गया था। हल्कू आराम की नींद सो रहा था। हल्कू को जगाकर मुन्नी कहती है कि अब जी-तोड़ मजदूरी कर मालगुजारी भरनी पड़ेगी। तब हल्कू कहता है कि "फसल तो चौपट हो गयी अब जाड़े की रात में खेत में सोना तो नहीं पड़ेगा।"

वास्तव में किसानों के जीवन का वर्णन इतना सच्चा, मर्मस्पर्शी, जीवन्त और मार्मिक तरीके से प्रेमचन्द जी ने किया है कि 'पूस की रात' में किसान के हृदय विदारक पहलू को जीवन्तता के साथ उजागर कर के किसान के हृदय की वेदना को शब्दबद्ध किया है।

प्रेमचन्द गरीबी के मूल कारणों तक पहुँचना चाहते हैं। हल्कू की गरीबी 'प्राकृतिक गरीबी' नहीं है जो उत्पादन की कमी के कारण पैदा होती है। यह तो शोषण और संसाधनों के असमान वितरण से पैदा होने वाली 'कृत्रिम गरीबी' है, जिसे आज भी सामन्ती शक्तियाँ कायम रखना चाहती हैं। 'पूस की रात' में जो दुर्दशा हल्कू की है। आजादी के 75 साल के बाद भी किसानों की 'हीन' दशा है। उनकी सामाजिक-आर्थिकं वर्गीय स्थिति है। भारतीय समाज में राजनीति, राजनेता, पूँजीपति, अधिकारी, पटवारी शासन सत्ता के तथाकथित एवं स्वघोषित रहनुमाओं का 'पहला' एवं 'आखरी' निशाना भारतीय किसान बनता है।

प्रेमचन्द जी ने 'पूस की रात' कहानी में जीवन का नग्नतम यथार्थ के साथ-ही-साथ तत्कालीन ग्रामीण समाज का भी यथार्थ चित्रण दिखाया है।

पूस की रात

प्रेमचन्द

हल्कू ने आकर स्त्री से कहा—सहना आया है, लाओ, जो रुपये रखे हैं, उसे दे दूँ, किसी तरह गला तो छूटे।

मुन्नी झाड़ू लगा रही थी। पीछे फिरकर बोली—तीन ही तो रुपये हैं; दे दोगे तो कम्मल कहाँ से आवेगा? माघ-पूस की रात हार में कैसे कटेगी। उससे कह दो, फसल पर रुपये दे देंगे। अभी नहीं।

हल्कू एक क्षण अनिश्चित दशा में खड़ा रहा। पूस सिर पर आ गया, कम्मल के बिना हार में रात को वह किसी तरह नहीं जा सकता। मगर सहना मानेगा नहीं, घुड़कियाँ जमावेगा, गालियाँ देगा। बला से जाड़ों मरेंगे, बला सिर से टल जायेगी। यह सोचता हुआ वह अपना भारी-भरकम डील लिए हुए (जो उसके नाम को झूठ सिद्ध करता था) स्त्री के समीप आ गया और खुशामद करके बोला—ला दे दे, गला तो छूटे। कम्मल के लिए कोई दूसरा उपाय सोचूँगा।

मुन्नी उसके पास से दूर हट गयी और आँखें तरेरती हुई बोली—कर चुके दूसरा उपाय! जरा सुनूँ, कौन उपाय करोगे? कोई खैरात दे देगा कम्मल? न जाने कितनी बाकी है जो किसी तरह चुकने ही नहीं आती। मैं कहती हूँ, तुम क्यों नहीं खेती छोड़ देते? मर-मर काम करो, उपज हो तो बाकी दे दो, चलो छुट्टी हुई। बाकी चुकाने के लिए ही तो हमारा जनम हुआ है। पेट के लिए मजूरी करो। ऐसी खेती से बाज आये। मैं रुपये न दूँगी—न दूँगी।

हल्कू उदास होकर बोला—तो क्या गाली खाऊँ?

मुन्नी ने तड़पकर कहा—गाली क्यों देगा, क्या उसका राज है?

मगर यह कहने के साथ उसकी तनी हुई भौंहें ढीली पड़ गयीं। हल्कू के उस वाक्य में जो कठोर सत्य था, वह मानो एक भीषण जन्तु की भाँति उसे घूर रहा था।

उसने जाकर आले पर से रुपये निकाले और लाकर हल्कू के हाथ पर रख दिये। फिर बोली—तुम छोड़ दो अबकी से खेती। मजूरी में सुख से एक रोटी खाने को तो मिलेगी। किसी की धौंस तो न रहेगी। अच्छी खेती है! मजूरी करके लाओ, वह उसी में झोंक दो, उस पर से धौंस।

हल्कू ने रुपये लिए और इस तरह बाहर चला मानो अपना हृदय निकालकर देने जा रहा हो। उसने मजूरी से एक-एक पैसा काट-कपटकर तीन रुपये कम्मल के लिए जमा किये थे। वह आज निकले जा रहे थे। एक-एक पग के साथ उसका मस्तक अपनी दीनता के भार से दबा जा रहा था।

2

पूस की अँधेरी रात! आकाश पर तारे ठिठुरते हुए मालूम होते थे। हल्कू अपने खेत के किनारे ऊख के पत्तों की एक छतरी के नीचे बाँस के खटोले पर अपनी पुरानी गाढ़े की चादर ओढ़े काँप रहा था। खाट के नीचे उसका संगी कुत्ता जबरा पेट में मुँह डाले सर्दी से कूँ-कूँ कर रहा था। दो में से एक को भी नींद न आती थी।

हल्कू ने घुटनियों को गर्दन में चिपकाते हुए कहा—क्यों जबरा, जाड़ा लगता है? कहता तो था, घर में पुआल पर लेट रह, तो यहाँ क्या लेने आये थे। अब खाओ ठण्ड, मैं क्या करूँ? जानते थे, मैं यहाँ हलुवा-पूरी खाने आ रहा हूँ, दौड़े-दौड़े आगे-आगे चले आये। अब रोओ नानी के नाम को।

जबरा ने पड़े-पड़े दुम हिलायी और अपनी कूँ-कूँ को दीर्घ बनाता हुआ एक बार जम्हाई लेकर चुप हो गया। उसकी श्वान-बुद्धि ने शायद ताड़ लिया, स्वामी को मेरी कूँ-कूँ से नींद नहीं आ रही है।

हल्कू ने हाथ निकालकर जबरा की ठण्डी पीठ सहलाते हुए कहा—कल से मत आना मेरे साथ, नहीं तो ठण्डे हो जाओगे। यह राँड पछुआ न जाने कहाँ से बरफ लिए आ रही है। उठूँ, फिर एक चिलम भरूँ। किसी तरह रात तो कटे! आठ चिलम तो पी चुका। यह खेती का मजा है! और एक-एक भागवान ऐसे पड़े हैं, जिनके पास जाड़ा जाये तो गर्मी से घबराकर भागे। मोटे-मोटे गद्दे, लिहाफ-कम्मल। मजाल है कि जाड़े का गुजर हो जाये। तकदीर की खूबी है! मजूरी हम करें, मजा दूसरे लूटें!

हल्कू उठा और गड्ढे में से जरा-सी आग निकालकर चिलम भरी। जबरा भी उठ बैठा।

हल्कू ने चिलम पीते हुए कहा, पियेगा चिलम, जाड़ा तो क्या जाता है, जरा मन बहल जाता है।

जबरा ने उसके मुँह की ओर प्रेम से छलकती हुई आँखों से देखा।

हल्कू—आज और जाड़ा खा ले। कल से मैं यहाँ पुआल बिछा दूँगा। उसी में घुसकर बैठना, तब जाड़ा न लगेगा।

जबरा ने अगले पंजे उसकी घुटनियों पर रख दिये और उसके मुँह के पास अपना मुँह ले गया। हल्कू को उसकी गर्म साँस लगी।

चिलम पीकर हल्कू फिर लेटा और निश्चय करके लेटा कि चाहे कुछ हो अबकी सो जाऊँगा, पर एक ही क्षण में उसके हृदय में कम्पन होने लगा। कभी इस करवट लेटता, कभी उस करवट; पर जाड़ा किसी पिशाच की भाँति उसकी छाती को दबाये हुए था।

जब किसी तरह न रहा गया तो उसने जबरा को धीरे से उठाया और उसके सिर को थपथपाकर उसे अपनी गोद में सुला लिया। कुत्ते की देह से जाने कैसी दुर्गंध आ रही थी, पर वह उसे अपनी गोद से चिपटाये हुए ऐसे सुख का अनुभव कर रहा था, जो इधर महीनों से उसे न मिला था। जबरा शायद समझ रहा था कि स्वर्ग यही है; और हल्कू की पवित्र आत्मा में तो उस कुत्ते के प्रति घृणा की गन्ध तक न थी। अपने किसी अभिन्न मित्र या भाई को भी वह इतनी ही तत्परता से गले लगाता। वह अपनी दीनता से आहत न था, जिसने आज उसे इस दशा को पहुँचा दिया। नहीं, इस अनोखी मैत्री ने जैसे उसकी आत्मा के सब द्वार खोल दिये थे और उसका एक-एक अणु प्रकाश से चमक रहा था।

सहसा जबरा ने किसी जानवर की आहट पायी। इस विशेष आत्मीयता ने उसमें एक नयी स्फूर्ति पैदा कर दी थी, जो हवा के ठण्डे झोकों को तुच्छ समझती थी। वह झपटकर उठा और छतरी के बाहर आकर भूँकने लगा। हल्कू ने उसे कई बार चुमकारकर बुलाया; पर वह उसके पास न आया। हार में चारों तरह दौड़-दौड़कर भूँकता रहा। एक क्षण के लिए आ भी जाता तो तुरन्त ही फिर दौड़ता। कर्तव्य उसके हृदय में अरमान की भाँति उछल रहा था।

3

एक घण्टा और गुजर गया। रात ने शीत को हवा से धधकाना शुरू किया। हल्कू उठ बैठा और दोनों घुटनों को छाती से मिलाकर सिर को उसमें छिपा लिया। फिर भी ठण्ड कम न हुई। ऐसा जान पड़ता था, सारा रक्त जम गया है,

धमनियों में रक्त की जगह हिम बह रहा है। उसने झुककर आकाश की ओर देखा, अभी कितनी रात बाकी है। सप्तर्षि अभी आकाश में आधे भी नहीं चढ़े। ऊपर आ जायेंगे तब कहीं सवेरा होगा। अभी पहर भर से ऊपर रात है।

हल्कू के खेत से कोई एक गोली के टप्पे पर आमों का बाग था। पतझड़ शुरू हो गयी थी। बाग में पत्तियों का ढेर लगा हुआ था। हल्कू ने सोचा, चलकर पत्तियाँ बटोरूँ और उन्हें जलाकर खूब तापूँ। रात को कोई मुझे पत्तियाँ बटोरते देखे तो समझे कोई भूत है। कौन जाने कोई जानवर ही छिपा बैठा हो; मगर अब तो बैठे नहीं रहा जाता।

उसने पास के अरहर के खेत में जाकर कई पौधे उखाड़ लिए और उनका एक झाड़ू बनाकर हाथ में सुलगता हुआ उपला लिए बगीचे की तरफ चला। जबरा ने उसे आते देखा तो पास आया और दुम हिलाने लगा।

हल्कू ने कहा—अब तो नहीं रहा जाता जबरू! चलो, बगीचे में पत्तियाँ बटोरकर तापें। टाँठे हो जायेंगे, तो फिर आकर सोयेंगे। अभी तो रात बहुत है।

जबरा ने कूँ-कूँ करके सहमति प्रकट की और आगे-आगे बगीचे की ओर चला।

बगीचे में खूब अँधेरा छाया हुआ था और अन्धकार में निर्दय पवन पत्तियों को कुचलता हुआ चला जाता था। वृक्षों से ओस की बूँदें टप-टप नीचे टपक रही थीं।

एकाएक एक झोंका मेंहदी के फूलों की खुशबू लिए हुए आया।

हल्कू ने कहा—कैसी अच्छी महक आयी जबरू! तुम्हारी नाक में भी सुगन्ध आ रही है?

जबरा को कहीं जमीन पर एक हड्डी पड़ी मिल गयी थी। उसे वह चिचोड़ रहा था।

हल्कू ने आग जमीन पर रख दी और पत्तियाँ बटोरने लगा। जरा देर में पत्तियों का एक ढेर लग गया। हाथ ठिठुरे जाते थे। नंगे पाँव गले जाते थे। और वह पत्तियों का पहाड़ खड़ा कर रहा था। इसी अलाव में वह ठण्ड को जलाकर भस्म कर देगा।

थोड़ी देर में अलाव जल उठा। उसकी लौ ऊपर वाले वृक्ष की पत्तियों को छू-छूकर भागने लगी। उस अस्थिर प्रकाश में बगीचे के विशाल वृक्ष ऐसे मालूम होते थे, मानो उस अथाह अन्धकार को अपने सिरों पर सँभाले हुए हों। अन्धकार के उस अनन्त सागर में यह प्रकाश एक नौका के समान हिलता, मचलता हुआ जान पड़ता था।

हल्कू अलाव के सामने बैठा आग ताप रहा था। एक क्षण में उसने दोहर उतारकर बगल में दबा ली और दोनों पाँव फैला दिये, मानो ठण्ड को ललकार रहा हो, तेरे जी में जो आये सो कर। ठण्ड की असीम शक्ति पर विजय पाकर वह विजय-गर्व को हृदय में छिपा न सकता था।

उसने जबरा से कहा—क्यों जब्बर, अब ठण्ड नहीं लग रही है?

जब्बर ने कूँ-कूँ करके मानो कहा—अब क्या ठण्ड लगती ही रहेगी।

"पहले से यह उपाय न सूझा, नहीं इतनी ठण्ड क्यों खाते।"

जबरा ने पूँछ हिलायी।

"अच्छा आओ, इस अलाव को कूद कर पार करें। देखें, कौन निकल जाता है। अगर जल गये बच्चा, तो मैं दवा न करूँगा।"

जबरा ने उस अग्निराशि की ओर कातर नेत्रों से देखा।

"मुन्नी से कल न कह देना नहीं तो लड़ाई करेगी।"

यह कहता हुआ वह उछला और अलाव के ऊपर से साफ निकल गया। पैरों में जरा लपट लगी; पर वह कोई बात न थी। जबरा आग के इर्द-गिर्द घूमकर उसके पास आ खड़ा हुआ।

हल्कू ने कहा—चलो-चलो, इसकी सही नहीं। ऊपर से कूदकर आओ। वह फिर कूदा और अलाव के इस पार आ गया।

4

पत्तियाँ जल चुकी थीं। बगीचे में फिर अँधेरा छाया था। राख के नीचे कुछ-कुछ आग बाकी थी, जो हवा का झोंका आ जाने पर जरा जाग उठती थी; पर एक क्षण में फिर आँखें बन्द कर लेती थी।

हल्कू ने फिर चादर ओढ़ ली और गर्म राख के पास बैठा हुआ एक गीत गुनगुनाने लगा। उसके बदन में गर्मी आ गयी थी; पर ज्यों-ज्यों शीत बढ़ती जाती थी, उसे आलस्य दबाये लेता था।

जबरा जोर से भूँककर खेत की ओर भागा। हल्कू को ऐसा मालूम हुआ कि जानवरों का एक झुण्ड उसके खेत में आया है। शायद नीलगायों का झुण्ड था। उनके कूदने-दौड़ने की आवाजें साफ कान में आ रही थीं। फिर ऐसा मालूम हुआ कि वह खेत में चर रही हैं। उनके चबाने की आवाज चर-चर सुनाई देने लगी।

उसने दिल में कहा—नहीं, जबरा के होते कोई जानवर खेत में नहीं आ सकता। नोच ही डाले। मुझे भ्रम हो रहा है। कहाँ! अब तो कुछ नहीं सुनाई देता। मुझे भी कैसा धोखा हुआ।

उसने जोर से आवाज लगायी—"जबरा, जबरा।"

जबरा भूँकता रहा। उसके पास न आया।

फिर खेत के चरे जाने की आहट मिली। अब वह अपने को धोखा न दे सका। उसे अपनी जगह से हिलना जहर लग रहा था। कैसा दंदाया हुआ था। इस जाड़े-पाले में खेत में जाना, जानवरों के पीछे दौड़ना असूझ जान पड़ा। वह अपनी जगह से न हिला।

उसने जोर से आवाज लगायी—लिहो-लिहो! लिहो!!

जबरा भूँक उठा। जानवर खेत चर रहे थे। फसल तैयार है। कैसी अच्छी खेती थी; पर ये दुष्ट जानवर उसका सर्वनाश किये डालते हैं।

हल्कू पक्का इरादा करके उठा और दो-तीन कदम चला; पर एकाएक हवा का ऐसा ठण्डा, चुभनेवाला, बिच्छू के डंक का-सा झोंका लगा कि वह फिर बुझते हुए अलाव के पास आ बैठा और राख को कुरेदकर अपनी ठण्डी देह को गर्माने लगा।

जबरा अपना गला फाड़े डालता था, नीलगायें खेत का सफाया किये डालती थीं। और हल्कू गर्म राख के पास शान्त बैठा हुआ था। अकर्मण्यता ने रस्सियों की भाँति उसे चारों तरफ से जकड़ रखा था।

उसी राख के पास गर्म जमीन पर वह चादर ओढ़कर सो गया।

सवेरे जब उसकी नींद खुली, तब चारों तरफ धूप फैल गयी थी। और मुन्नी कह रही थी—क्या आज सोते ही रहोगे? तुम यहाँ आकर रम गये और उधर सारा खेत चौपट हो गया।

हल्कू ने उठकर कहा—क्या तू खेत से होकर आ रही है?

मुन्नी बोली—हाँ, सारे खेत का सत्यानाश हो गया। भला ऐसा भी कोई सोता है! तुम्हारे मड़ैया डालने से क्या हुआ?

हल्कू ने बहाना किया—मैं मरते-मरते बचा, तुझे अपने खेत की पड़ी है। पेट में ऐसा दरद हुआ, कि मैं ही जानता हूँ।

दोनों फिर खेत की डाँड़ पर आये। देखा, सारा खेत रौंदा पड़ा हुआ है, और जबरा मड़ैया के नीचे चित लेटा है; मानो प्राण ही न हों।

दोनों खेत की दशा देख रहे थे। मुन्नी के मुख पर उदासी छायी थी। पर हल्कू प्रसन्न था।

मुन्नी ने चिन्तित होकर कहा—अब मजूरी करके मालगुजारी भरनी पड़ेगी।

हल्कू ने प्रसन्न-मुख से कहा—रात की ठण्ड में यहाँ सोना तो न पड़ेगा।

जयशंकर प्रसाद

जयशंकर प्रसाद का जन्म 30 जनवरी, 1890 को वाराणसी में हुआ। प्रसाद जी की प्रारम्भिक शिक्षा आठवीं तक हुई, साथ ही घर पर संस्कृत, अंग्रेजी, पालि, प्राकृत भाषाओं का अध्ययन किया। इसके बाद भारतीय इतिहास, संस्कृति, दर्शन, साहित्य और पुराण कथाओं का एकनिष्ठ स्वाध्याय किया। पिता देवी प्रसाद तम्बाकू और सुँघनी का व्यवसाय करते थे और वाराणसी में इनका परिवार सुँघनी साहू के नाम से प्रसिद्ध था।

छायावादी युग के चार प्रमुख स्तम्भों में से एक जयशंकर प्रसाद एक महान लेखक के रूप में प्रख्यात हैं। इन्होंने विविध रचनाओं के माध्यम से मानवीय करुणा और भारतीय मनीषा के अनेकानेक गौरवपूर्ण पक्षों का उद्घाटन किया। 48 वर्षों के छोटे से जीवन में आपने कविता, कहानी, नाटक, उपन्यास और आलोचनात्मक निबन्ध आदि विभिन्न विधाओं में रचनाएँ कीं। 14 जनवरी, 1937 को वाराणसी में उनका निधन हुआ।

महाकवि के रूप में सुविख्यात जयशंकर प्रसाद हिन्दी साहित्य में एक विशिष्ट स्थान रखते हैं। 'तितली', 'कंकाल' और 'इरावती' जैसे उपन्यास और 'आकाशदीप', 'मधुआ' और 'पुरस्कार' जैसी कहानियाँ उनके गद्य लेखन की अपूर्व ऊँचाइयाँ हैं। काव्य साहित्य में 'कामायनी' बेजोड़ कृति है। कथा साहित्य के क्षेत्र में भी उनकी देन महत्त्वपूर्ण है। भावना-प्रधान कहानी लिखने वालों में वे अनुपम थे। आपके पाँच कहानी-संग्रह, तीन उपन्यास और लगभग बारह काव्य-ग्रन्थ हैं।

सारांश : ममता

छायावाद के प्रधान प्रवर्तक जयशंकर प्रसाद हिन्दी साहित्य के मूर्धन्य हस्ताक्षर हैं। प्रसाद जी बहुमुखी प्रतिभा के धनी रचनाकार थे। कविता के साथ-ही-साथ उन्हें नाटककार, उपन्यासकार एवं कथाकार के रूप में भी ख्याति प्राप्त हुई।

उन्हें हिन्दी, संस्कृत, उर्दू आदि भारतीय भाषाओं के साथ-साथ अरबी, फारसी, अंग्रेजी भाषा का भी ज्ञान प्राप्त था। उनकी अधिकतर रचनाओं में ऐसिहासिकता का चित्रण यथावसर प्राप्त होता है।

'ममता' कहानी जयशंकर प्रसाद द्वारा लिखित छोटी किन्तु अत्यधिक समृद्ध कहानी है। प्रसाद जी ने ममता के माध्यम से बाल-विधवा की करुण कथा को चित्रित किया है। साथ ही भारतीय नारी की गरिमा को भी अभिव्यक्त किया है। ममता एक बाल-विधवा युवती है, जो रोहतास दुर्ग के महल में बैठी 'सोन' नदी के प्रबल वेग को देख रही थी। बाल-विधवा होने के कारण उसका जीवन दुःखों से भरा हुआ था। ममता रोहतास दुर्ग के मन्त्री चूड़ामणि की एकलौती लाडली पुत्री थी। ममता के पिता के पास अपार धन-सम्पत्ति-वैभव होने के बावजूद उसे दुःखी जीवन जीना पड़ता है। भारतीय समाज में नारी का विधवा होना उसका अपराध माना जाता है। उसे समग्र शुभ-कार्यो से दूर रहने को बाध्य किया जाता है, क्योंकि शुभकार्यों में विधवा को मनहूस समझा जाता है। पिता चुड़ामणि को बेटी का यह दुःख देखा नहीं जाता। वह म्लेच्छ से रिश्वत स्वीकार कर अपनी बेटी की खुशियाँ खरीदना चाहता है। किन्तु ममता को यह मान्य नहीं है। वह विधवा होना भगवान की इच्छा मानते हुए अपने पिता को धन वापस करने को कहती है।

दूसरे दिन रोहतास दुर्ग में डोलियों का रेला आने पर चूड़ामणि उसे रोकते हैं। पठान उसे महिलाओं का अपमान बताते हैं। दोनों में युद्ध होने पर चूड़ामणि मारा जाता है और सब पर शेरशाह का आधिपत्थ हो जाता है। ममता रोहतास दुर्ग से निकलकर काशी के उत्तर में स्तूप के खण्डहरों में जाकर एक झोंपड़ी में निवास करती है। एक दिन झोंपड़ी के दरवाजे पर एक पथिक आश्रय पाने के लिए आता है, वह भयभीत है, ममता को वह आश्रय देने को कहता है। ममता को मालूम है कि वह विधर्मी है। इन्हीं पठानों ने मेरे पिता की हत्या की थी। फिर भी वह अपना ब्राह्मण धर्म 'अतिथि देवो भव' की उक्ति को प्रमाण मानकर उस पथिक को आश्रय देती हैं क्योंकि उस पथिक के पीछे शेरशाह के सैनिक पड़ गये थे। ममता अपनी झोंपड़ी में पथिक को आश्रय देकर स्वयं खण्डकर के स्तूपों में चली जाती है। पथिक लौटते समय अपने सैनिकों को ममता का घर बनवाने का आदेश देता है। अब ममता सत्तर वर्ष की हो गयी है। ममता बीमार है। उसकी झोंपड़ी में कई महिलाएँ उसकी सेवा में लगी रहती हैं क्योंकि ममता भी जीवनभर किसी-न-किसी के दुःखों में शामिल हुआ करती थी। अचानक एक घुड़सवार आता है। उसके हाथ में एक चित्र है। ममता उसे अपने पास बुलाती है

और कहती है कि ''मैं नहीं जानती कि वह पथिक कौन था? जिसने मेरी झोंपड़ी में आश्रय लिया था।'' उसने मेरा घर बनवाने का आदेश दिया था। अब तो मैं स्वर्गलोग चली जाऊँगी। अब तुम जो चाहो वह करो। ममता के प्राण पखेरू उड़ गये। अब वहाँ पर अकबर ने एक अष्टकोण मन्दिर बनवाया और उस पर लिखवाया कि ''सातों देश के नरेश हुमायूँ ने एक दिन यहाँ विश्राम किया था।'' किन्तु उस पर ममता का कहीं भी जिक्र नहीं किया।

अतः प्रस्तुत कहानी के माध्यम से जयशंकर प्रसाद जी ने त्याग, समर्पण, दया, परोपकार, अहिंसा जैसे मानवतावादी मूल्यों का पुरजोर समर्थन किया है। मनुष्य जीवन का धर्म है कि दूसरों के काम आना चाहिए। दूसरों के जीवन में खुशियाँ भरनी चाहिए।

अतः कहानी के माध्यम से प्रसाद जी मानवतावादी मूल्यों की स्थापना करना चाहते हैं। उदात्तभाव, त्याग, दया, परोपकार से सराबोर प्रसाद जी के नाटक, कहानी, उपन्यास के पात्र होते हैं, यह प्रसाद जी के साहित्य की अपनी विशेषता है, जो उन्हें उच्च कोटि पर स्थापित करती है।

ममता

●

जयशंकर प्रसाद

1

रोहताश्व दुर्ग के एक प्रकोष्ठ में बैठी हुई युवती ममता शोण के तीक्ष्ण गम्भीर प्रवाह को देख रही है। ममता विधवा थी। उसका यौवन शोण के समान ही उमड़ रहा था। मन में वेदना, मस्तक में आँधी, आँखों में पानी की बरसात को लिये, वह सुख के कण्टक-शयन में विकल थी। वह रोहताश्व-दुर्गपति के मन्त्री चूड़ामणि की अकेली दुहिता थी, फिर उसके लिए कुछ अभाव होना असम्भव था, परन्तु वह विधवा थी—हिन्दू विधवा संसार में सबसे तुच्छ और निराश्रय प्राणी है, तब उसकी विडम्बना का कहाँ अन्त था?

चूड़ामणि ने चुपचाप उसके प्रकोष्ठ में प्रवेश किया। शोण के प्रवाह में, उसके कलनाद में, अपना जीवन मिलाने में वह बेसुध थी। पिता का आना न जान सकी। चूड़ामणि व्यथित हो उठे। स्नेह-पालिता पुत्री के लिए क्या करें, यह स्थिर न कर सकते थे। लौट कर बाहर चले गये। ऐसा प्रायः होता, पर आज मन्त्री के मन में बड़ी दुश्चिन्ता थी। पैर सीधे न पड़ते थे।

एक पहर रात बीत जाने पर फिर वे ममता के पास आये। उस समय उनके पीछे दस सेवक चाँदी के बड़े थालों में कुछ लिये हुए खड़े थे। कितने ही मनुष्यों के पद-शब्द सुन ममता ने घूमकर देखा। मन्त्री ने सब थालों को रखने का संकेत किया। अनुचर थाल रखकर चले गये।

ममता ने पूछा—"यह क्या है, पिताजी?"

"तेरे लिए बेटी, उपहार है।" कहकर चूड़ामणि ने उसका आवरण उलट दिया। स्वर्ण का पीलापन उस सुनहरी सन्ध्या में विकीर्ण होने लगा। ममता चौंक उठी।

"इतना स्वर्ण! यह कहाँ से आया?"

"चुप रहो, ममता। यह तुम्हारे लिए है।"

"तो क्या आपने म्लेच्छ का उत्कोच स्वीकार कर लिया? पिताजी! यह अनर्थ है, अर्थ नहीं। लौटा दीजिए। पिताजी! हम लोग ब्राह्मण हैं, इतना सोना लेकर क्या करेंगे?"

"इस पतनोन्मुख प्राचीन सामन्त-वंश का अन्त समीप है, बेटी! किसी भी दिन शेरशाह रोहताश्व पर अधिकार कर सकता है। उस दिन मन्त्रित्व न रहेगा, तब के लिए बेटी!"

"हे भगवन्! तब के लिए! विपद के लिए! इतना आयोजन! परमपिता की इच्छा के विरुद्ध इतना साहस! पिताजी! क्या भीख न मिलेगी? क्या कोई हिन्दू भू-पृष्ठ पर बचा न रह जायेगा, जो ब्राह्मण को दो मुट्ठी अन्न दे सके? यह असम्भव है। फेर दीजिए, पिताजी। मैं काँप रही हूँ—इसकी चमक आँखों को अन्धा बना रही है।"

"मूर्ख है"—कहकर चूड़ामणि चले गये।

दूसरे दिन जब डोलियों का ताँता भीतर आ रहा था, ब्राह्मण-मन्त्री चूड़ामणि का हृदय धक-धक करने लगा। वह अपने को रोक न सका। उसने जाकर रोहताश्व-दुर्ग के तोरण पर डोलियों का आवरण खुलवाना चाहा। पठानों ने कहा—"यह महिलाओं का अपमान करना है।"

बात बढ़ गयी। तलवारें खिंचीं। ब्राह्मण वहीं मारा गया और राजा-रानी, कोष—सब छली शेरशाह के हाथ पड़े; निकल गयी ममता। डोली में भरे हुए पठान-सैनिक दुर्ग-भर में फैल गये, पर ममता न मिली।

2

काशी के उत्तर में धर्मचक्र विहार, मौर्य और गुप्त सम्राटों की कीर्ति का खँडहर था। भग्न-चूड़ा, तृण-गुल्मों से ढँके हुए प्राचीर ईंटों के ढेर में बिखरी हुई भारतीय शिल्प की विभूति, ग्रीष्म रजनी चन्द्रिका में अपने आपको शीतल कर रही थी।

जहाँ पंचवर्गीय भिक्षु गौतम का उपदेश ग्रहण करने के लिए पहले मिले थे, उसी स्तूप के भग्नावशेष की मलिन छाया में एक झोपड़ी के दीपालोक में एक स्त्री पाठ कर रही थी—

अनन्याश्चिंतयंतो मां ये जनाः पर्युपासते...

पाठ रुक गया। एक भीषण और हताश आकृति दीप के मन्द प्रकाश में सामने खड़ी थी। स्त्री उठी, उसने कपाट बन्द करना चाहा, परन्तु उस व्यक्ति ने कहा—"माता! मुझे आश्रय चाहिए।"

"तुम कौन हो?" स्त्री ने पूछा।

"मैं मुगल हूँ। चौसा युद्ध में शेरशाह से विपन्न होकर रक्षा चाहता हूँ। इस रात अब आगे चलने में असमर्थ हूँ।"

"क्या? शेरशाह से?" स्त्री ने अपने होंठ काट लिए।

"हाँ माता!"

"परन्तु, तुम भी वैसे ही क्रूर हो, वही भीषण रक्त की प्यास, वही निष्ठुर प्रतिबिम्ब, तुम्हारे मुख पर भी है। सैनिक! मेरी कुटी में स्थान नहीं। जाओ, कहीं दूसरा आश्रय खोज लो।"

"गला सूख रहा है, साथी छूट गये हैं, अश्व गिर पड़ा है—इतना थका हुआ हूँ—इतना।" ...कहते-कहते वह व्यक्ति, धम-से बैठ गया और उसके सामने ब्रह्माण्ड घूमने लगा। स्त्री ने सोचा, यह विपत्ति कहाँ से आयी? उसने जल दिया, मुगल के प्राणों की रक्षा हुई। वह सोचने लगी—सब विधर्मी दया के पात्र नहीं—मेरे पिता का वध करने वाले आततायी। घृणा से उसका मन विरक्त हो गया।

स्वस्थ होकर मुगल ने कहा, "माता! तो फिर मैं चला जाऊँ?"

स्त्री विचार कर रही थी। "मैं ब्राह्मणी हूँ, मुझे तो अपने धर्म—अतिथि-देव की उपासना—का पालन करना चाहिए। परन्तु यहाँ...नहीं, नहीं, सब विधर्मी दया के पात्र नहीं। परन्तु यह तो दया नहीं...कर्तव्य करना है। तब?"

मुगल अपनी तलवार टेक कर उठ खड़ा हुआ। ममता ने कहा—"क्या आश्चर्य है कि तुम भी छल करो? ठहरो।"

"छल! नहीं, तब नहीं माता! जाता हूँ! तैमूर का वंशधर स्त्री से छल करेगा? जाता हूँ। भाग्य का खेल है।"

ममता ने मन में कहा—"यहाँ कौन दुर्ग है? यही झोपड़ी न? जो चाहे ले ले, मुझे तो अपना कर्तव्य-पालन करना पड़ेगा।" वह बाहर चली गयी और मुगल से बोली—"जाओ भीतर, थके हुए भयभीत पथिक! तुम चाहे कोई हो, मैं तुम्हें आश्रय देती हूँ। मैं ब्राह्मण कुमारी हूँ, सब अपना धर्म छोड़ दें, तो मैं भी क्यों छोड़ दूँ?" मुगल ने चन्द्रमा के मन्द प्रकाश में वह महिमामय मुखमण्डल देखा, उसने मन-ही-मन नमस्कार किया। ममता पास की टूटी हुई दीवारों में चली गयी। भीतर थके पथिक ने झोपड़ी में विश्राम किया।

प्रभात में खँडहर की सन्धि से ममता ने देखा, सैकड़ों अश्वारोही उस प्रान्त में घूम रहे हैं। वह अपनी मूर्खता पर अपने को कोसने लगी।

अब उस झोपड़ी से निकल कर पथिक ने कहा—"मिरजा! मैं यहाँ हूँ।"

शब्द सुनते ही प्रसन्नता की चीत्कार-ध्वनि से वह प्रान्त गूँज उठा। ममता अधिक भयभीत हुई। पथिक ने कहा—"वह स्त्री कहाँ है? उसे खोज निकालो।" ममता छिपने के लिए अधिक सचेष्ट हुई। वह मृगदाव में चली गयी। दिनभर उसमें से न निकली। सन्ध्या में जब उन लोगों के जाने का उपक्रम हुआ, तो ममता ने सुना, पथिक घोड़े पर सवार होते हुए कह रहा है—"मिरजा! उस स्त्री को मैं कुछ दे न सका। उसका घर बनवा देना, क्योंकि मैंने विपत्ति में यहाँ विश्राम पाया था। यह स्थान भूलना मत।" इसके बाद वे चले गये।

चौसा के मुगल-पठान युद्ध को बहुत दिन बीत गये। ममता अब सत्तर वर्ष की वृद्धा है। वह अपनी झोपड़ी में एक दिन पड़ी थी। शीतकाल का प्रभात था। उसका जीर्ण कंकाल खाँसी से गूँज रहा था। ममता की सेवा के लिए गाँव की दो-तीन स्त्रियाँ उसे घेरकर बैठी थीं, क्योंकि वह आजीवन सबके सुख-दुख की सहभागिनी रही थी।

ममता ने जल पीना चाहा, एक स्त्री ने सीपी से जल पिलाया। सहसा एक अश्वारोही उसी झोपड़ी के द्वार पर दिखाई पड़ा। वह अपनी धुन में कहने लगा—"मिरजा ने जो चित्र बनाकर दिया है, वह तो इसी जगह का होना चाहिए। वह बुढ़िया मर गयी होगी। अब किससे पूछे कि एक दिन शहंशाह हुमायूँ किस छप्पर के नीचे बैठे थे? यह घटना भी तो सैंतालीस वर्ष से ऊपर की हुई।"

ममता ने अपने विकल कानों से सुना। उसने पास की स्त्री से कहा—"उसे बुलाओ।"

अश्वारोही पास आया। ममता ने रुक-रुक कर कहा—"मैं नहीं जानती कि वह शहंशाह था या साधारण मुगल, पर एक दिन इसी झोपड़ी के नीचे वह रहा। मैंने सुना था कि वह मेरा घर बनवाने की आज्ञा दे चुका था। मैं आजीवन अपनी झोपड़ी खुदवाने के भय से भयभीत ही थी। भगवान् ने सुन लिया, मैं आज इसे छोड़े जाती हूँ। अब तुम इसका मकान बनाओ या महल—मैं अपने चिर विश्राम गृह में जाती हूँ।"

वह अश्वारोही अवाक् खड़ा था। बुढ़िया के प्राण-पखेरू अनन्त में उड़ गये।

वहाँ एक अष्टकोण मन्दिर बना और उस पर शिलालेख लगाया गया—

"सातों देश के नरेश हुमायूँ ने एक दिन यहाँ विश्राम किया था। उनके पुत्र अकबर ने उसकी स्मृति में यह गगनचुम्बी मन्दिर बनाया।"

पर उसमें ममता का कहीं नाम नहीं।

सुदर्शन

सुदर्शन (1895-1967) प्रेमचन्द परम्परा के कहानीकार हैं। इनका दृष्टिकोण सुधारवादी है। ये आदर्शोन्मुख यथार्थवादी हैं। मुंशी प्रेमचन्द और उपेन्द्रनाथ अश्क की तरह सुदर्शन हिन्दी और उर्दू में लिखते रहे हैं। उनकी गणना प्रेमचन्द संस्थान के लेखकों में विश्वंभरनाथ कौशिक, राजा राधिकारमणप्रसाद सिंह, भगवतीप्रसाद वाजपेयी आदि के साथ की जाती है। अपनी प्रायः सभी प्रसिद्ध कहानियों में इन्होंने समस्यायों का आदर्शवादी समाधान प्रस्तुत किया है। चौधरी छोटूराम जी ने कहानीकार सुदर्शन जी को 'जाट गजट' का सम्पादक बनाया था। केवल इसलिए कि वह पक्के आर्यसमाजी थे और आर्यसमाजी समाज सुधारक होते हैं। एक गोरे पादरी के साथ टक्कर लेने से गोराशाही सुदर्शन जी से चिढ़ गयी। चौ. छोटूराम, चौ. लालचन्द से आर्यसमाजी सम्पादक को हटाने का दबाव बनाया। चौ. छोटूराम अड़ गये। सरकार की यह बात नहीं मानी। यह घटना प्रथम विश्वयुद्ध के दिनों की है। सुदर्शन जी 1916-1917 में रोहतक में कार्यरत थे।

सुदर्शन की भाषा सरल, स्वाभाविक, प्रभावोत्पादक और मुहावरेदार है। इनका असली नाम बदरीनाथ है। इनका जन्म सियालकोट में 1985 में हुआ था। प्रेमचन्द के समान वह भी उर्दू से हिन्दी में आये थे।

लाहौर की उर्दू पत्रिका 'हजार दास्ताँ' में उनकी अनेकों कहानियाँ छपीं। उनकी पुस्तकें मुम्बई के हिन्दी ग्रन्थ रत्नाकर कार्यालय द्वारा भी प्रकाशित हुईं। उन्हें गद्य और पद्य दोनों ही में महारत थी। 'हार की जीत' पण्डित जी की पहली कहानी है और 1920 में सरस्वती में प्रकाशित हुई थी।

मुख्य धारा के साहित्य-सृजन के अतिरिक्त उन्होंने अनेकों फिल्मों की पटकथा और गीत भी लिखे हैं। सोहराब मोदी की सिकन्दर (1941) सहित अनेक फिल्मों की सफलता का श्रेय उनके पटकथा लेखन को जाता है। सन 1935 में उन्होंने 'कुंवारी या विधवा' फिल्म का निर्देशन भी किया। वे 1950 में बने फिल्म लेखक संघ के प्रथम उपाध्यक्ष थे। वे 1945 में महात्मा गाँधी द्वारा प्रस्तावित अखिल

भारतीय हिन्दुस्तानी प्रचार सभा 'वर्धा' की साहित्य परिषद् के सम्मानित सदस्यों में थे। उनकी रचनाओं में 'तीर्थ-यात्रा', 'पत्थरों का सौदागर', 'पृथ्वी-वल्लभ' आदि के नाम उल्लेखनीय हैं। फिल्म धूप-छाँव (1935) के प्रसिद्ध गीत 'तेरी गठरी में लागा चोर, बाबा मन की आँखें खोल' आदि उन्हीं के लिखे हुए हैं।

सारांश : हार की जीत

'हार की जीत' कहानी एक 'हार' की कहानी है। 'हार' के बाद वह 'हार-जीत' में बदल जाती हैं। हम अपनी सूझ-बूझ से कोशिश करते हैं तो हार को भी जीत में बदल सकते हैं।

एक गाँव में छोटे से मन्दिर में बाबा भारती नाम के सन्त रहते हैं। उनके पास एक घोड़ा है, जिसका नाम सुल्तान है। उससे वे बहुत प्यार करते हैं, उसके बिना वह रह नहीं पातें। उसी इलाके में खड़क सिंह नामक डाकू रहता है। उसने लोगों से सुल्तान की प्रशंसा सुनी और वह उसे देखने बाबा भारती के पास आता है। वह घोड़ा उसे बहुत पसन्द आता है। वह जाते समय बाबा भारती से कहता है कि, "बाबा जी, मैं यह घोड़ा आपके पास न रहने दूँगा।" बाबा भारती इस धमकी से डर जाते हैं और कई महीनों तक रात को अस्तबल में घोड़े की रखवाली करते हैं। एक दिन जब वे सुल्तान पर बैठकर घूमने जा रहे हैं, एक गरीब आदमी उन्हें आवाज देता है। वह अपाहिज था, उसने बाबा भारती से बिनती की और कहाँ कि "उसे अपने घोड़े पर बैठा कर दूसरे गाँव तक पहुँचा दें।" बाबा भारती 'सन्त' स्वभाव के थे, उन्होंने उसे घोड़े पर बैठा दिया। और स्वयं लगाम पकड़कर चलने लगे, उनके हाथ से एकदम लगाम छूट गयी और उन्होंने देख कि वह आदमी घोड़े को तेजी से भगाये ले जा रहा था। वह आदमी 'खड़क सिंह' था।

बाबा भारती कुछ सोचकर 'खड़क सिंह' को आवाज देकर रुकने के लिए कहते हैं। उसके रूकने पर बाबा भारती कहते हैं कि अब वह घोड़ा उसका है और वे उससे उसे वापस करने के लिए नहीं कहेंगे, लेकिन उनकी एक प्रार्थना है कि जिसे उसे अस्वीकार करना नहीं चाहिए। उन्होंने कहा कि "इस घटना के बारे में वह किसी को न बताएँ।" उनका विचार यह था कि यदि लोगों को इसके बारे में पता चलेगा तो वे दीन-दुःखियों पर विश्वास नहीं करेंगे। खड़क सिंह के मन में यह विचार छू जाता है। बाबा भारती के सोच को देखकर वह आश्चर्यचकित हुआ। जो घोड़े से इतना प्यार करते हैं, फिर भी उनके मन में दीन-दुःखियों के विषय में चिन्ता है। रात मैं वह 'सुल्तान' को अस्तबल में बाँध आता है।

बाबा भारती सुल्तान को वापस पाकर प्रसन्न हो जाते हैं। उधर, डाकू खड़क सिंह भी ओट में खड़ा चुपचाप उस अद्भुत मिलन को देखकर आँसू बहाता है। जीता हुआ घोड़ा लौटा कर भी वह खुश था। जीत की इस हार में एक अनजानी जीत थी जिसका सम्बन्ध सीधे मन से था, भावनाओं से था। बाबा भारती भी हार की इस जीत से विस्मयपूर्ण प्रसन्न थे।

'हार की जीत' कहानी से लेखक मानवतावादी सोच को पाठकों के सामने रखता है। बाबा भारती के माध्यम से समझाते हैं कि निःस्वार्थ रहकर मानव-कल्याण के भाव से खड़क सिंह जैसे दुष्ट व्यक्ति में भी मानवता की भावना उत्पन्न हो सकती है। यहाँ लेखक विचारों के साथ आचारों के महत्त्व को भी निर्देशित करता है।

हार की जीत

•

सुदर्शन

माँ को अपने बेटे और किसान को अपने लहलहाते खेत देखकर जो आनन्द आता है, वही आनन्द बाबा भारती को अपना घोड़ा देखकर आता था। भगवद्-भजन से जो समय बचता, वह घोड़े को अर्पण हो जाता। वह घोड़ा बड़ा सुन्दर था, बड़ा बलवान। उसके जोड़ का घोड़ा सारे इलाके में न था। बाबा भारती उसे 'सुल्तान' कहकर पुकारते, अपने हाथ से खरहरा करते, खुद दाना खिलाते और देख-देखकर प्रसन्न होते थे। उन्होंने रुपया, माल, असबाब, जमीन आदि अपना सब-कुछ छोड़ दिया था, यहाँ तक कि उन्हें नगर के जीवन से भी घृणा थी। अब गाँव से बाहर एक छोटे-से मन्दिर में रहते और भगवान का भजन करते थे। "मैं सुलतान के बिना नहीं रह सकूँगा," उन्हें ऐसी भ्रान्ति-सी हो गयी थी। वे उसकी चाल पर लट्टू थे। कहते, "ऐसे चलता है जैसे मोर घटा को देखकर नाच रहा हो।" जब तक सन्ध्या समय सुलतान पर चढ़कर आठ-दस मील का चक्कर न लगा लेते, उन्हें चैन न आता।

खड़गसिंह उस इलाके का प्रसिद्ध डाकू था। लोग उसका नाम सुनकर काँपते थे। होते-होते सुल्तान की कीर्ति उसके कानों तक भी पहुँची। उसका हृदय उसे देखने के लिए अधीर हो उठा। वह एक दिन दोपहर के समय बाबा भारती के पास पहुँचा और नमस्कार करके बैठ गया। बाबा भारती ने पूछा, "खडगसिंह, क्या हाल है?"

खडगसिंह ने सिर झुकाकर उत्तर दिया, "आपकी दया है।"

"कहो, इधर कैसे आ गये?"

"सुलतान की चाह खींच लायी।"

"विचित्र जानवर है। देखोगे तो प्रसन्न हो जाओगे।"

"मैंने भी बड़ी प्रशंसा सुनी है।"

"उसकी चाल तुम्हारा मन मोह लेगी!"

"कहते हैं देखने में भी बहुत सुन्दर है।"

"क्या कहना! जो उसे एक बार देख लेता है, उसके हृदय पर उसकी छवि अंकित हो जाती है।"

"बहुत दिनों से अभिलाषा थी, आज उपस्थित हो सका हूँ।"

बाबा भारती और खड़गसिंह अस्तबल में पहुँचे। बाबा ने घोड़ा दिखाया घमण्ड से, खड़गसिंह ने देखा आश्चर्य से। उसने सैकड़ों घोड़े देखे थे, परन्तु ऐसा बाँका घोड़ा उसकी आँखों से कभी न गुजरा था। सोचने लगा, भाग्य की बात है। ऐसा घोड़ा खड़गसिंह के पास होना चाहिए था। इस साधु को ऐसी चीजों से क्या लाभ? कुछ देर तक आश्चर्य से चुपचाप खड़ा रहा। इसके पश्चात् उसके हृदय में हलचल होने लगी। बालकों की-सी अधीरता से बोला, "परन्तु बाबाजी, इसकी चाल न देखी तो क्या?"

दूसरे के मुख से प्रशंसा सुनने के लिए उनका हृदय अधीर हो गया। घोड़े को खोलकर बाहर गये। घोड़ा वायु-वेग से उड़ने लगा। उसकी चाल को देखकर खड़गसिंह के हृदय पर साँप लोट गया। वह डाकू था और जो वस्तु उसे पसन्द आ जाये उस पर वह अपना अधिकार समझता था। उसके पास बाहुबल था और आदमी भी। जाते-जाते उसने कहा, "बाबाजी, मैं यह घोड़ा आपके पास न रहने दूँगा।"

बाबा भारती डर गये। अब उन्हें रात को नींद न आती। सारी रात अस्तबल की रखवाली में कटने लगी। प्रतिक्षण खड़गसिंह का भय लगा रहता, परन्तु कई मास बीत गये और वह न आया। यहाँ तक कि बाबा भारती कुछ असावधान हो गये और इस भय को स्वप्न के भय की नाईं मिथ्या समझने लगे। सन्ध्या का समय था। बाबा भारती सुल्तान की पीठ पर सवार होकर घूमने जा रहे थे। इस समय उनकी आँखों में चमक थी, मुख पर प्रसन्नता। कभी घोड़े के शरीर को देखते, कभी उसके रंग को और मन में फूले न समाते थे। सहसा एक ओर से आवाज आयी, "ओ बाबा, इस कंगले की सुनते जाना।"

आवाज में करुणा थी। बाबा ने घोड़े को रोक लिया। देखा, एक अपाहिज वृक्ष की छाया में पड़ा कराह रहा है। बोले, "क्यों तुम्हें क्या कष्ट है?"

अपाहिज ने हाथ जोड़कर कहा, "बाबा, मैं दुखियारा हूँ। मुझ पर दया करो। रामावाला यहाँ से तीन मील है, मुझे वहाँ जाना है। घोड़े पर चढ़ा लो, परमात्मा भला करेगा।"

"वहाँ तुम्हारा कौन है?"

"दुर्गादत्त वैद्य का नाम आपने सुना होगा। मैं उनका सौतेला भाई हूँ।"

बाबा भारती ने घोड़े से उतरकर अपाहिज को घोड़े पर सवार किया और स्वयं उसकी लगाम पकड़कर धीरे-धीरे चलने लगे। सहसा उन्हें एक झटका-सा लगा और लगाम हाथ से छूट गयी। उनके आश्चर्य का ठिकाना न रहा, जब उन्होंने देखा कि अपाहिज घोड़े की पीठ पर तनकर बैठा है और घोड़े को दौड़ाए लिए जा रहा है। उनके मुख से भय, विस्मय और निराशा से मिली हुई चीख निकल गयी। वह अपाहिज डाकू खड़गसिंह था। बाबा भारती कुछ देर तक चुप रहे और कुछ समय पश्चात् कुछ निश्चय करके पूरे बल से चिल्लाकर बोले, "जरा ठहर जाओ।"

खड़गसिंह ने यह आवाज सुनकर घोड़ा रोक लिया और उसकी गरदन पर प्यार से हाथ फेरते हुए कहा, "बाबाजी, यह घोड़ा अब न दूँगा।"

"परन्तु एक बात सुनते जाओ।" खड़गसिंह ठहर गया।

बाबा भारती ने निकट जाकर उसकी ओर ऐसी आँखों से देखा जैसे बकरा कसाई की ओर देखता है और कहा, "यह घोड़ा तुम्हारा हो चुका है। मैं तुमसे इसे वापस करने के लिए न कहूँगा। परन्तु खड़गसिंह, केवल एक प्रार्थना करता हूँ। इसे अस्वीकार न करना, नहीं तो मेरा दिल टूट जायेगा।"

"बाबाजी, आज्ञा कीजिए। मैं आपका दास हूँ, केवल घोड़ा न दूँगा।"

"अब घोड़े का नाम न लो। मैं तुमसे इस विषय में कुछ न कहूँगा। मेरी प्रार्थना केवल यह है कि इस घटना को किसी के सामने प्रकट न करना।"

खड़गसिंह का मुँह आश्चर्य से खुला रह गया। उसका विचार था कि उसे घोड़े को लेकर यहाँ से भागना पड़ेगा, परन्तु बाबा भारती ने स्वयं उसे कहा कि इस घटना को किसी के सामने प्रकट न करना। इससे क्या प्रयोजन सिद्ध हो सकता है? खड़गसिंह ने बहुत सोचा, बहुत सिर मारा, परन्तु कुछ समझ न सका। हारकर उसने अपनी आँखें बाबा भारती के मुख पर गड़ा दीं और पूछा, "बाबाजी, इसमें आपको क्या डर है?"

सुनकर बाबा भारती ने उत्तर दिया, "लोगों को यदि इस घटना का पता चला तो वे दीन-दुखियों पर विश्वास न करेंगे।" यह कहते-कहते उन्होंने सुल्तान की ओर से इस तरह मुँह मोड़ लिया जैसे उनका उससे कभी कोई सम्बन्ध ही नहीं रहा हो।

बाबा भारती चले गये। परन्तु उनके शब्द खड़गसिंह के कानों में उसी प्रकार गूँज रहे थे। सोचता था, कैसे ऊँचे विचार हैं, कैसा पवित्र भाव है!

उन्हें इस घोड़े से प्रेम था, इसे देखकर उनका मुख फूल की नाईं खिल जाता था। कहते थे, "इसके बिना मैं रह न सकूँगा।" इसकी रखवाली में वे कई रात सोये नहीं। भजन-भक्ति न कर रखवाली करते रहे। परन्तु आज उनके मुख पर दुख की रेखा तक दिखाई न पड़ती थी। उन्हें केवल यह खयाल था कि कहीं लोग दीन-दुखियों पर विश्वास करना न छोड़ दें। ऐसा मनुष्य, मनुष्य नहीं देवता है।

रात्रि के अन्धकार में खड़गसिंह बाबा भारती के मन्दिर पहुँचा। चारों ओर सन्नाटा था। आकाश में तारे टिमटिमा रहे थे। थोड़ी दूर पर गाँवों के कुत्ते भौंक रहे थे। मन्दिर के अन्दर कोई शब्द सुनाई न देता था। खड़गसिंह सुल्तान की बाग पकड़े हुए था। वह धीरे-धीरे अस्तबल के फाटक पर पहुँचा। फाटक खुला पड़ा था। किसी समय वहाँ बाबा भारती स्वयं लाठी लेकर पहरा देते थे, परन्तु आज उन्हें किसी चोरी, किसी डाके का भय न था। खड़गसिंह ने आगे बढ़कर सुलतान को उसके स्थान पर बाँध दिया और बाहर निकलकर सावधानी से फाटक बन्द कर दिया। इस समय उसकी आँखों में नेकी के आँसू थे। रात्रि का तीसरा पहर बीत चुका था। चौथा पहर आरम्भ होते ही बाबा भारती ने अपनी कुटिया से बाहर निकल ठण्डे जल से स्नान किया। उसके पश्चात, इस प्रकार जैसे कोई स्वप्न में चल रहा हो, उनके पाँव अस्तबल की ओर बढ़े। परन्तु फाटक पर पहुँचकर उनको अपनी भूल प्रतीत हुई। साथ ही घोर निराशा ने पाँव को मन-मन भर का भारी बना दिया। वे वहीं रुक गये। घोड़े ने अपने स्वामी के पाँवों की चाप को पहचान लिया और जोर से हिनहिनाया। अब बाबा भारती आश्चर्य और प्रसन्नता से दौड़ते हुए अन्दर घुसे और अपने प्यारे घोड़े के गले से लिपटकर इस प्रकार रोने लगे मानो कोई पिता बहुत दिन से बिछड़े हुए पुत्र से मिल रहा हो। बार-बार उसकी पीठ पर हाथ फेरते, बार-बार उसके मुँह पर थपकियाँ देते। फिर वे सन्तोष से बोले, "अब कोई दीन-दुखियों से मुँह न मोड़ेगा।"

भगवतीचरण वर्मा

भगवतीचरण वर्मा का जन्म 30 अगस्त, 1903 में उत्तर प्रदेश के उन्नाव जिले के शफीपुर गाँव में हुआ था। वर्माजी ने इलाहाबाद से बी.ए., एल.एल.बी. की डिग्री प्राप्त की और प्रारम्भ में कविता लेखन किया। फिर उपन्यासकार के नाते विख्यात हुए। 1933 के करीब प्रतापगढ़ के राजा साहब भदरी के साथ रहे। 1936 के लगभग फिल्म कॉरपोरेशन, कलकत्ता में कार्य किया। कुछ दिनों 'विचार' नामक साप्ताहिक का प्रकाशन-सम्पादन, इसके बाद बम्बई में फिल्म-कथालेखन तथा दैनिक 'नवजीवन' का सम्पादन, फिर आकाशवाणी के कई केन्द्रों में कार्य किया। बाद में, 1957 से मृत्युपर्यन्त स्वतन्त्र साहित्यकार के रूप में लेखन किया। उनकी मृत्यु 5 अक्टूबर, 1981 में हुई। 'चित्रलेखा' उपन्यास पर दो बार फिल्म-निर्माण और 'भूले-बिसरे चित्र' के लिए साहित्य अकादेमी से सम्मानित। पद्मभूषण तथा राज्यसभा की मानद सदस्यता प्राप्त।

उपन्यास : पतन (1928), चित्रलेखा (1934), तीन वर्ष, टेढ़-मेढ़े रास्ते (1946)—इसमें मार्क्सवाद की आलोचना की गयी थी। अपने खिलौने (1957), भूले-बिसरे चित्र (1959), वह फिर नहीं आयी, सामर्थ्य और सीमा (1962), थके पाँव, रेखा, सीधी सच्ची बातें, युवराज चूण्डा, सबहिं नचावत राम गोसाईं (1970), प्रश्न और मरीचिका (1973) धुप्पल, चाणक्य।

कहानी-संग्रह : मोर्चाबन्दी।

कविता-संग्रह : मधुकण (1932), तदनन्तर दो और काव्यसंग्रह—'प्रेम-संगीत' और 'मानव' निकले।

नाटक : वसीहत, रुपया तुम्हें खा गया।

सारांश : मुग़लों ने सल्तनत बख़्श दी

भगवती चरण वर्मा की 'मुग़लों ने सल्तनत बख़्श दी' कहानी में व्यंग्य है। जिसमें लेखक ने अंग्रेजों द्वारा भारत पर धीरे-धीरे कब्जा कर लेने की घटना को बड़े ही

रोचक रूप में प्रस्तुत किया है। तत्कालीन मुगल साम्राज्य में व्याप्त राग, रंग और अकर्मण्यता पर करारी चोट की है।

'मुग़लों ने सल्तनत बख़्श दी' कहानी में मुख्य पात्र हीरोजी हैं। वही कहानी के वाचक भी हैं। शेष पात्र श्रोता हैं जिनकी जिज्ञासा कथा को आगे बढ़ाती हैं। वर्मा जी ने नारी-पुरुष दोनों प्रकार के विभिन्न स्तर और व्यवसाय के पात्रों की सृष्टि की है। कुछ पात्र वर्गगत विशेषताओं से युक्त अपने आपका प्रतिनिधित्व करते हैं। इसमें ऐतिहासिक सत्य के अंश को हीरोजी अत्यन्त रोचकता से प्रस्तुत करते हैं।

कहानी में हीरोजी गोवर्धन शास्त्री द्वारा सुनायी गयी राजा बलि की दानवीरता को मुग़लों की दानवीरता के सम्मुख श्रेष्ठ बताते हुए श्रोताओं की जिज्ञासा को उकसाकर मनगढ़न्त कहानी सुनाने का अवसर निकाल ही लेते हैं। बीच-बीच में' अच्छा तो फिर सुनो, हाँ, जनाब कहकर वे कथा के ढीले पड़ते सूत्र को फिर से तानते और कथा आगे बढ़ा देते हैं। हीरोजी ने कौन-सा नया इतिहास बनाया? आँखें कुछ अधिक खुल गयीं। कान खड़े हो गये। मैंने कहा-'सो कैसे'? बीच-बीच में श्रोताओं के प्रश्न और हामी भी कथा को गति देते हैं। इस तरह भगवतीचरण वर्मा जी ने मुग़लों की सल्तनत को अंग्रेज़ लोग कैसे हथिया गए हैं। उसका व्यंगयात्मक रीति से वर्णन किया है।

मुग़लों ने सल्तनत बख़्श दी

भगवतीचरण वर्मा

हीरोजी को आप नहीं जानते, और यह दुर्भाग्य की बात है। इसका यह अर्थ नहीं कि केवल आपका दुर्भाग्य है, दुर्भाग्य हीरोजी का भी है। कारण, वह बड़ा सीधा-सादा है। यदि आपका हीरोजी से परिचय हो जाये, तो आप निश्चय समझ लें कि आपका संसार के एक बहुत बड़े विद्वान से परिचय हो गया। हीरोजी को जानने वालों में अधिकांश का मत है कि हीरोजी पहले जन्म में विक्रमादित्य के नवरत्नों में एक अवश्य रहे होंगे और अपने किसी पाप के कारण उनको इस जन्म में हीरोजी की योनि प्राप्त हुई। अगर हीरोजी का आपसे परिचय हो जाये, तो आप यह समझ लीजिए कि उन्हें एक मनुष्य अधिक मिल गया, जो उन्हें अपने शौक में प्रसन्नतापूर्वक एक हिस्सा दे सके।

हीरोजी ने दुनिया देखी है। यहाँ यह जान लेना ठीक होगा कि हीरोजी की दुनिया मौज और मस्ती की ही बनी है। शराबियों के साथ बैठकर उन्होंने शराब पीने की बाजी लगाई है और हरदम जीते हैं। अफीम के आदी हैं; पर अगर मिल जाये तो इतनी खा लेते हैं, जितनी से एक खानदान का खानदान स्वर्ग की या नरक की यात्रा कर सके। भंग पीते हैं तब तक, जब तक उनका पेट न भर जाये। चरस और गाँजे के लोभ में साधु बनते-बनते बच गये। एक बार एक आदमी ने उन्हें संखिया खिला दी थी, इस आशा से कि संसार एक पापी के भार से मुक्त हो जाये; पर दूसरे ही दिन हीरोजी उसके यहाँ पहुँचे। हँसते हुए उन्होंने कहा—यार, कल का नशा नशा था। रामदुहाई, अगर आज भी वह नशा करवा देते, तो तुम्हें आशीर्वाद देता। लेकिन उस आदमी के पास संखिया मौजूद न थी।

हीरोजी के दर्शन प्रायः चाय की दुकान पर हुआ करते हैं। जो पहुँचता है, वह हीरोजी को एक प्याला चाय का अवश्य पिलाता है। उस दिन जब हम लोग चाय पीने पहुँचे, तो हीरोजी एक कोने में आँखें बन्द किये हुए बैठे कुछ सोच रहे थे। हम लोगों में बातें शुरू हो गयीं, और हरिजन-आन्दोलन से घूमते-फिरते बात आ पहुँची दानवराज बलि पर। पण्डित गोवर्धन शास्त्री ने आमलेट का टुकड़ा मुँह में डालते हुए कहा—"भाई, यह तो कलियुग है। न किसी में दीन है, न ईमान। कौड़ी-कौड़ी पर लोग बेईमानी करने लग गये हैं। अरे, अब तो लिख कर भी लोग मुकर जाते हैं। एक युग था, जब दानव तक अपने वचन निभाते थे, सुरों और नरों की तो बात ही छोड़ दीजिए। दानवराज बलि ने वचनबद्ध होकर सारी पृथ्वी दान कर दी थी। पृथ्वी ही काहे को, स्वयं अपने को भी दान कर दिया था।"

हीरोजी चौंक उठे। खाँस कर उन्होंने कहा—"क्या बात है? जरा फिर से तो कहना!"

सब लोग हीरोजी की ओर घूम पड़े। कोई नयी बात सुनने को मिलेगी, इस आशा से मनोहर ने शास्त्रीजी के शब्दों को दोहराने का कष्ट उठाया—"हीरोजी! ये गोवर्धन शास्त्री जो हैं, सो कह रहे हैं कि कलियुग में धर्म-कर्म सब लोप हो गया। त्रेता में तो दैत्यराज बलि तक ने अपना सब कुछ केवल वचनबद्ध होकर दान दिया था।"

हीरोजी हँस पड़े—"हाँ, तो यह गोवर्धन शास्त्री कहने वाले हुए और तुम लोग सुनने वाले, ठीक ही है। लेकिन हमसे सुनो, यह तो कह रहे हैं त्रेता की बात, अरे, तब तो अकेले बलि ने ऐसा कर दिया था; लेकिन मैं कहता हूँ कलियुग की बात। कलियुग में तो एक आदमी की कही हुई बात को उसकी सात-आठ पीढ़ी तक निभाती गयी और यद्यपि वह पीढ़ी स्वयं नष्ट हो गयी, लेकिन उसने अपना वचन नहीं तोड़ा।"

हम लोग आश्चर्य में पड़ गये। हीरोजी की बात समझ में नहीं आयी, पूछना पड़ा—"हीरोजी, कलियुग में किसने इस प्रकार अपने वचनों का पालन किया है?"

"लौंडे हो न!" हीरोजी ने मुँह बनाते हुए कहा—"जानते हो मुग़लों की सल्तनत कैसे गयी?"

"हाँ, अंग्रेजों ने उनसे छीन ली।"

"तभी तो कहता हूँ कि तुम सब लोग लौंडे हो। स्कूली किताबों को रट-रट कर बन गये पढ़े-लिखे आदमी। अरे, मुग़लों ने अपनी सल्तनत अंग्रेजों को बख़्श दी।"

हीरोजी ने यह कौन-सा नया इतिहास बनाया? आँखें कुछ अधिक खुल गयीं। कान खड़े हो गये। मैंने कहा—"सो कैसे?"

"अच्छा तो फिर सुनो!" हीरोजी ने आरम्भ किया—"जानते हो शहंशाह शाहजहाँ की लड़की शाहजादी रौशनआरा एक दफे बीमार पड़ी थी, और उसे एक अंग्रेज डॉक्टर ने अच्छा किया था। उस डॉक्टर को शहंशाह शाहजहाँ ने हिन्दुस्तान में तिजारत करने के लिए कलकत्ते में कोठी बनाने की इजाजत दे दी थी।"

"हाँ, यह तो हम लोगों ने पढ़ा है।"

"लेकिन असल बात यह है कि शाहजादी रौशनआरा—वही शहंशाह शाहजहाँ की लड़की—हाँ, वही शाहजादी रौशनआरा एक दफे जल गयी। अधिक नहीं जली थी। अरे, हाथ में थोड़ा-सा जल गयी थी, लेकिन जल तो गयी थी और थी शाहजादी। बड़े-बड़े हकीम और वैद्य बुलाये गये। इलाज किया गया; लेकिन शाहजादी को कोई अच्छा न कर सका—न कर सका। और शाहजादी को भला अच्छा कौन कर सकता था? वह शाहजादी थी न! सब लोग लगाते थे लेप, और लेप लगाने से होती थी जलन। और तुरन्त शाहजादी ने धुलवा डाला उस लेप को। भला शाहजादी को रोकने वाला कौन था। अब शहंशाह सलामत को फिक्र हुई! लेकिन शाहजादी अच्छी हो तो कैसे? वहाँ तो दवा असर करने ही न पाती थी।

"उन्हीं दिनों एक अंग्रेज घूमता-घामता दिल्ली आया। दुनिया देखे हुए, घाट-घाट का पानी पिये हुए पूरा चालाक और मक्कार! उसको शाहजादी की बीमारी की खबर लग गयी। नौकरों को घूस देकर उसने पूरा हाल दरियाफ्त किया। उसे मालूम हो गया कि शाहजादी जलन की वजह से दवा धुलवा डाला करती है। सीधे शहंशाह सलामत के पास पहुँचा। कहा कि डॉक्टर हूँ। शाहजादी का इलाज उसने अपने हाथ में ले लिया। उसने शाहजादी के हाथ में एक दवा लगायी। उस दवा से जलन होना तो दूर रहा, उलटे जले हुए हाथ में ठण्डक पहुँची। अब भला शाहजादी उस दवा को क्यों धुलवाती। हाथ अच्छा हो गया। जानते हो वह दवा क्या थी?" हम लोगों की ओर भेद भरी दृष्टि डालते हुए हीरोजी ने पूछा।

"भाई, हम दवा क्या जानें?" कृष्णानन्द ने कहा।

"तभी तो कहते हैं कि इतना पढ़-लिख कर भी तुम्हें तमीज न आयी। अरे वह दवा थी वेसलीन—वही वेसलीन, जिसका आज घर-घर में प्रचार है।"

"वेसलीन! लेकिन वेसलीन तो दवा नहीं होती," मनोहर ने कहा।

हीरोजी सँभल कर बैठ गये। फिर बोले—"कौन कहता है कि वेसलीन दवा होती है? अरे, उसने हाथ में लगा दी वेसलीन और घाव आप-ही-आप अच्छा हो गया। वह अंग्रेज बन बैठा डॉक्टर—और उसका नाम हो गया। शहंशाह शाहजहाँ बड़े प्रसन्न हुए। उन्होंने उस फिरंगी डॉक्टर से कहा—"माँगो।" उस फिरंगी ने कहा, "हुजूर, मैं इस दवा को हिन्दुस्तान में रायज करना चाहता हूँ, इसलिए हुजूर, मुझे हिन्दुस्तान में तिजारत करने की इजाजत दे दें।" बादशाह सलामत ने जब यह सुना कि डॉक्टर हिन्दुस्तान में इस दवा का प्रचार करना चाहता है, तो बड़े प्रसन्न हुए। उन्होंने कहा—"मंजूर! और कुछ माँगो।" तब उस चालाक डॉक्टर ने जानते हो क्या माँगा? उसने कहा —"हुजूर, मैं एक तम्बू तानना चाहता हूँ, जिसके नीचे इस दवा के पीपे इकट्ठे किये जावेंगे। जहाँपनाह यह फरमा दें कि उस तम्बू के नीचे जितनी जमीन आवेगी, वह जहाँपनाह ने फिरंगियों को बख़्श दी।" शहंशाह शाहजहाँ थे सीधे-सादे आदमी, उन्होंने सोचा, तम्बू के नीचे भला कितनी जगह आवेगी। उन्होंने कह दिया—"मंजूर।"

"हाँ तो शहंशाह शाहजहाँ थे सीधे-सादे आदमी, छल-कपट उन्हें आता न था। और वह अंग्रेज था दुनिया देखे हुए। सात समुद्र पार करके हिन्दुस्तान आया था! पहुँचा विलायत, वहाँ उसने बनवाया रबड़ का एक बहुत बड़ा तम्बू और जहाज पर तम्बू लदवा कर चल दिया हिन्दुस्तान। कलकत्ते में, उसने वह तम्बू लगवा दिया। वह तम्बू कितना ऊँचा था, इसका अन्दाज आप नहीं लगा सकते। उस तम्बू का रंग नीला था। तो जनाब, वह तम्बू लगा कलकत्ते में, और विलायत से पीपे-पर-पीपे लद-लदकर आने लगे। उन पीपों में वेसलीन की जगह भरा था एक-एक अंग्रेज जवान, मय बन्दूक और तलवार के। सब पीपे तम्बू के नीचे रखवा दिये गये। जैसे-जैसे पीपे जमीन घेरने लगे, वैसे-वैसे तम्बू को बढ़ा-बढ़ा कर जमीन घेर दी गयी। तम्बू तो रबड़ का था न, जितना बढ़ाया, बढ़ गया। अब जनाब, तम्बू पहुँचा प्लासी। तुम लोगों ने पढ़ा होगा कि प्लासी का युद्ध हुआ था। अरे सब झूठ है। असल में तम्बू बढ़ते-बढ़ते प्लासी पहुँचा था, और उस वक्त मुगल बादशाह का हरकारा दौड़ा था दिल्ली। बस यह कह दिया गया कि प्लासी की लड़ाई हुई। जी हाँ, उस वक्त दिल्ली में शहंशाह शाहजहाँ की तीसरी या चौथी पीढ़ी सल्तनत कर रही थी। हरकारा जब दिल्ली पहुँचा, उस वक्त बादशाह सलामत की सवारी निकल रही थी। हरकारा घबराया हुआ था। वह इन फिरंगियों की चालों से हैरान था। उसने मौका देखा न महल, वहीं सड़क पर खड़े होकर उसने चिल्ला कर कहा—"जहाँपनाह, गजब हो गया। ये बदतमीज फिरंगी अपना तम्बू प्लासी तक खींच लाये हैं, और चूँकि कलकत्ते से प्लासी तक की जमीन तम्बू के नीचे आ गयी है,

इसलिए इन फिरंगियों ने उस जमीन पर कब्जा कर लिया है। जो इनको मना किया तो इन बदतमीजों ने शाही फरमान दिखा दिया।" बादशाह सलामत की सवारी रुक गयी थी। उन्हें बुरा लगा। उन्होंने हरकारे से कहा—"म्याँ हरकारे, मैं कर ही क्या सकता हूँ। जहाँ तक फिरंगियों का तम्बू घिर जाये, वहाँ तक की जगह उनकी हो गयी, हमारे बुजुर्ग यह कह गये हैं।" बेचारा हरकारा अपना-सा मुँह लेकर वापस आ गया।

"हरकारा लौटा और इन फिरंगियों का तम्बू बढ़ा। अभी तक तो आते थे पीपों में आदमी, अब आने लगा तरह-तरह का सामान। हिन्दुस्तान का व्यापार फिरंगियों ने अपने हाथ में ले लिया। तम्बू बढ़ता ही रहा और पहुँच गया बक्सर। इधर तम्बू बढ़ा और उधर लोगों की घबराहट बढ़ी। यह जो किताबों में लिखा है कि बक्सर की लड़ाई हुई, यह गलत है भाई। जब तम्बू बक्सर पहुँचा, तो फिर हरकारा दौड़ा।

"अब जरा बादशाह सलामत की बात सुनिए। वह जनाब दीवाने खास में तशरीफ रख रहे थे। उनके सामने सैकड़ों, बल्कि हजारों मुसाहब बैठे थे। बादशाह सलामत हुक्का गुड़गुड़ा रहे थे—सामने एक साहब जो शायद शायर थे, कुछ गा-गा कर पढ़ रहे थे और कुछ मुसाहब गला फाड़-फाड़ कर 'वाह वाह' चिल्ला रहे थे। कुछ लोग तीतर और बटेर लड़ा रहे थे। हरकारा जो पहुँचा तो यह सब बन्द हो गया। बादशाह सलामत ने पूछा—"म्याँ हरकारे, क्या हुआ—इतने घबराये हुए क्यों हो?" हाँफते हुए हरकारे ने कहा—"जहाँपनाह, इन बदजात फिरंगियों ने अँधेर मचा रखा है। वह अपना तम्बू बक्सर खींच लाये।" बादशाह सलामत को बड़ा ताज्जुब हुआ। उन्होंने अपने मुसाहब से पूछा—"म्याँ, हरकारा कहता है कि फिरंगी अपना तम्बू कलकत्ते से बक्सर तक खींच लाये। यह कैसे मुमकिन है?" इस पर एक मुसाहब ने कहा—"जहाँपनाह, ये फिरंगी जादू जानते हैं, जादू!" दूसरे ने कहा—"जहाँपनाह, इन फिरंगियों ने जिन्नात पाल रखे हैं—जिन्नात सब कुछ कर सकते हैं।" बादशाह सलामत की समझ में कुछ नहीं आया। उन्होंने हरकारे से कहा—"म्याँ हरकारे, तुम बतलाओ यह तम्बू किस तरह बढ़ आया।" हरकारे ने समझाया कि तम्बू रबड़ का है। इस पर बादशाह सलामत बड़े खुश हुए। उन्होंने कहा—"ये फिरंगी भी बड़े चालाक हैं, पूरे अक्ल के पुतले हैं।" इस पर सब मुसाहबों ने एक स्वर में कहा—"इसमें क्या शक है, जहाँपनाह बजा फरमाते हैं।" बादशाह सलामत मुस्कराये—"अरे भाई, किसी चोबदार को भेजो, जो इन फिरंगियों के सरदार को बुला लावे। मैं उसे खिलअत दूँगा।" सब मुसाहब कह उठे—"वल्लाह! जहाँपनाह

एक ही दरियादिल हैं—इस फिरंगी सरदार को जरूर खिलअत देनी चाहिए।" हरकारा घबराया। वह आया था शिकायत करने, यहाँ बादशाह सलामत फिरंगी सरदार को खिलअत देने पर आमादा थे। वह चिल्ला उठा—"जहाँपनाह! इन फिरंगियों ने जहाँपनाह की सल्तनत का एक बहुत बड़ा हिस्सा अपने तम्बू के नीचे करके उस पर कब्जा कर लिया है। जहाँपनाह, ये फिरंगी जहाँपनाह की सल्तनत छीनने पर आमादा दिखाई देते हैं।" मुसाहब चिल्ला उठे—"ऐं, ऐसा गजब।" बादशाह सलामत की मुस्कराहट गायब हो गयी। थोड़ी देर तक सोच कर उन्होंने कहा—"मैं क्या कर सकता हूँ? हमारे बुजुर्ग इन फिरंगियों को उतनी जगह दे गये हैं, जितनी तम्बू के नीचे आ सके। भला मैं उसमें कर ही क्या सकता हूँ। हाँ, फिरंगी सरदार को खिलअत न दूँगा।" इतना कह कर बादशाह सलामत फिरंगियों की चालाकी अपनी बेगमात से बतलाने के लिए हरम में अन्दर चले गये। हरकारा बेचारा चुपचाप लौट आया।

"जनाब! उस तम्बू ने बढ़ना जारी रखा। एक दिन क्या देखते हैं कि विश्वनाथपुरी काशी के ऊपर वह तम्बू तन गया। अब तो लोगों में भगदड़ मच गयी। उन दिनों राजा चेतसिंह बनारस की देखभाल करते थे। उन्होंने उसी वक्त बादशाह सलामत के पास हरकारा दौड़ाया। वह दीवाने खास में हाजिर किया गया। हरकारे ने बादशाह सलामत से अर्ज की कि वह तम्बू बनारस पहुँच गया है और तेजी के साथ दिल्ली की तरफ आ रहा है। बादशाह सलामत चौंक उठे। उन्होंने हरकारे से कहा—"तो म्याँ हरकारे, तुम्हीं बतलाओ, क्या किया जाये?" वहाँ बैठे हुए दो-एक उमराओं ने कहा—"जहाँपनाह, एक बड़ी फौज भेज कर इन फिरंगियों का तम्बू छोटा करवा दिया जाये और कलकत्ते भेज दिया जाये। हम लोग जाकर लड़ने को तैयार हैं। जहाँपनाह का हुक्म भर हो जाये। इस तम्बू की क्या हकीकत है, एक मर्तबा आसमान को भी छोटा कर दें।" बादशाह सलामत ने कुछ सोचा, फिर उन्होंने कहा—"क्या बतलाऊँ, हमारे बुजुर्ग शहंशाह शाहजहाँ इन फिरंगियों को तम्बू के नीचे जितनी जगह आ जाये, वह बख़्श गये हैं। बख़्शीशनामा की रूह से हम लोग कुछ नहीं कर सकते। आप जानते हैं, हम लोग अमीर तैमूर की औलाद हैं। एक दफा जो जबान दे दी वह दे दी। तम्बू का छोटा कराना तो गैर-मुमकिन है। हाँ, कोई ऐसी हिकमत निकाली जाये, जिससे फिरंगी अपना तम्बू आगे न बढ़ा सकें। इसके लिए दरबार आम किया जाये और यह मसला वहाँ पेश हो।"

"इधर दिल्ली में तो यह बातचीत हो रही थी और उधर इन फिरंगियों का तम्बू इलाहाबाद, इटावा ढँकता हुआ आगरे पहुँचा। दूसरा हरकारा दौड़ा।

उसने कहा—"जहाँपनाह, वह तम्बू आगरे तक बढ़ आया है। अगर अब भी कुछ नहीं किया जाता, तो ये फिरंगी दिल्ली पर भी अपना तम्बू तान कर कब्जा कर लेंगे।" बादशाह सलामत घबराये—दरबार आम किया गया। सब अमीर-उमरा इकट्ठा हो गये तो बादशाह सलामत ने कहा—"आज हमारे सामने एक अहम मसला पेश है। आप लोग जानते हैं कि हमारे बुजुर्ग शहंशाह शाहजहाँ ने फिरंगियों को इतनी जमीन बख़्श दी थी, जितनी उनके तम्बू के नीचे आ सके। इन्होंने अपना तम्बू कलकत्ते में लगवाया था; लेकिन वह तम्बू है रबड़ का, और धीरे-धीरे ये लोग तम्बू आगरे तक खींच लाये। हमारे बुजुर्गों से जब यह कहा गया, तब उन्होंने कुछ करना मुनासिब न समझा; क्योंकि शहंशाह शाहजहाँ अपना कौल हार चुके हैं। हम लोग अमीर तैमूर की औलाद हैं और अपने कौल के पक्के हैं। अब आप लोग बतलाइए, क्या किया जाये।" अमीरों और मनसबदारों ने कहा—"हमें इन फिरंगियों से लड़ना चाहिए और इनको सजा देनी चाहिए। इनका तम्बू छोटा करवा कर कलकत्ते भिजवा देना चाहिए।" बादशाह सलामत ने कहा—"लेकिन हम अमीर तैमूर की औलाद हैं। हमारा कौल टूटता है।" इसी समय तीसरा हरकारा हाँफता हुआ बिना इत्तला कराये ही दरबार में घुस आया। उसने कहा—"जहाँपनाह, वह तम्बू दिल्ली पहुँच गया। वह देखिए, किले तक आ पहुँचा।" सब लोगों ने देखा। वास्तव में हजारों गोरे खाकी वर्दी पहने और हथियारों से लैस, बाजा बजाते हुए तम्बू को किले की तरफ खींचते हुए आ रहे थे। उस वक्त बादशाह सलामत उठ खड़े हुए। उन्होंने कहा—"हमने तय कर लिया। हम अमीर तैमूर की औलाद हैं। हमारे बुजुर्गों ने जो कुछ कह दिया, वही होगा। उन्होंने तम्बू के नीचे की जगह फिरंगियों को बख़्श दी थी। अब अगर दिल्ली भी उस तम्बू के नीचे आ रही है, तो आवे! मुगल सल्तनत जाती है, तो जाये, लेकिन दुनिया यह देख ले कि अमीर तैमूर की औलाद हमेशा अपने कौल की पक्की रही है,"—इतना कह कर बादशाह सलामत मय अपने अमीर-उमरावों के दिल्ली के बाहर हो गये और दिल्ली पर अंग्रेजों का कब्जा हो गया। अब आप लोग देख सकते हैं, इस कलियुग में भी मुग़लों ने अपनी सल्तनत बख़्श दी।"

हम सब लोग थोड़ी देर तक चुप रहे। इसके बाद मैंने कहा—"हीरोजी, एक प्याला चाय और पियो।"

हीरोजी बोल उठे—"इतनी अच्छी कहानी सुनाने के बाद भी एक प्याला चाय? अरे, महुवे के ठर्रे का एक अद्धा तो हो जाता।"

फणीश्वरनाथ रेणु

फणीश्वरनाथ रेणु का जन्म 4 मई, 1921 को ग्राम-औराही हिंगना, जिला पूर्णिया (बिहार) में हुआ था। हिन्दी कथा-साहित्य के अत्यधिक महत्त्वपूर्ण रचनाकार थे। उन्होंने 1942 में 'भारत छोड़ो' आन्दोलन में सक्रिय भाग लिया था। नेपाल के राणाशाही विरोधी आन्दोलन में भी भाग लिया। वे प्रगतिशील विचारधारा के समर्थक थे। उन्होंने अपने ग्राम-अंचल की विशेषताओं पर सशक्त साहित्य लिखा। आंचलिक साहित्य की रचनाओं में उनका विशिष्ट स्थान है। कोई ऐसा भू-भाग जिसकी अपनी संस्कृति हो, बोली हो, भाषा हो तथा अपने रूप-रंग में विशिष्ट आभास हो, उसे 'अंचल' कहा जाता है। फणीश्वरनाथ रेणु हिन्दी के प्रथम आंचलिक कथाकार थे। इनकी रचनाओं में अंचल एक विशिष्ट इकाई के रूप में जीवन्त है, जिसका समग्र जीवन उनके अपने रहन-सहन में बँधकर जीवन के उल्लास और वेदना के गीत, संगीत, नृत्य, उत्सव तथा त्योहार में व्यक्त होता है। रेणु ने अपनी रचनाओं में पर्वत श्रेणियाँ, तलहटी, नदियों की घाटियाँ, सागर-तट, जंगल के बीच या पठार पर आबादी, प्रायः नगरों के कोलाहल से दूर ग्राम या ग्राम समुदायों के अंचल की आंचलिकता का बोध कराया है।

रेणु जी कथाकार एवं उपन्यासकार के रूप में प्रसिद्ध हैं। 'मैला आंचल' उनका सबसे अधिक प्रसिद्ध उपन्यास है। उनके अन्य उपन्यास हैं–'परती-परिकथा', 'दीर्घतपा' तथा 'कितने चौराहे'। उपन्यास के अतिरिक्त हिन्दी कहानी के क्षेत्र में भी उन्हें लोकप्रियता प्राप्त हुई। 'ठुमरी', 'आदिम शक्ति की महक', 'अग्निखोर' उनके कहानी संग्रह हैं। रेणु जी ने निबन्ध, संस्मरण और रिपोर्ताज भी लिखे हैं जो 'श्रुत-अश्रुतपूर्व' में संकलित हैं। 'ऋणजल-धनजल' उनका संस्मरण तथा 'नेपाली क्रान्ति कथा' उनके द्वारा लिखा गया रिपोर्ताज है।

रेणुजी ने अपने ग्रामीण अंचल को वाणी प्रदान की। उनके साहित्य में गहरी मानवीय संवेदना है। अभावग्रस्त, गरीब, अनपढ़ जनता की बेकारी और पीड़ा को उन्होंने अनुभव किया तथा कोमलता के साथ अभिव्यक्त किया। वे अनपढ़ गरीब जनता के प्रति उपहास, निन्दा या तिरस्कार का भाव नहीं रखते।

उन्होंने ग्रामीणों की श्रद्धा, उमंग और उत्साह को आस्था के साथ प्रस्तुत किया। जन्मभूमि के प्रति उनकी आस्था उनकी रचनाओं में सर्वत्र परिलक्षित होती है। अंचल विशेष की बुराइयों में अच्छाई ढूँढ़ने का प्रयास उन्होंने सफलतापूर्वक किया। रेणु जी ने अपनी रचनाओं के माध्यम से जन-जीवन से नितान्त आत्मीयता एवं तादात्म्य स्थापित कर लिया था। दरअसल वे मात्र उन विसंगतियों के दर्शक ही न रहकर भोक्ता भी थे, अतः अनुभूति की स्वाभाविक सच्चाई उनकी रचनाओं में सहज ही प्राप्त हो जाती है। उन्होंने बिना किसी बनावटीपन के ठेठ ग्रामीण शब्दों का प्रयोग किया है। उदाहरणार्थ—सभाचट्टी, भगतिया, घुरखेल, पंचलैट, मिरदंगिया, जोधन आदि। उनके पात्र जिन शब्दों को जिस रूप तथा टोन में प्रयोग करते हैं, उसी रूप तथा व्यावहारिक लहजे को उन्होंने यथावत् प्रस्तुत किया है। इससे उनकी भाषा जीवन्त और मुखर हो उठी है। जैसे—भारत-माता, गान्ही बाबा, पंचलैट, बेकाट, इसपिरिट, रमपतिया आदि। उन्होंने मुहावरों तथा लोकोक्तियों का सुन्दर प्रयोग किया है। उनकी भाषा में यथावश्यक कथोपकथनों का संयोजन हुआ है। ये सजीव तथा कहीं-कहीं व्यंग्यपूर्ण हैं, इससे भाषा में प्रवाहपूर्णता आ गयी है। गहरी संवेदनशीलता, ध्वनि-चित्रात्मकता तथा सघन संगीतात्मकता उनकी कथा शैली की उल्लेखनीय विशेषताएँ हैं।

रेणु जी की कहानियों में ग्रामीण जीवन का स्वर प्रतिध्वनित हो उठा है। 'रसप्रिया', 'ठेस', 'लाल पान की बेगम', 'तीसरी क़सम', रेणु की ऐसी कहानियाँ हैं जिनमें गाँव की मिट्टी की गन्ध तथा मानवीय चेतना स्पष्टतः उजागर हुई है। अपनी रचनाओं में उन्होंने रूढ़िवादिता का विरोध कर प्रगतिशीलता का परिचय दिया है। नारी के प्रति सहानुभूति, धार्मिक अन्धविश्वास का विरोध उन्होंने आत्मीयता और संवेदना के साथ किया है। उन्होंने जनजीवन में व्याप्त भ्रष्टाचार की ओर भी ध्यान आकृष्ट किया है। प्रभाव-बिम्बों की योजना द्वारा कहानी के सभी तत्त्व वास्तविक और चित्रमय हो उठे हैं। उनकी रचनाओं का प्रभाव सघन, मार्मिक और स्थायी है।

अपने जीवन-काल में उन्होंने अलोकतान्त्रिक सरकार द्वारा प्रदान की गयी आर्थिक सहायता तथा 'पद्मश्री' की उपाधि वापस कर दी थी। हिन्दी साहित्य के इस कुशल शिल्पी एवं कहानीकार तथा उपन्यासकार का 11 अप्रैल, सन् 1977 को देहावसान हो गया।

सारांश : तीसरी क़सम

मारे गये गुलफाम उर्फ तीसरी क़सम कहानी के रचयिता फणीस्वरनाथ रेणु हैं। जो हिन्दी साहित्य जगत में आचलिक लेखन में अपनी अमिट छाप छोड़कर 'रीणवा' हो गये हैं। रेणु जी का जन्म 4 मार्च 1921 में औराही हिंगना, अररिया, बिहार में हुआ।

फणीस्वरनाथ रेणु बहुमुखी प्रतिभा के धनी कलाकार थे। उन्होंने हिन्दी साहित्य जगत को एक-से-एक अमर कृतियाँ देकर साहित्य को विभूषित किया। उपन्यास, कहानी, संस्मरण, रिपोर्ताज आदि विभिन्न गद्य विधाओं का लेखन कर हिन्दी साहित्य में अपना अनमोल योगदान किया।

'मैला आँचल' रेणु द्वारा रचित पहला उपन्यास है जिसे 'पद्मश्री पुरस्कार' से सम्मानित किया गया। मारे गये गुलफाम उर्फ तीसरी क़सम कहानी काफी चर्चित एवं लोकप्रिय रही। उस पर हिन्दी में एक फिल्म भी बनी जिसका नाम 'तीसरी क़सम' था। इस फिल्म का निर्माण 1966 में किया गया।

इस कहानी का नायक हीरामन एक गाड़ीवान है और नायिका मेले में लगी नौटंकी में अदाकरी करने वाली हीराबाई है। हीरामन की गाड़ी में हीराबाई सवारी कर रही है। सफर में हीरामन और हीराबाई में वार्तालाप होता है। हीरामन की निश्चलता पर हीराबाई मोहित होती है। तो परी से भी सुन्दर हीराबाई पर हीरामन भी मोहित होता हैं। रास्ते में सफर करते वक्त हीरामन हीराबाई की फरमाइश पर लोकगीत सुनाता है। लोककथाओं के बारे में जानकारी देता है। सफर के दौरान दोनों एक-दूसरे को चाहने लगते हैं। दोनों के नाम में 'हीरा' शब्द समान होने के कारण हीराबाई उसे 'मीत' कहकर पुकारती है। हीरामन उसे दुनिया की नजरों से बचाना चाहता है मगर वह विवश है क्योंकि हीराबाई जीविकोपार्जन के लिए नौटंकी में अभिनय करती है। दोनों में एक-दूसरे से प्रेम होने के बावजूद वे इजहार तक नहीं कर पातें। यह उस जमाने की कहानी है, जहाँ पराया मर्द, औरत एक-दूसरे से बात करना तक सही नहीं समझते थे। कुछ दिन की नौटंकी के बाद जब मेला खत्म होता है। हीराबाई को वह गाँव छोड़ना पड़ता है।

कहानी का अन्त दुःखान्त है। दोनों एक-दूसरे को छोड़कर अपने-अपने रास्ते निकल पड़ते हैं। 'रेणु जी' ने देहाती कस्बे के प्रेम की एक निश्चल अमर प्रेमगाथा को इस प्रकार रचा है कि पाठक उसमें अपने-आप खो जाता है।

शिल्प की दृष्टि से कहानी में रेणु जी ने विभिन्न प्रयोग किये हैं। ग्रामीण अँचल की बोली या लोकभाषा के प्रयोग, लोकगीतों के प्रयोग, लोककथाओं के प्रयोग के कारण कहानी रोचक बन गयी है। हीरामन एवं हीराबाई तो समकालीन समाज के प्रतिनिधि पात्र हैं, उस जमाने में न जाने ऐसे कितने प्रेमी होंगे जो अपने प्रेम का इजहार भी नहीं कर सके होंगे।

अतः कहानी असीम, निश्चल, निष्कपट प्रेम का सन्देश देने में सार्थक सिद्ध होती है। जिस प्रेम का देह से रंचमात्र भी नाता नहीं है। मन एवं भावनाओं की बुनावट कहानी को सार्थक बनाने में सिद्ध हुई है।

तीसरी क़सम

●

फणीश्वरनाथ रेणु

हिरामन गाड़ीवान की पीठ में गुदगुदी लगती है।....

पिछले बीस साल से गाड़ी हाँकता है हिरामन। बैलगाड़ी। सीमा के उस पार, मोरंग राज नेपाल से धान और लकड़ी ढो चुका है। कंट्रोल के जमाने में चोरबाजारी का माल इस पार से उस पार पहुँचाया है। लेकिन कभी तो ऐसी गुदगुदी नहीं लगी पीठ में!...

कंट्रोल का जमाना! हिरामन कभी भूल सकता है उस जमाने को! एक बार चार खेप सीमेंट और कपड़े की गाँठों से भरी गाड़ी, जोगबनी से बिराटनगर पहुँचाने के बाद हिरामन का कलेजा पोख्ता हो गया था। फारबिसगंज का हर चोर-व्यापारी उसको पक्का गाड़ीवान मानता। उसके बैलों की बड़ाई बड़ी गद्दी के बड़े सेठजी खुद करते, अपनी भाषा में...।

गाड़ी पकड़ी गयी पाँचवीं बार, सीमा के इस पार तराई में।

महाजन का मुनीम उसी की गाड़ी पर गाँठों के बीच चुक्की-मुक्की लगाकर छिपा हुआ था। दारोगा साहब की डेढ़ हाथ लम्बी चोरबत्ती की रोशनी कितनी तेज़ होती है, हिरामन जानता है! एक घण्टे के लिए आदमी अन्धा हो जाता है, एक छटक भी पड़ जाये आँखों पर! रोशनी के साथ कड़कती हुई आवाज–"ऐ-य! गाड़ी रोको! साले, गोली मार देंगे!..."

बीसों गाड़ियाँ एक साथ कचकचाकर रुक गयीं। हिरामन ने पहले ही कहा था "यह बीस विषावेगा!" दारोगा साहब उसकी गाड़ी में दुबके हुए मुनीमजी पर रोशनी डालकर पिशाची हँसी हँसे–"हा-हा-हा! मुँड़ीमजी ई-ई-ई! ही-ही-ही!... ऐ-य, साला गाड़ीवान, मुँह क्या देखता है रे-ए-ए! कम्बल हटाओ इस बोरे के मुँह पर से!" हाथ की छोटी लाठी से मुनीमजी के पेट में खोंचा मारते हुए कहा था, "इस बोरे को! स-स्साला!..."

बहुत पुरानी अखज-अदावत होगी दारोगा साहब और मुनीमजी में। नहीं तो उतना रुपया कबूलने पर भी पुलिस-दारोगा का मन न डोले भला! चार हज़ार तो गाड़ी पर बैठा-बैठा ही दे रहा था। लाठी से दूसरी बार खोंचा मारा दारोगा ने। "पाँच हज़ार!" फिर खोंचा—"उतरो पहले।..."

मुनीम को गाड़ी से नीचे उतारकर दारोगा ने उसकी आँखों पर रोशनी डाल दी। फिर दो सिपाहियों के साथ सड़क से बीस-पच्चीस रस्सी दूर झाड़ी के पास ले गये। गाड़ीवान और गाड़ियों पर पाँच-पाँच बन्दूकवाले सिपाहियों का पहरा! ...हिरामन समझ गया, इस बार निस्तार नहीं।...जेल? हिरामन को जेल का डर नहीं। लेकिन उसके बैल? न जाने कितने दिनों तक बिना चारा-पानी के सरकारी फाटक में पड़े रहेंगे—भूखे-प्यासे। फिर नीलाम हो जायेंगे। भैया और भौजी को वह मुँह नहीं दिखा सकेगा कभी। ...नीलामी की बोली उसके कानों के पास गूँज गयी—एक-दो-तीन! दारोगा और मुनीम में बात पट नहीं रही थी शायद।

हिरामन की गाड़ी के पास तैनात सिपाही ने अपनी भाषा में दूसरे सिपाही से धीमी आवाज में पूछा, "का हो? मामला गोल होखी का?" फिर खैनी-तम्बाकू देने के बहाने उस सिपाही के पास चला गया।...

एक-दो-तीन! तीन-चार गाड़ियों की आड़। हिरामन ने फैसला कर लिया। उसने धीरे-से अपने बैलों के गले की रस्सियाँ खोल लीं। गाड़ी पर बैठे-बैठे दोनों को जुड़वाँ बाँध दिया। बैल समझ गये उन्हें क्या करना है। हिरामन उतरा, जुती हुई गाड़ी में बाँस की टिकटी लगाकर बैलों के कन्धों को बेलाग किया। दोनों के कानों के पास गुदगुदी लगा दी और मन-ही-मन बोला, "चलो भैयन, जान बचेगी तो ऐसी-ऐसी सग्गड़ गाड़ी बहुत मिलेगी।" ...एक-दो-तीन! नौ-दो-ग्यारह!...

गाड़ियों की आड़ में सड़क के किनारे दूर तक घनी झाड़ी फैली हुई थी। दम साधकर तीनों प्राणियों ने झाड़ी को पार किया—बेखटक, बे-आहट! फिर एक ले, दो ले—दुलकी चाल! दोनों बैल सीना तानकर फिर तराई के घने जंगलों में घुस गये। राह सूँघते, नदी-नाला पार करते हुए भागे पूँछ उठाकर। पीछे-पीछे हिरामन। रात-भर भागते रहे थे तीनों जन।...

घर पहुँचकर दो दिन तक बेसुध पड़ा रहा हिरामन। होश में आते ही उसने कान पकड़कर क़सम खायी थी—अब कभी ऐसी चीजों की लदनी नहीं लादेंगे। चोरबाजारी का माल? तोबा, तोबा!... पता नहीं मुनीमजी का क्या हुआ! भगवान जाने उसकी सग्गड़ गाड़ी का क्या हुआ! असली इस्पात लोहे की धुरी थी। दोनों पहिये तो नहीं, एक पहिया एकदम नया था। गाड़ी में रंगीन डोरियों के फुँदने बड़े जतन से गूँथे गये थे।

दो क़समें खायी हैं उसने? एक चोरबाजारी का माल नहीं लादेंगे। दूसरी—बाँस। अपने हर भाड़ेदार से वह पहले ही पूछ लेता है—"चोरी-चमारीवाली चीज तो नहीं?" और, बाँस? बाँस लादने के लिए पचास रुपये भी दे कोई, तो भी हिरामन की गाड़ी नहीं मिलेगी। दूसरे की गाड़ी देखे।

बाँस लदी हुई गाड़ी! गाड़ी से चार हाथ आगे बाँस का अगुआ निकला रहता है और पीछे की ओर चार हाथ पिछुआ। काबू के बाहर रहती है गाड़ी हमेशा। सो बेकाबूवाली लदनी और खरैहिया। शहरवाली बात! तिस पर बाँस का अगुआ पकड़कर चलने वाला भाड़ेदार का महाभकुआ नौकर, लड़की-स्कूल की ओर देखने लगा। बस, मोड़ पर घोड़ागाड़ी से टक्कर हो गयी। जब तक हिरामन बैलों की रस्सी खींचे, तब तक घोड़ागाड़ी की छतरी बाँस के अगुआ में फँस गयी। घोड़ागाड़ीवाले ने तड़ातड़ चाबुक मारते हुए गाली दी थी!...

बाँस की लदनी ही नहीं, हिरामन ने खरैहिया शहर की लदनी भी छोड़ दी। और जब फारबिसगंज से मोरंग का भाड़ा ढोना शुरू किया तो गाड़ी ही पार!...कई वर्षों तक हिरामन ने बैलों को आधीदारी पर जोता। आधा भाड़ा गाड़ीवाले का और आधा बैलवाले का। हिस्स! गाड़ीवानी करो मुफ्त! आधीदारी की कमाई से बैलों के ही पेट नहीं भरते। पिछले साल ही उसने अपनी गाड़ी बनवायी है।

देवी मैया भला करें उस सरकस-कम्पनी के बाघ का। पिछले साल इसी मेले में बाघगाड़ी को ढोने वाले दोनों घोड़े मर गये। चम्पानगर से फारबिसगंज मेला आने के समय सरकस-कम्पनी के मैनेजर ने गाड़ीवान-पट्टी में ऐलान करके कहा—"सौ रुपया भाड़ा मिलेगा!" एक-दो गाड़ीवान राजी हुए। लेकिन, उनके बैल बाघगाड़ी से दस हाथ दूर ही डर से डिकरने लगे—बाँ-आँ! रस्सी तुड़ाकर भागे। हिरामन ने अपने बैलों की पीठ सहलाते हुए कहा, "देखो भैयन, ऐसा मौका फिर हाथ न आयेगा। यही मौका है अपनी गाड़ी बनवाने का। नहीं तो फिर आधेदारी...। अरे, पिंजड़े में बन्द बाघ का क्या डर? मोरंग की तराई में दहाड़ते हुए बाघों को देख चुके हो। फिर पीठ पर मैं तो हूँ।..."

गाड़ीवानों के दल में तालियाँ पटपटा उठी थीं एक साथ। सभी की लाज रख ली हिरामन के बैलों ने। हुमककर आगे बढ़ गये और बाघगाड़ी में जुत गये—एक-एक करके। सिर्फ दाहिने बैल ने जुतने के बाद ढेर-सा पेशाब किया। हिरामन ने दो दिन तक नाक से कपड़े की पट्टी नहीं खोली थी। बड़ी गद्दी के बड़े सेठजी की तरह नकबन्धन लगाये बिना बघाइन गन्ध बरदास्त नहीं कर सकता कोई।

...बाघगाड़ी की गाड़ीवानी की है हिरामन ने। कभी ऐसी गुदगुदी नहीं लगी पीठ में। आज रह-रहकर उसकी गाड़ी में चम्पा का फूल महक उठता है। पीठ में गुदगुदी लगने पर वह अँगोछे से पीठ झाड़ लेता है।

हिरामन को लगता है दो वर्ष से चम्पानगर मेले की भगवती मैया उस पर प्रसन्न हैं। पिछले साल बाघगाड़ी जुट गयी। नकद एक सौ रुपये भाड़े के अलावा उस्ताद, चाह-बिस्कुट और रास्ते-भर बन्दर-भालू और जोकर का तमाशा देखा सो फोकट में!

और, इस बार यह जनानी सवारी। औरत है या चम्पा का फूल! जब से गाड़ी में बैठी है मह-मह महक रही है।

कच्ची सड़क के एक छोटे-से खड्ड में गाड़ी का दाहिना पहिया बेमौके हिचकोला खा गया। हिरामन की गाड़ी से एक हल्की 'सिस' की आवाज आयी। हिरामन ने दाहिने बैल को दुआली से पीटते हुए कहा, "साला! क्या समझता है, बोरे की लदनी है क्या?"

"अहा! मारो मत?"

अनदेखी औरत की आवाज ने हिरामन को अचरज में डाल दिया। बच्चों की बोली जैसी महीन, फेनूगिलासी बोली!

मथुरामोहन नौटंकी कम्पनी में लैला बनने वाली हीराबाई का नाम किसने नहीं सुना होगा भला! लेकिन हिरामन की बात निराली है। उसने सात साल तक लगातार मेलों की लदनी लादी है, कभी नौटंकी, थियेटर या बायस्कोप सिनेमा नहीं देखा। लैला या हीराबाई का नाम भी उसने नहीं सुना कभी। देखने की क्या बात! सो मेला टूटने के पन्द्रह दिन पहले आधी रात की बेला में काली ओढ़नी में लिपटी औरत को देखकर उसके मन में खटका अवश्य लगा था। बक्सा ढोनेवाले नौकर ने गाड़ी-भाड़ा में मोल-मोलाई करने की कोशिश की तो ओढ़नी वाली ने सिर हिलाकर मना कर दिया। हिरामन ने गाड़ी जोतते हुए नौकर से पूछा, "क्यों भैया, कोई चोरी-चमारी का माल-वाल तो नहीं?" हिरामन को फिर अचरज हुआ। बक्सा ढोने वाले आदमी ने हाथ के इशारे से गाड़ी हाँकने को कहा और अँधेरे में गायब हो गया। हिरामन को मेले में तम्बाकू बेचने वाली बूढ़ी की काली साड़ी की याद आयी थी।

ऐसे में कोई क्या गाड़ी हाँके!

एक तो पीठ में गुदगुदी लग रही है। दूसरे रह-रहकर चम्पा का फूल खिल जाता है उसकी गाड़ी में। बैलों को डाँटो तो 'इस-बिस' करने लगती है उसकी सवारी।

...उसकी सवारी! औरत अकेली, तम्बाकू बेचने वाली बूढ़ी नहीं! आवाज सुनने के बाद वह बार-बार मुड़कर टप्पर में एक नजर डाल देता है; अँगोछे से पीठ झाड़ता है। ...भगवान जाने क्या लिखा है इस बार उसकी किस्मत में! गाड़ी जब पूरब की ओर मुड़ी, एक टुकड़ा चाँदनी उसकी गाड़ी में समा गयी। सवारी की नाक पर एक जुगनू जगमगा उठा। हिरामन को सबकुछ रहस्यमय—अजगुत-अजगुत—लग रहा है। सामने चम्पानगर से सिंधिया गाँव तक फैला हुआ मैदान!...कहीं डाकिन-पिशाचिन तो नहीं?

हिरामन की सवारी ने करवट ली। चाँदनी पूरे मुखड़े पर पड़ी तो हिरामन चीखते-चीखते रुक गया—अरे बाप ई तो परी है!

परी की आँखें खुल गयीं। हिरामन ने सामने सड़क की ओर मुँह कर लिया और बैलों को टिटकारी दी। वह जीभ को तालू से सटाकर टि-टि-टि-टि आवाज निकालता है। हिरामन की जीभ न जाने कब से सूखकर लकड़ी-जैसी हो गयी थी!

"भैया, तुम्हारा नाम क्या है?"

हू-ब-हू फेनूगिलास!...हिरामन के रोम-रोम बज उठे। मुँह से बोली नहीं निकली। उसके दोनों बैल भी कान खड़े करके इस बोली को परखते हैं।

"मेरा नाम!...नाम मेरा है हिरामन!"

उसकी सवारी मुस्कराती है।...मुस्कराहट में खुशबू है।

"तब तो मीता कहूँगी, भैया नहीं।—मेरा नाम भी हीरा है।"

"इस्स!" हिरामन को परतीत नहीं, "मर्द और औरत के नाम में फर्क होता है।"

"हाँ जी, मेरा नाम भी हीराबाई है।"

कहाँ हिरामन और कहाँ हीराबाई, बहुत फर्क है!

हिरामन ने अपने बैलों को झिड़की दी—"कान चुनियाकर गप सुनने से ही तीस कोस मंजिल कटेगी क्या? इस बायें नाटे के पेट में शैतानी भरी है।" हिरामन ने बायें बैल को दुआली की हल्की झड़प दी।

"मारो मत; धीरे-धीरे चलने दो। जल्दी क्या है!"

हिरामन के सामने सवाल उपस्थित हुआ, वह क्या कहकर 'गप' करे हीराबाई से? 'तोहे' कहे या 'अहाँ'? उसकी भाषा में बड़ों को 'अहाँ' अर्थात् 'आप' कहकर सम्बोधित किया जाता है, कचराही बोली में दो-चार सवाल-जवाब चल सकता है, दिल-खोल गप तो गाँव की बोली में ही की जा सकती है किसी से।

आसिन-कातिक के भोर में छा जाने वाले कुहासे से हिरामन को पुरानी चिढ़ है। बहुत बार वह सड़क भूलकर भटक चुका है। किन्तु आज के भोर के इस घने कुहासे में भी वह मगन है। नदी के किनारे धन-खेतों से फूले हुए धान

के पौधों की पवनिया गन्ध आती है। पर्व-पावन के दिन गाँव में ऐसी ही सुगन्ध फैली रहती है। उसकी गाड़ी में फिर चम्पा का फूल खिला। उस फूल में एक परी बैठी है।....जै भगवती!

हिरामन ने आँख की कनखियों से देखा, उसकी सवारी....मीता...हीराबाई की आँखें गुजुर-गुजुर उसको हेर रही हैं। हिरामन के मन में कोई अजानी रागिनी बज उठी। सारी देह सिरसिरा रही है। वह बोला, "बैल को मारते हैं तो आपको बहुत बुरा लगता है?"

हीराबाई ने परख लिया, हिरामन सचमुच हीरा है।

चालीस साल का हट्टा-कट्टा, काला-कलूटा, देहाती नौजवान अपनी गाड़ी और अपने बैलों के सिवाय दुनिया की किसी और बात में विशेष दिलचस्पी नहीं लेता। घर में बड़ा भाई है, खेती करता है। बाल-बच्चे वाला आदमी है। हिरामन भाई से बढ़कर भाभी की इज़्ज़त करता है। भाभी से डरता भी है। हिरामन की भी शादी हुई थी, बचपन में ही गौने के पहले ही दुलहिन मर गयी। हिरामन को अपनी दुलहिन का चेहरा याद नहीं। ...दूसरी शादी? दूसरी शादी न करने के अनेक कारण हैं। भाभी की जिद्द, कुमारी लड़की से ही हिरामन की शादी करवायेगी। कुमारी का मतलब हुआ पाँच-सात साल की लड़की। कौन मानता है सरधा-कानून? कोई लड़कीवाला दोब्याहू को अपनी लड़की गरज में पड़ने पर ही दे सकता है। भाभी उसकी तीन-सत्त करके बैठी है, सो बैठी है। भाभी के आगे भैया की भी नहीं चलती! ...अब हिरामन ने तय कर लिया है, शादी नहीं करेगा। कौन बलाय मोल लेने जाये! ब्याह करके फिर गाड़ीवानी क्या करेगा कोई! और सब कुछ छूट जाये, गाड़ीवानी नहीं छोड़ सकता हिरामन।

हीराबाई ने हिरामन के जैसा निश्छल आदमी बहुत कम देखा है। पूछा, "आपका घर कौन जिल्ला में पड़ता है।" कानपुर नाम सुनते ही जो उसकी हँसी छूटी, तो बैल भड़क उठे। हिरामन हँसते समय सिर नीचा कर लेता है। हँसी बन्द होने पर उसने कहा, "वाह रे कानपुर! तब तो नाकपुर भी होगा?" और जब हीराबाई ने कहा कि नाकपुर भी है, तो वह हँसते-हँसते दुहरा हो गया।

"वाह रे दुनिया! क्या-क्या नाम होता है! कानपुर, नाकपुर?" हिरामन ने हीराबाई के कान के फूल को गौर से देखा। नाक की नकछवि के नग देखकर सिहर उठा—लहू की बूँद!

हिरामन ने हीराबाई का नाम नहीं सुना कभी। नौटंकी कम्पनी की औरत को वह बाईजी नहीं समझता है।...कम्पनी में काम करने वाली औरतों को वह देख चुका है।

सरकस कम्पनी की मालकिन, अपनी दोनों जवान बेटियों के साथ बाघगाड़ी के पास आती थी, बाघ को चारा-पानी देती थी, प्यार भी करती थी खूब। हिरामन के बैलों को भी डबलरोटी-बिस्कुट खिलाया था बड़ी बेटी ने।

हिरामन होशियार है। कुहासा छँटते ही अपनी चादर से टप्पर में परदा कर दिया—"बस दो घण्टा! उसके बाद रास्ता चलना मुश्किल है। कातिक की सुबह की धूप आप बर्दास्त न कर सकियेगा। कजरी नदी के किनारे तेगछिया के पास गाड़ी लगा देंगे। दोपहरिया काटकर...।"

सामने से आती हुई गाड़ी को दूर से ही देख कर वह सतर्क हो गया। लीक और बैलों पर ध्यान लगाकर बैठ गया। राह काटते हुए गाड़ीवान ने पूछा, "मेला टूट रहा है क्या भाई?"

हिरामन ने जवाब दिया, वह मेले की बात नहीं जानता। उसकी गाड़ी पर 'बिदागी' (नैहर या ससुराल जाती हुई लड़की) है। न जाने किस गाँव का नाम बता दिया हिरामन ने!

"छत्तापुर-पचीरा कहाँ है?"

"कहीं हो, यह लेकर आप क्या करिएगा?" हिरामन अपनी चतुराई पर हँसा। परदा डाल देने पर भी पीठ में गुदगुदी लगती है।

हिरामन परदे के छेद से देखता है। हीराबाई एक दियासलाई की डिब्बी के बराबर आईने में अपने दाँत देख रही है। ...मदनपुर मेले में एक बार बैलों को नन्ही-चित्ती कौड़ियों की माला खरीद दी थी हिरामन ने, छोटी-छोटी, नन्ही-नन्ही कौड़ियों की पाँत।

तेगछिया के तीनों पेड़ दूर से ही दिखलायी पड़ते हैं। हिरामन ने परदे को जरा सरकाते हुए कहा, "देखिए, यही है तेगछिया। दो पेड़ जटामासी बड़ हैं और एक ...उस फूल का क्या नाम है, आपके कुरते पर जैसा फूल छपा हुआ है, वैसा ही; खूब महकता है; दो कोस दूर तक गन्ध जाती है; उस फूल को खमीरा तम्बाकू में डालकर पीते भी हैं लोग।"

"और उस अमराई की आड़ से कई मकान दिखाई पड़ते हैं, वहाँ कोई गाँव है या मन्दिर?"

हिरामन ने बीड़ी सुलगाने के पहले पूछा, "बीड़ी पीयें? आपको गन्ध तो नहीं लगेगी?...वही है नामलगर ड्योढ़ी। जिस राजा के मेले से हम लोग आ रहे हैं, उसी का दियाद-गोतिया है।...जा रे जमाना!"

हिरामन ने 'जा रे जमाना' कहकर बात को चाशनी में डाल दिया। हीराबाई ने टप्पर के परदे को तिरछे खोंस दिया। ...हीराबाई की दन्तपंक्ति।

"कौन जमाना?" ठुड्डी पर हाथ रखकर साग्रह बोली।

"नामलगर ड्योढ़ी का जमाना! क्या था और क्या-से-क्या हो गया!"

हिरामन गप रसाने का भेद जानता है। हीराबाई बोली, "तुमने देखा था वह जमाना?"

"देखा नहीं, सुना है। ...राज कैसे गया, बड़ी हैफवाली कहानी है। सुनते हैं, घर में देवता ने जन्म ले लिया। कहिए भला, देवता आखिर देवता है। है या नहीं? इन्द्रासन छोड़कर मिरतूभुवन में जन्म ले ले तो उसका तेज कैसे सँभाल सकता है कोई! सूरजमुखी फूल की तरह माथे के पास तेज खिला रहता। लेकिन नजर का फेर, किसी ने नहीं पहचाना। एक बार उपलैन में लाट साहब मय लाटनी के, हवागाड़ी से आये थे। लाट ने भी नहीं, पहचाना आखिर लाटनी ने। सूरजमुखी तेज देखते ही बोल उठी—ए मैन राजा साहब, सुनो, यह आदमी का बच्चा नहीं है, देवता है।"

हिरामन ने लाटनी की बोली की नकल उतारते समय खूब डैम-फैट-लैट किया। हीराबाई दिल खोलकर हँसी।...हँसते समय उसकी सारी देह दुलकती है।

हीराबाई ने अपनी ओढ़नी ठीक कर ली। तब हिरामन को लगा कि...लगा कि...

"तब? उसके बाद क्या हुआ मीता?"

"इस्स! कथ्था सुनने का बड़ा शौक है आपको?...लेकिन, काला आदमी, राजा क्या महाराजा भी हो जाये, रहेगा काला आदमी ही। साहेब के जैसा अक्किल कहाँ से पायेगा! हँसकर बात उड़ा दी सभी ने। तब रानी को बार-बार सपना देने लगा देवता! सेवा नहीं कर सकते तो जाने दो, नहीं रहेंगे तुम्हारे यहाँ। इसके बाद देवता का खेल शुरू हुआ। सबसे पहले दोनों दंतार हाथी मरे, फिर घोड़ा, फिर पटपटांग...।"

"पटपटांग क्या है?"

हिरामन का मन पल-पल में बदल रहा है। मन में सतरंगा छाता धीरे-धीरे खिल रहा है, उसको लगता है। ...उसकी गाड़ी पर देवकुल की औरत सवार है। देवता आखिर देवता है!

"पटपटांग! धन-दौलत, माल-मवेशी सब साफ़! देवता इन्द्रासन चला गया।"

हीराबाई ने ओझल होते हुए मन्दिर के कँगूरे की ओर देखकर लम्बी साँस ली।

"लेकिन देवता ने जाते-जाते कहा, इस राज में कभी एक छोड़कर दो बेटा नहीं होगा। धन हम अपने साथ ले जा रहे हैं, गुन छोड़ जाते हैं। देवता के साथ सभी देव-देवी चले गये, सिर्फ सरोसती मैया रह गयी। उसका मन्दिर है।"

देसी घोड़े पर पाट के बोझ लदे हुए बनियों को आते देखकर हिरामन ने टप्पर के परदे को गिरा दिया। बैलों को ललकारकर बिदेशिया नाच का बन्दना गीत गाने लगा–

"जै मैया सरोसती, अरजी करत बानी;

हमरा पर होखू सहाई हे मैया, हमरा पर होखू सहाई!"

घोड़लद्दे बनियों से हिरामन ने हुलसकर पूछा, "क्या भाव पटुआ खरीदते हैं महाजन?"

लँगड़े घोड़ेवाले बनिये ने बटगमनी जवाब दिया–"नीचे सताइस-अठाइस, ऊपर तीस। जैसा माल, वैसा भाव।"

जवान बनिये ने पूछा, "मेला का क्या हाल-चाल है, भाई? कौन नौटंकी कम्पनी का खेल हो रहा है, रौता कम्पनी या मथुरामोहन?"

"मेले का हाल मेलावाला जाने!" हिरामन ने फिर छत्तापुर-पचीरा का नाम लिया।

सूरज दो बाँस ऊपर आ गया था। हिरामन अपने बैलों से बात करने लगा–"एक कोस जमीन! जरा दम बाँधकर चलो। प्यास की बेला हो गयी न! याद है, उस बार तेगछिया के पास सरकस कम्पनी के जोकड़ और बन्दर नचाने वाले साहब में झगड़ा हो गया था। जोकड़वा ठीक बन्दर की तरह दाँत किटकिटाकर किकियाने लगा था...न जाने किस-किस देश-मुलुक के आदमी आते हैं?"

हिरामन ने फिर परदे के छेद से देखा, हीराबाई एक कागज के टुकड़े पर आँख गड़ाकर बैठी है। हिरामन का मन आज हल्के सुर में बँधा है। उसको तरह-तरह के गीतों की याद आती है। बीस-पच्चीस साल पहले, बिदेशिया, बलवाही, छोकरा-नाचवाले एक-से-एक गजल-खेमटा गाते थे! अब तो, भोंपा में भोंपू-भोंपू करके कौन गीत गाते हैं लोग! जा रे जमाना! छोकरा-नाच के गीत की याद आयी हिरामन को–

"सजनवा बैरी हो ग'य हमारो! सजनवा..!

अरे, चिठिया हो तो सब कोई बाँचे; चिठिया हो तो...

हाय! करमवा, होय करमवा...

कोई न बाँचे हमारो, सजनवा...हो करमवा...!"

गाड़ी की बल्ली पर उँगलियों से ताल देकर गीत को काट दिया हिरामन ने। छोकरा-नाच के मनुवाँ नटुवा का मुँह हीराबाई-जैसा ही था। ...कहाँ चला गया वह जमाना? हर महीने गाँव में नाचवाले आते थे। हिरामन ने छोकरा-नाच के चलते अपनी भाभी की न जाने कितनी बोली-ठोली सुनी थी। भाई ने घर से निकल जाने को कहा था।

आज हिरामन पर माँ सरस्वती सहाय हैं, लगता है। हीराबाई बोली, "वाह, कितना बढ़िया गाते हो तुम!"

हिरामन का मुँह लाल हो गया। वह सिर नीचा करके हँसने लगा।

आज तेगछिया पर रहनेवाले महावीर स्वामी भी सहाय हैं हिरामन पर। तेगछिया के नीचे एक भी गाड़ी नहीं। हमेशा गाड़ी और गाड़ीवानों की भीड़ लगी रहती है यहाँ। सिर्फ एक साइकिलवाला बैठकर सुस्ता रहा है। महावीर स्वामी को सुमरकर हिरामन ने गाड़ी रोकी। हीराबाई परदा हटाने लगी। हिरामन ने पहली बार आँखों से बात की हीराबाई से—साइकिलवाला इधर ही टकटकी लगाकर देख रहा है।

बैलों को खोलने के पहले बाँस की टिकटी लगाकर गाड़ी को टिका दिया। फिर साइकिलवाले की ओर बार-बार घूरते हुए पूछा, "कहाँ जाना है? मेला? कहाँ से आना हो रहा है? बिसनपुर से? बस, इतनी ही दूर में थसथसाकर थक गये? ...जा रे जवानी!"

साइकिलवाला दुबला-पतला नौजवान मिनमिनाकर कुछ बोला और बीड़ी सुलगाकर उठ खड़ा हुआ।

हिरामन दुनिया-भर की निगाह से बचाकर रखना चाहता है हीराबाई को। उसने चारों ओर नजर दौड़ाकर देख लिया—कहीं कोई गाड़ी या घोड़ा नहीं।

कजरी नदी की दुबली-पतली धारा तेगछिया के पास आकर पूरब की ओर मुड़ गयी है। हीराबाई पानी में बैठी हुई भैंसों और उनकी पीठ पर बैठे हुए बगुलों को देखती रही।

हिरामन बोला, "जाइए, घाट पर मुँह-हाथ धो आइए!"

हीराबाई गाड़ी से नीचे उतरी। हिरामन का कलेजा धड़क उठा। नहीं, नहीं! पाँव सीधे हैं, टेढ़े नहीं। लेकिन, तलुवा इतना लाल क्यों है? हीराबाई घाट की ओर चली गयी, गाँव की बहू-बेटी की तरह सिर नीचा करके धीरे-धीरे। कौन कहेगा कि कम्पनी की औरत है।... औरत नहीं, लड़की। शायद कुमारी ही है।

हिरामन टिकटी पर टिकी गाड़ी पर बैठ गया। उसने टप्पर में झाँककर देखा। एक बार इधर-उधर देखकर हीराबाई के तकिये पर हाथ रख दिया। फिर तकिये पर केहुनी डाल कर झुक गया, झुकता गया। खुशबू उसकी देह में समा गयी। तकिये के गिलाफ पर कढ़े फूलों को उँगलियों से छूकर उसने सूँघा, हाय रे हाय! इतनी सुगन्ध! हिरामन को लगा, एक साथ पाँच चिलम गाँजा फूँककर वह उठा है। हीराबाई के छोटे आईने में उसने अपना मुँह देखा। आँखें उसकी इतनी लाल क्यों हैं?

हीराबाई लौटकर आयी तो उसने हँसकर कहा, "अब आप गाड़ी का पहरा दीजिए, मैं आता हूँ तुरत।"

हिरामन ने अपनी सफरी झोली से सहेजी हुई गंजी निकाली। गमछा झाड़कर कन्धे पर लिया और हाथ में बालटी लटकाकर चला। उसके बैलों ने बारी-बारी से 'हुँक-हुँक' करके कुछ कहा। हिरामन ने जाते-जाते उलटकर कहा, "हाँ, हाँ, प्यास सभी को लगी है। लौटकर आता हूँ तो घास दूँगा, बदमाशी मत करो!"

बैलों ने कान हिलाये।

नहा-धोकर कब लौटा हिरामन, हीराबाई को नहीं मालूम। कजरी की धारा को देखते-देखते उसकी आँखों में रात की उचटी हुई नींद लौट आयी थी। हिरामन पास के गाँव से जलपान के लिए दही-चूड़ा-चीनी ले आया।

"उठिए, नींद तोड़िए! दो मुट्ठी जलपान कर लीजिए!"

हीराबाई आँख खोलकर अचरज में पड़ गयी। एक हाथ में मिट्टी के नये बरतन में दही, केले के पत्ते। दूसरे हाथ में बालटी-भर पानी। आँखों में आत्मीयतापूर्ण अनुरोध!

"इतनी चीजें कहाँ से ले आये?"

"इस गाँव का दही नामी है। ...चाह तो फारबिसगंज जाकर ही पाइएगा।"

हिरामन की देह की गुदगुदी मिट गयी। हीराबाई ने कहा, "तुम भी पत्तल बिछाओ। ...क्यों? तुम नहीं खाओगे तो समेटकर रख लो अपनी झोली में। मैं भी नहीं खाऊँगी।"

"इस्स!" हिरामन लजाकर बोला, "अच्छी बात है! आप खा लीजिए पहले।"

"पहले-पीछे क्या? तुम भी बैठो।"

हिरामन का जी जुड़ा गया। हीराबाई ने अपने हाथ से उसका पत्तल बिछा दिया, पानी छींट दिया, चूड़ा निकालकर दिया। इस्स! धन्न है, धन्न है! हिरामन ने देखा, भगवती मैया भोग लगा रही हैं। लाल होठों पर गोरस का परस!...पहाड़ी तोते को दूध-भात खाते देखा है?

दिन ढल गया।

टप्पर में सोयी हीराबाई और जमीन पर दरी बिछाकर सोये हिरामन की नींद एक ही साथ खुली। ...मेले की ओर जाने वाली गाड़ियाँ तेगछिया के पास रुकी हैं। बच्चे कचर-पचर कर रहे हैं।

हिरामन हड़बड़ाकर उठा। टप्पर के अन्दर झाँककर इशारे से कहा—दिन ढल गया! गाड़ी में बैलों को जोतते समय उसने गाड़ीवानों के सवालों का कोई जवाब

नहीं दिया। गाड़ी हाँकते हुए बोला, "सिरपुर बाजार के इसपिताल की डागडरनी हैं। रोगी देखने जा रही हैं। पास ही कुड़मागाम।"

हीराबाई छत्तापुर-पचीरा का नाम भूल गयी। गाड़ी जब कुछ दूर आगे बढ़ आयी तो उसने हँसकर पूछा, "पत्तापुर-छपीरा?"

हँसते-हँसते पेट में बल पड़ गये हिरामन के—"पत्तापुर-छपीरा! हा हा! वे लोग छत्तापुर-पचीरा के ही गाड़ीवान थे, उनसे कैसे कहता! ही-ही!"

हीराबाई मुस्कराती हुई गाँव की ओर देखने लगी।

सड़क तेगछिया गाँव के बीच से निकलती है। गाँव के बच्चों ने परदे वाली गाड़ी देखी और तालियाँ बजा-बजाकर रटी हुई पंक्तियाँ दुहराने लगे—

"लाली-लाली डोलिया में
लाली रे दुलहिनिया
पान खाये...!"

हिरामन हँसा। ...दुलहिनिया...लाली-लाली डोलिया! दुलहिनिया पान खाती है, दुलहा की पगड़ी में मुँह पोंछती है। ओ दुलहिनिया, तेगछिया गाँव के बच्चों को याद रखना। लौटती बेर गुड़ का लड्डू लेती आइयो। लाख बरिस तेरा दुलहा जीये! ...कितने दिनों का हौसला पूरा हुआ है हिरामन का! ऐसे कितने सपने देखे हैं उसने! वह अपनी दुलहिन को लेकर लौट रहा है। हर गाँव के बच्चे तालियाँ बजाकर गा रहे हैं। हर आँगन से झाँककर देख रही हैं औरतें। मर्द लोग पूछते हैं, "कहाँ की गाड़ी है, कहाँ जायेगी?" उसकी दुलहिन डोली का परदा थोड़ा सरकाकर देखती है। और भी कितने सपने....

गाँव से बाहर निकलकर उसने कनखियों से टप्पर के अन्दर देखा, हीराबाई कुछ सोच रही है। हिरामन भी किसी सोच में पड़ गया। थोड़ी देर के बाद वह गुनगुनाने लगा—

"सजन रे झूठ मति बोलो, खुदा के पास जाना है।
नहीं हाथी, नहीं घोड़ा, नहीं गाड़ी—
वहाँ पैदल ही जाना है। सजन रे....।"

हीराबाई ने पूछा, "क्यों मीता? तुम्हारी अपनी बोली में कोई गीत नहीं क्या?"

हिरामन अब बेखटक हीराबाई की आँखों में आँखें डालकर बात करता है। कम्पनी की औरत भी ऐसी होती हैं? सरकस कम्पनी की मालकिन मेम थी। लेकिन हीराबाई! गाँव की बोली में गीत सुनना चाहती है। वह खुलकर मुस्कराया—"गाँव की बोली आप समझिएगा?"

"हूँ ऊँ-ऊँ!" हीराबाई ने गर्दन हिलायी। कान के झुमके हिल गये। हिरामन कुछ देर तक बैलों को हाँकता रहा चुपचाप। फिर बोला, "गीत जरूर ही सुनिएगा? नहीं मानियेगा? ...इस्स! इतना शौक गाँव का गीत सुनने का है आपको! तब लीक छोड़नी होगी। चालू रास्ते में कैसे गीत गा सकता है कोई!" हिरामन ने बायें बैल की रस्सी खींचकर दाहिने को लीक से बाहर किया और बोला, "हरिपुर होकर नहीं जायेंगे तब।"

चालू लीक को काटते देखकर हिरामन की गाड़ी के पीछे वाले गाड़ीवान ने चिल्लाकर पूछा, "काहे हो गाड़ीवान, लीक छोड़कर बेलीक कहाँ उधर?"

हिरामन ने हवा में दुआली घुमाते हुए जवाब दिया—"कहाँ है बेलीक? वह सड़क ननपुर तो नहीं जायेगी।" फिर अपने-आप बड़बड़ाया, "इस मुलुक के लोगों की यही आदत बुरी है। राह चलते एक सौ जिरह करेंगे। अरे भाई, तुमको जाना है, जाओ।...देहाती भुच्च सब!"

ननपुर की सड़क पर गाड़ी लाकर हिरामन ने बैलों की रस्सी ढीली कर दी। बैलों ने दुलकी चाल छोड़कर कदमचाल पकड़ी।

हीराबाई ने देखा, सचमुच ननपुर की सड़क बड़ी सूनी है। हिरामन उसकी आँखों की बोली समझता है—"घबड़ाने की बात नहीं। यह सड़क भी फारबिसगंज जायेगी, राह-घाट के लोग बहुत अच्छे हैं...एक घड़ी रात तक हम लोग पहुँच जायेंगे।"

हीराबाई को फारबिसगंज पहुँचने की जल्दी नहीं। हिरामन पर उसको इतना भरोसा हो गया है कि डर-भय की कोई बात ही नहीं उठती है मन में। हिरामन ने पहले जी-भर मुस्करा लिया। कौन गीत गाये वह! हीराबाई को गीत और कथा दोनों का शौक है...इस्स! महुआ घटवारिन? वह बोला, "अच्छा, जब आपको इतना शौक है तो सुनिए महुआ घटवारिन का गीत। इसमें गीत भी है, कथ्था भी है।"

कितने दिनों के बाद भगवती ने यह हौसला भी पूरा कर दिया। जै भगवती! आज हिरामन अपने मन को खलास कर लेगा। वह हीराबाई की थमी हुई मुस्कुराहट को देखता रहा।

"सुनिए! आज भी परमार नदी में महुआ घटवारिन के कई पुराने घाट हैं। इसी मुलुक की थी महुआ ! थी तो घटवारिन, लेकिन सौ सतवन्ती में एक थी। उसका बाप दारू-ताड़ी पीकर दिन-रात बेहोश पड़ा रहता। उसकी सौतेली माँ साक्षात राकसनी! बहुत बड़ी नजर-चालक। रात में गाँजा-दारू-अफीम चुराकर बेचनेवाले से लेकर तरह-तरह के लोगों से उसकी जान-पहचान थी। सबसे घुट्टी-भर हेल-मेल। महुआ कुमारी थी। लेकिन काम कराते-कराते उसकी हड्डी निकाल दी थी राकसनी ने। जवान हो गयी, कहीं शादी-ब्याह की बात भी नहीं चलायी। एक रात की बात सुनिए!"

हिरामन ने धीरे-धीरे गुनगुनाकर गला साफ किया—

"हे अ-अ-अ सावना-भादवा के-र-उमड़ल नदिया-गे मै-यो-ओ-ओ,
मैयो गे रैनि भयावनि-हे-ए-ए-ए;
तड़का-तड़के धड़के करेज-आ-आ मोरा,
कि हमहुँ जे बार-नान्ही रे-ए-ए...।"

ओ माँ, सावन-भादों की उमड़ी हुई नदी, भयावनी रात, बिजली कड़कती है, मैं बारी-क्वारी नन्ही-बच्ची, मेरा कलेजा धड़कता है। अकेली कैसे जाऊँ घाट पर? सो भी एक परदेशी राही-बटोही के पैर में तेल लगाने के लिए! सत-माँ ने अपनी बज्जर-किवाड़ी बन्द कर ली। आसमान में मेघ हड़बड़ा उठे और हरहराकर बरसा होने लगी। महुआ रोने लगी, अपनी माँ को याद करके। आज उसकी माँ रहती तो ऐसे दुरदिन में कलेजे से सटाकर रखती अपनी महुआ बेटी को। गे मइया, इसी दिन के लिए, यही दिखाने के लिए तुमने कोख में रखा था? महुआ अपनी माँ पर गुस्सायी—क्यों वह अकेली मर गयी; जी-भर कोसती हुई बोली।

हिरामन ने लक्ष्य किया, हीराबाई तकिये पर केहुनी गड़ाकर, गीत में मगन एकटक उसकी ओर देख रही है।...खोयी हुई सूरत कैसी भोली लगती है!

हिरामन ने गले में कँपकँपी पैदा की—

"हूँ-ऊँ-ऊँ-रे डाइनियाँ मैयो मोरी-ई-ई,
नोनवा चटाई काहे नाहिं मारलि सौरी-घर-अ-अ।
एहि दिनवाँ खातिर छिनरो धिया
तेंहु पोसलि कि नेनू-दूध उटगन...।"

हिरामन ने दम लेते हुए पूछा, "भाखा भी समझती हैं कुछ या खाली गीत ही सुनती हैं?"

हीरा बोली, "समझती हूँ। उटगन माने उबटन—जो देह में लगाते हैं।"

हिरामन ने विस्मित होकर कहा, "इस्स!"...सो रोने-धोने से क्या होय! सौदागर ने पूरा दाम चुका दिया था महुआ का। बाल पकड़कर घसीटता हुआ नाव पर चढ़ा और माँझी को हुकुम दिया, नाव खोलो, पाल बाँधो! पालवाली नाव परवाली चिड़िया की तरह उड़ चली। रात-भर महुआ रोती-छटपटाती रही। सौदागर के नौकरों ने बहुत डराया-धमकाया—"चुप रहो, नहीं तो उठाकर पानी में फेंक देंगे।" बस, महुआ को बात सूझ गयी। भोर का तारा मेघ की आड़ से जरा बाहर आया, फिर छिप गया। इधर महुआ भी छपाक से कूद पड़ी पानी में।....सौदागर का एक नौकर महुआ को देखते ही मोहित हो गया था। महुआ की पीठ पर वह भी कूदा। उलटी धारा में तैरना खेल नहीं, सो भी भरी भादो की नदी में।

महुआ असल घटवारिन की बेटी थी। मछली भी भला थकती है पानी में! सफरी मछली-जैसी फरफराती, पानी चीरती भागी चली जा रही है। और उसके पीछे सौदागर का नौकर पुकार-पुकारकर कहता है—"महुआ जरा थमो, तुमको पकड़ने नहीं आ रहा, तुम्हारा साथी हूँ। जिन्दगी-भर साथ रहेंगे हम लोग।" लेकिन...।

हिरामन का बहुत प्रिय गीत है यह। महुआ घटवारिन गाते समय उसके सामने सावन-भादो की नदी उमड़ने लगती है; अमावस्या की रात और घने बादलों में रह-रहकर बिजली चमक उठती है। उसी चमक में लहरों से लड़ती हुई बारी-कुमारी महुआ की झलक उसे मिल जाती है। सफरी मछली की चाल और तेज हो जाती है। उसको लगता है, वह खुद सौदागर का नौकर है। महुआ कोई बात नहीं सुनती। परतीत करती नहीं। उलटकर देखती भी नहीं। और वह थक गया है, तैरते-तैरते।...

इस बार लगता है महुआ ने अपने को पकड़ा दिया। खुद ही पकड़ में आ गयी है। उसने महुआ को छू लिया है, पा लिया है, उसकी थकन दूर हो गयी है। पन्द्रह-बीस साल तक उमड़ी हुई नदी की उलटी धारा में तैरते हुए उसके मन को किनारा मिल गया। आनन्द के आँसू कोई रोक नहीं मानते।...

उसने हीराबाई से अपनी गीली आँखें चुराने की कोशिश की। किन्तु हीरा तो उसके मन में बैठी न जाने कब से सबकुछ देख रही थी। हिरामन ने अपनी काँपती हुई बोली को काबू में लाकर बैलों को झिड़की दी—"इस गीत में न जाने क्या है कि सुनते ही दोनों थसथसा जाते हैं। लगता है सौ मन बोझ लाद दिया किसी ने।"

हीराबाई लम्बी साँस लेती है। हिरामन के अंग-अंग में उमंग समा जाती है।

"तुम तो उस्ताद हो मीता!"

"इस्स!"

आसिन-कातिक का सूरज दो बाँस दिन रहते ही कुम्हला जाता है। सूरज डूबने से पहले ही ननपुर पहुँचना है, हिरामन अपने बैलों को समझा रहा है—"कदम खोलकर और कलेजा बाँधकर चलो...ए...छिः छिः! बढ़के भैयन! ले-ले-ले-ए हे-य!"

ननपुर तक वह अपने बैलों को ललकारता रहा। हर ललकार के पहले वह अपने बैलों को बीती हुई बातों की याद दिलाता—याद नहीं, चौधरी की बेटी की बरात में कितनी गाड़ियाँ थीं; सबको कैसे मात किया था! हाँ, वही कदम निकालो। ले-ले-ले! ननपुर से फारबिसगंज तीन कोस! दो घण्टे और!

ननपुर के हाट पर आजकल चाय भी बिकने लगी है। हिरामन अपने लोटे में चाय भरकर ले आया। ...कम्पनी की औरत को जानता है वह, सारा दिन, घड़ी- घड़ी-भर में, चाय पीती रहती है। चाय है या जान!

हीरा हँसते-हँसते लोट-पोट हो रही है–"अरे, तुमसे किसने कह दिया कि क्वारे आदमी को चाय नहीं पीनी चाहिए?"

हिरामन लजा गया। क्या बोले वह? ...लाज की बात। लेकिन वह भोग चुका है एक बार। सरकस कम्पनी की मेम के हाथ की चाय पीकर उसने देख लिया है। बड़ी गरम तासीर!

"पीजिए गुरुजी!" हीरा हँसी।

"इस्स!"

ननपुर हाट पर ही दीया-बाती जल चुकी थी। हिरामन ने अपना सफरी लालटेन जलाकर पिछवा में लटका दिया।...आजकल शहर से पाँच कोस दूर के गाँववाले भी अपने को शहरू समझने लगे हैं। बिना रोशनी की गाड़ी को पकड़कर चालान कर देते हैं। बारह बखेड़ा।

"आप मुझे गुरुजी मत कहिए।"

"तुम मेरे उस्ताद हो हमारे शास्तर में लिखा हुआ है, एक अच्छर सिखाने वाला भी गुरु और एक राग सिखाने वाला भी उस्ताद!"

"इस्स! शास्तर-पुरान भी जानती हैं!...मैंने क्या सिखाया? मैं क्या...?"

हीरा हँसकर गुनगुनाने लगी–"हे-अ-अ-अ-सावना-भदवा के-र...।"

हिरामन अचरज के मारे गूँगा हो गया। ...इस्स! इतना तेज जेहन! हू-ब-हू महुआ घटवारिन!

गाड़ी सीताधार की एक सूखी धारा की उतरायी पर गड़गड़ाकर नीचे की ओर उतरी। हीराबाई ने हिरामन का कन्धा धर लिया एक हाथ से। बहुत देर तक हिरामन के कन्धे पर उसकी उँगलियाँ पड़ी रहीं। हिरामन ने नजर फिराकर कन्धे पर केन्द्रित करने की कोशिश की, कई बार। गाड़ी चढ़ाई पर पहुँची तो हीरा की ढीली उँगलियाँ फिर तन गयीं।

सामने फारबिसगंज शहर की रोशनी झिलमिला रही है। शहर से कुछ दूर हट कर मेले की रोशनी...टप्पर में लटके लालटेन की रोशनी में छाया नाचती है आसपास। ...डबडबायी आँखों से, हर रोशनी सूरजमुखी फूल की तरह दिखाई पड़ती है।

फारबिसगंज तो हिरामन का घर-दुआर है!

न जाने कितनी बार वह फारबिसगंज आया है। मेले की लदनी लादी है। किसी औरत के साथ? हाँ, एक बार। उसकी भाभी जिस साल आयी थी गौने में। इसी तरह तिरपाल से गाड़ी को चारों ओर से घेरकर बासा बनाया गया था।...

हिरामन अपनी गाड़ी को तिरपाल से घेर रहा है, गाड़ीवान-पट्टी में। सुबह होते ही रौता नौटंकी कम्पनी के मैनेजर से बात करके भरती हो जायेगी हीराबाई। परसों मेला खुल रहा है। इस बार मेले में पालचट्टी खूब जमी है। ...बस, एक रात। आज रात-भर हिरामन की गाड़ी में रहेगी वह। ...हिरामन की गाड़ी में नहीं, घर में!

"कहाँ की गाड़ी है? ...कौन, हिरामन! किस मेले से? किस चीज की लदनी है?"

गाँव-समाज के गाड़ीवान, एक-दूसरे को खोजकर, आसपास गाड़ी लगाकर बासा डालते हैं। अपने गाँव के लालमोहर, धुन्नीराम और पलटदास वगैरह गाड़ीवानों के दल को देखकर हिरामन अचकचा गया। उधर पलटदास टप्पर में झाँककर भड़का। मानो बाघ पर नजर पड़ गयी। हिरामन ने इशारे से सभी को चुप किया। फिर गाड़ी की ओर कनखी मारकर फुसफुसाया—"चुप! कम्पनी की औरत है, नौटंकी कम्पनी की।"

"कम्पनी की—ई-ई-ई?"

"??...?? x x ...!"

एक नहीं, अब चार हिरामन! चारों ने अचरज से एक-दूसरे को देखा।...कम्पनी नाम में कितना असर है! हिरामन ने लक्ष्य किया, तीनों एक साथ सटक-दम हो गये। लालमोहर ने जरा दूर हटकर बतियाने की इच्छा प्रकट की, इशारे से ही। हिरामन ने टप्पर की ओर मुँह करके कहा, "होटिल तो नहीं खुला होगा कोई, हलवाई के यहाँ से पक्की ले आवें!"

"हिरामन, जरा इधर सुनो।...मैं कुछ नहीं खाऊँगी अभी। लो, तुम खा आओ।"

"क्या है, पैसा? इस्स!"...पैसा देकर हिरामन ने कभी फारबिसगंज में कच्ची-पक्की नहीं खायी। उसके गाँव के इतने गाड़ीवान हैं, किस दिन के लिए? वह छू नहीं सकता पैसा। उसने हीराबाई से कहा, "बेकार, मेला-बाजार में हुज्जत मत कीजिए। पैसा रखिए।" मौका पाकर लालमोहर भी टप्पर के करीब आ गया। उसने सलाम करते हुए कहा, "चार आदमी के भात में दो आदमी खुशी से खा सकते हैं। बासा पर भात चढ़ा हुआ है। हें-हें-हें! हम लोग एकहि गाँव के हैं। गौंवाँ-गरामिन के रहते होटिल और हलवाई के यहाँ खायेगा हिरामन?"

हिरामन ने लालमोहर का हाथ टीप दिया—"बेसी भचर-भचर मत बको।"

गाड़ी से चार रस्सी दूर जाते-जाते धुन्नीराम ने अपने कुलबुलाते हुए दिल की बात खोल दी—"इस्स! तुम भी खूब हो हिरामन! उस साल कम्पनी का बाघ, इस बार कम्पनी की जनानी!"

हिरामन ने दबी आवाज में कहा, "भाई रे, यह हम लोगों के मुलुक की जनाना नहीं कि लटपट बोली सुनकर भी चुप रह जाये। एक तो पच्छिम की औरत तिस पर कम्पनी की!"

धुन्नीराम ने अपनी शंका प्रकट की—"लेकिन कम्पनी में तो सुनते हैं पतुरिया रहती है।"

"धत्!" सभी ने एक साथ उसको दुरदुरा दिया, "कैसा आदमी है! पतुरिया रहेगी कम्पनी में भला! देखो इसकी बुद्धि!...सुना है, देखा तो नहीं है कभी!"

धुन्नीराम ने अपनी गलती मान ली। पलटदास को बात सूझी—"हिरामन भाई, जनाना जात अकेली रहेगी गाड़ी पर? कुछ भी हो, जनाना आखिर जनाना ही है। कोई जरूरत ही पड़ जाये!"

यह बात सभी को अच्छी लगी। हिरामन ने कहा, "बात ठीक है। पलट, तुम लौट जाओ, गाड़ी के पास ही रहना। और देखो, गपशप जरा होशियारी से करना। हाँ!"

...हिरामन की देह से अतर-गुलाब की खुशबू निकलती है। हिरामन करमसाँड़ है। उस बार महीनों तक उसकी देह से बघाइन गन्ध नहीं गयी। लालमोहर ने हिरामन की गमछी सूँघ ली—"ए-ह!"

हिरामन चलते-चलते रुक गया—"क्या करें लालमोहर भाई, जरा कहो तो! बड़ी जिद्द करती है, कहती है, नौटंकी देखना ही होगा।"

"फोकट में ही?"

"और गाँव नहीं पहुँचेगी यह बात?"

हिरामन बोला, "नहीं जी! एक रात नौटंकी देखकर जिन्दगी-भर बोली-ठोली कौन सुने?...देशी मुर्गी विलायती चाल!"

धुन्नीराम ने पूछा, "फोकट में देखने पर भी तुम्हारी भौजाई बात सुनायेगी?"

लालमोहर के बासा के बगल में, लकड़ी की दुकान लादकर आये हुए गाड़ीवानों का बासा है। बासा के मीर-गाड़ीवान मियाँजानू बूढ़े ने सफरी गुड़गुड़ी पीते हुए पूछा, "क्यों भाई, मीनाबाजार की लदनी लादकर कौन आया है?"

मीनाबाजार। मीनाबाजार तो पतुरिया-पट्टी को कहते हैं।...क्या बोलता है यह बूढ़ा मियाँ? लालमोहर ने हिरामन के कान में फुसफुसाकर कहा, "तुम्हारी देह मह-मह महकती है। सच।"

लहसनवाँ लालमोहर का नौकर गाड़ीवान है। उम्र में सबसे छोटा है। पहली बार आया है तो क्या? बाबू-बबुआइनों के यहाँ बचपन से नौकरी कर चुका है। वह रह-रहकर वातावरण में कुछ सूँघता है, नाक सिकोड़कर। हिरामन ने देखा,

लहसनवाँ का चेहरा तमतमा गया है।...कौन आ रहा है धड़धड़ाता हुआ?—"कौन, पलटदास? क्या है?"

पलटदास आकर खड़ा हो गया चुपचाप। उसका मुँह भी तमतमाया हुआ था। हिरामन ने पूछा, "क्या हुआ? बोलते क्यों नहीं?"

क्या जवाब दे पलटदास। हिरामन ने उसको चेतावनी दे दी थी, गपशप होशियारी से करना। वह चुपचाप गाड़ी की आसनी पर जाकर बैठ गया, हिरामन की जगह पर। हीराबाई ने पूछा,. "तुम भी हिरामन के साथ हो?" पलटदास ने गरदन हिलाकर हामी भरी। हीराबाई फिर लेट गयी।... चेहरा-मोहरा और बोली-बानी देख-सुनकर, पलटदास का कलेजा काँपने लगा; न जाने क्यों। हाँ! रामलीला में सिया सुकुमारी इसी तरह थकी लेटी हुई थी। जै! सियावर रामचन्द्र की जै!... पलटदास के मन में जै-जैकार होने लगा। वह दास-बैस्नव है, कीर्तनिया है। थकी हुई सीता महारानी के चरण टीपने की इच्छा प्रकट की उसने, हाथ की उँगलियों के इशारे से; मानो हारमोनियम की पटरियों पर नचा रहा हो। हीराबाई तमककर बैठ गयी—"अरे, पागल है क्या? जाओ, भागो!..."

पलटदास को लगा गुस्सायी हुई कम्पनी की औरत की आँखों से चिनगारी निकल रही है—छटक्-छटक्! वह भागा।...

पलटदास क्या जवाब दे! वह मेला से भी भागने का उपाय सोच रहा है। बोला, "कुछ नहीं। हमको व्यापारी मिल गया। अभी ही टीशन जाकर माल लादना है। भात में तो अभी देर है। मैं लौट आता हूँ तब तक।"

खाते समय धुन्नीराम और लहसनवाँ ने पलटदास की टोकरी-भर निन्दा की। छोटा आदमी है। कमीना है। पैसे-पैसे का हिसाब जोड़ता है। खाने-पीने के बाद लालमोहर के दल ने अपना बासा तोड़ दिया। धुन्नी और लहसनवाँ गाड़ी जोतकर हिरामन के बासा पर चले, गाड़ी की लीक धरकर। हिरामन ने चलते-चलते रुककर, लालमोहर से कहा, "जरा मेरे इस कन्धे को सूँघो तो। सूँघकर देखो न?"

लालमोहर ने कन्धा सूँघकर आँखें मूँद लीं। मुँह से अस्फुट शब्द निकला—"ए-ह!"

हिरामन ने कहा, "जरा-सा हाथ रखने पर इतनी खुशबू! ...समझे!"

लालमोहर ने हिरामन का हाथ पकड़ लिया—"कन्धे पर हाथ रखा था? सच? सुनो हिरामन, नौटंकी देखने का ऐसा मौका फिर कभी हाथ नहीं लगेगा। हाँ!"

"तुम भी देखोगे?"

लालमोहर की बत्तीसी चौराहे की रोशनी में झिलमिला उठी।

बासा पर पहुँचकर हिरामन ने देखा, टप्पर के पास खड़ा बतिया रहा है कोई, हीराबाई से। धुन्नी और लहसनवाँ ने एक ही साथ कहा, "कहाँ रह गये पीछे? बहुत देर से खोज रही है कम्पनी...!"

हिरामन ने टप्पर के पास जाकर देखा—अरे, यह तो वही बक्सा ढोने वाला नौकर है, जो चम्पानगर मेले में हीराबाई को गाड़ी पर बिठाकर अँधेरे में गायब हो गया था।

"आ गये हिरामन! अच्छी बात, इधर आओ। ...यह लो अपना भाड़ा और यह लो अपनी दच्छिना! पच्चीस-पच्चीस, पचास।"

हिरामन को लगा, किसी ने आसमान से धकेलकर धरती पर गिरा दिया। किसी ने क्यों, इस बक्सा ढोनेवाले आदमी ने। कहाँ से आ गया? उसकी जीभ पर आयी हुई बात जीभ पर ही रह गयी...इस्स! दच्छिना! वह चुपचाप खड़ा रहा।

हीराबाई बोली, "लो, पकड़ो! और सुनो, कल सुबह रौता कम्पनी में आकर मुझसे भेंट करना। पास बनवा दूँगी। ...बोलते क्यों नहीं?"

लालमोहर ने कहा, "इलाम-बकसीस दे रही हैं मालकिन, ले लो हिरामन!" हिरामन ने कटकर लालमोहर की ओर देखा। ...बोलने का जरा भी ढंग नहीं इस लालमोहर को।

धुन्नीराम की स्वगतोक्ति सभी ने सुनी, हीराबाई ने भी—गाड़ी-बैल छोड़कर नौटंकी कैसे देख सकता है कोई गाड़ीवान, मेले में।

हिरामन ने रुपया लेते हुए कहा, "क्या बोलेंगे!" उसने हँसने की चेष्टा की। ...कम्पनी की औरत कम्पनी में जा रही है। हिरामन का क्या! बक्सा ढोनेवाला रास्ता दिखाता हुआ आगे बढ़ा—"इधर से।" हीराबाई जाते-जाते रुक गयी। हिरामन के बैलों को सम्बोधित करके बोली, "अच्छा, मैं चली भैयन!"

बैलों ने, भैया शब्द पर कान हिलाये।

"??...?? X...X...!"

"भा-इ-यो, आज रात! दि रौता संगीत नौटंकी कम्पनी के स्टेज पर! गुलबदन देखिए, गुलबदन! आपको यह जानकर खुशी होगी कि मथुरामोहन कम्पनी की मशहूर एक्ट्रेस मिस हीरादेवी, जिसकी एक-एक अदा पर हज़ार जान फिदा हैं, इस बार हमारी कम्पनी में आ गयी हैं। याद रखिए। आज की रात। मिस हीरादेवी गुलबदन...!"

नौटंकीवालों के इस ऐलान से मेले की हर पट्टी में सरगर्मी फैल रही है। ...हीराबाई? मिस हीरादेवी? लैला, गुलबदन...? फिलिम एक्ट्रेस को मात करती है।

...तेरी बाँकी अदा पर मैं खुद हूँ फिदा,
तेरी चाहत को दिलबर बयाँ क्या करूँ!
यही खाहिश है कि इ-इ-इ तू मुझको देखा करे
और दिलोजान मैं तुमको देखा करूँ।

...किर्र-र्र-र्र-र्र...कड़ड़ड़ड़ड़ड़र्र-र्र-घन-घन-धड़ाम!

हर आदमी का दिल नगाड़ा हो गया है!

लालमोहर दौड़ता-हाँफता बासा पर आया—"ऐ, ऐ हिरामन, यहाँ क्या बैठे हो, चलकर देखो जै-जैकार हो रहा है! मय बाजा-गाजा, छापी-फाहरम के साथ हीराबाई की जै-जै कर रहा है।"

हिरामन हड़बड़ाकर उठा। लहसनवाँ ने कहा, "धुन्नी काका, तुम बासा पर रहो, मैं भी देख आऊँ।"

धुन्नी की बात कौन सुनता है! तीनों जन नौटंकी कम्पनी की ऐलानिया पार्टी के पीछे-पीछे चलने लगे। हर नुक्कड़ पर रुककर, बाजा बन्द करके ऐलान किया जाता। ऐलान के हर शब्द पर हिरामन पुलक उठता है। हीराबाई का नाम, नाम के साथ अदा-फिदा वगैरह सुनकर उसने लालमोहर की पीठ थपथपा दी—"धन्न है, धन्न है! है या नहीं?"

लालमोहर ने कहा, "अब बोलो! अब भी नौटंकी नहीं देखोगे?" सुबह से ही धुन्नीराम और लालमोहर समझा रहे थे, समझाकर हार चुके थे—"कम्पनी में जाकर भेंट कर आओ। जाते-जाते पुरसिस कर गयी हैं।" लेकिन हिरामन की बस एक बात—"धत्, कौन भेंट करने जाये! कम्पनी की औरत, कम्पनी में गयी। अब उससे क्या लेना-देना! चीन्हेगी भी नहीं!"

वह मन-ही-मन रूठा हुआ था। ऐलान सुनने के बाद उसने लालमोहर से कहा, "जरूर देखना चाहिए, क्यों लालमोहर?"

दोनों आपस में सलाह करके रौता कम्पनी की ओर चले। खेमे के पास पहुँचकर हिरामन ने लालमोहर को इशारा किया, पूछताछ करने का भार लालमोहर के सिर। लालमोहर कचराही बोलना जानता है। लालमोहर ने एक काले कोटवाले से कहा, "बाबू साहेब, जरा सुनिए तो!"

काले कोटवाले ने नाक-भौं चढ़ाकर कहा—"क्या है? इधर क्यों?"

लालमोहर की कचराही बोली गड़बड़ा गयी—तेवर देखकर बोला, "गुलगुल...नहीं-नहीं...बुल-बुल...नहीं...।"

हिरामन ने झट-से सँभाल दिया—"हीरादेवी किधर रहती हैं, बता सकते हैं?"

उस आदमी की आँखें हठात् लाल हो गयीं। सामने खड़े नेपाली सिपाही को पुकारकर कहा, "इन लोगों को क्यों आने दिया इधर?"

"हिरामन!"...वही फेनूगिलासी आवाज किधर से आयी? खेमे के परदे को हटाकर हीराबाई ने बुलाया–"यहाँ आ जाओ, अन्दर!...देखो, बहादुर! इसको पहचान लो। यह मेरा हिरामन है। समझे!"

नेपाली दरबान हिरामन की ओर देखकर जरा मुस्कुराया और चला गया। काले कोटवाले से जाकर कहा, "हीराबाई का आदमी है। नहीं रोकने बोला!"

लालमोहर पान ले आया नेपाली दरबान के लिए–"खाया जाये!"

"इस्स! एक नहीं, पाँच पास। चारों अठनिया! बोली कि जब तक मेले में हो, रोज रात में आकर देखना। सबका ख्याल रखती है। बोली कि तुम्हारे और साथी हैं, सभी के लिए पास ले जाओ। कम्पनी की औरतों की बात निराली होती है! है या नहीं?"

लालमोहर ने लाल कागज के टुकड़ों को छूकर देखा–"पा-स! वाह रे हिरामन भाई! ...लेकिन पाँच पास लेकर क्या होगा? पलटदास तो फिर पलटकर आया ही नहीं है अभी तक।"

हिरामन ने कहा, "जाने दो अभागे को। तकदीर में लिखा नहीं।...हाँ, पहले गुरुक़सम खानी होगी सभी को, कि गाँव-घर में यह बात एक पंछी भी न जान पाये।"

लालमोहर ने उत्तेजित होकर कहा, "कौन साला बोलेगा, गाँव में जाकर? पलटा ने अगर बदमाशी की तो दूसरी बार से फिर साथ नहीं लाऊँगा।"

हिरामन ने अपनी थैली आज हीराबाई के जिम्मे रख दी है। मेले का क्या ठिकाना! किस्म-किस्म के पॉकिटकाट लोग हर साल आते हैं। अपने साथी-संगियों का भी क्या भरोसा! हीराबाई मान गयी। हीराबाई ने कपड़े की काली थैली को अपने चमड़े के बक्स में बन्द कर दिया। बक्से के ऊपर भी कपड़े का खोल और अन्दर भी झलमल रेशमी अस्तर! मन का मान-अभिमान दूर हो गया।

लालमोहर और धुन्नीराम ने मिलकर हिरामन की बुद्धि की तारीफ की; उसके भाग्य को सराहा बार-बार। उसके भाई और भाभी की निन्दा की, दबी जबान से। हिरामन के जैसा हीरा भाई मिला है, इसलिए! कोई दूसरा भाई होता तो...।

लहसनवाँ का मुँह लटका हुआ है। ऐलान सुनते-सुनते न जाने कहाँ चला गया कि घड़ी-भर साँझ होने के बाद लौटा है। लालमोहर ने एक मालिकाना झिड़की दी है, गाली के साथ–"सोहदा कहीं का!"

धुन्नीराम ने चूल्हे पर खिचड़ी चढ़ाते हुए कहा, "पहले यह फैसला कर लो कि गाड़ी के पास कौन रहेगा!"

"रहेगा कौन, यह लहसनवाँ कहाँ जायेगा?"

लहसनवाँ रो पड़ा—"हे-ए-ए मालिक, हाथ जोड़ते हैं। इक्को झलक! बस, एक झलक!"

हिरामन ने उदारतापूर्वक कहा, "अच्छा-अच्छा, एक झलक क्यों, एक घण्टा देखना। मैं आ जाऊँगा।"

नौटंकी शुरू होने के दो घण्टे पहले ही नगाड़ा बजना शुरू हो जाता है। और नगाड़ा शुरू होते ही लोग पतंगों की तरह टूटने लगते हैं। टिकटघर के पास भीड़ देखकर हिरामन को बड़ी हँसी आयी—"लालमोहर, उधर देख, कैसी धक्कमधुक्की कर रहे हैं लोग!"

"हिरामन भाय!"

"कौन, पलटदास! कहाँ की लदनी लाद आये?" लालमोहर ने पराये गाँव के आदमी की तरह पूछा।

पलटदास ने हाथ मलते हुए माफी माँगी—"कसूरवार हैं, जो सजा दो तुम लोग, सब मंजूर है। लेकिन सच्ची बात कहें कि सिया सुकुमारी...।"

हिरामन के मन का पुरइन नगाड़े की ताल पर विकसित हो चुका है। बोला, "देखो पलटा, यह मत समझना कि गाँव-घर की जनाना है। देखो, तुम्हारे लिए भी पास दिया है; पास ले लो अपना, तमाशा देखो।"

लालमोहर ने कहा, "लेकिन एक शर्त पर पास मिलेगा। बीच-बीच में लहसनवाँ को भी...।"

पलटदास को कुछ बताने की जरूरत नहीं। वह लहसनवाँ से बातचीत कर आया है अभी।

लालमोहर ने दूसरी शर्त सामने रखी—"गाँव में अगर यह बात मालूम हुई किसी तरह...।"

"राम-राम!" दाँत से जीभ को काटते हुए कहा पलटदास ने।

पलटदास ने बताया—"अठनिया फाटक इधर है।" फाटक पर खड़े दरबान ने हाथ से पास लेकर उनके चेहरे को बारी-बारी से देखा। बोला, "यह तो पास है कहाँ से मिला?"

अब लालमोहर की कचराही बोली सुने कोई! उसके तेवर देखकर दरबान घबरा गया—"मिलेगा कहाँ से?...अपनी कम्पनी से पूछ लीजिए जाकर। चार ही नहीं, देखिए एक और है।" जेब से पाँचवाँ पास निकालकर दिखाया लालमोहर ने।

एक रुपयावाले फाटक पर नेपाली दरबान खड़ा था। हिरामन ने पुकारकर कहा, "ए सिपाही दाजू, सुबह को ही पहचनवा दिया और अभी भूल गये?"

नेपाली दरबान बोला, "हीराबाई का आदमी है सब। जाने दो। पास है तो फिर काहे को रोकता है?"

अठनिया दर्जा!

तीनों ने 'कपड़घर' को अन्दर से पहली बार देखा। सामने कुरसी-बेंचवाले दर्जे हैं। परदे पर राम-बन-गमन की तसवीर है। पलटदास पहचान गया। उसने हाथ जोड़कर नमस्कार किया, परदे पर अंकित रामसिया सुकुमारी और लखनलला को। "जै हो, जै हो!" पलटदास की आँखें भर आयीं।

हिरामन ने कहा, "लालमोहर, छापी सभी खड़े हैं या चल रहे हैं?"

लालमोहर अपने बगल में बैठे दर्शकों से जान-पहचान कर चुका है। उसने कहा, "खेला अभी परदा के भीतर है। अभी जमिनका दे रहा है, लोग जमाने के लिए।"

पलटदास ढोलक बजाना जानता है, इसलिए नगाड़े की ताल पर गरदन हिलाता है और दियासलाई पर ताल काटता है। बीड़ी आदान-प्रदान करके हिरामन ने भी एकाध जान-पहचान कर ली। लालमोहर के परिचित आदमी ने चादर से देह को ढकते हुए कहा, "नाच शुरू होने में अभी देर है, तब तक एक नींद ले लें। ...सब दर्जा से अच्छा अठनिया दर्जा। सबसे पीछे सबसे ऊँची जगह पर है। जमीन पर गरम पुआल! हे-हें कुरसी-बेंच पर बैठकर इस सरदी के मौसम में तमाशा देखने वाले अभी घुच-घुचकर उठेंगे चाह पीने।"

उस आदमी ने अपने संगी से कहा, "खेला शुरू होने पर जगा देना। नहीं-नहीं, खेला शुरू होने पर नहीं, हिरिया जब स्टेज पर उतरे, हमको जगा देना।"

हिरामन के कलेजे में जरा आँच लगी। ...बड़ा लटपटिया आदमी मालूम पड़ता है। उसने लालमोहर को आँख के इशारे से कहा, "इस आदमी से बतियाने की जरूरत नहीं।"

...घन-घन-घन-धड़ाम! परदा उठ गया। हे-ए, हे-ए, हीराबाई शुरू में ही उतर गयी स्टेज पर! कपड़घर खचमखच भर गया है। हिरामन का मुँह अचरज से खुल गया। लालमोहर को न जाने क्यों ऐसी हँसी आ रही है। हीराबाई के गीत के हर पद पर वह हँसता है, बेवजह।

गुलबदन दरबार लगाकर बैठी है। एलान कर रही है : जो आदमी तख्तहजारा बनाकर ला देगा, मुँहमाँगी चीज इनाम में दी जायेगी। ...अजी, है कोई ऐसा फनकार, तो हो जाये तैयार, बनाकर लाये तख्तहजारा-आ! किड़किड़-किर्रि—!

अलबत्त नाचती है। क्या गला है! मालूम है, यह आदमी कहता है कि हीराबाई पान-बीड़ी, सिगरेट-जर्दा कुछ नहीं खाती!...ठीक कहता है। बड़ी नेमवाली रण्डी है। ...कौन कहता है कि रण्डी है! दाँत में मिस्सी कहाँ है। पौडर से दाँत धो लेती होगी। हरगिज नहीं!... कौन आदमी है, बात की बेबात करता है! कम्पनी की औरत को पतुरिया कहता है! तुमको बात क्यों लगी? कौन है रण्डी का भड़वा? मारो साले को! मारो! तेरी...।

हो-हल्ले के बीच, हिरामन की आवाज कपड़घर को फाड़ रही है—"आओ, एक-एक की गरदन उतार लेंगे।"

लालमोहर दुआली से पटापट पीटता जा रहा है सामने के लोगों को। पलटदास एक आदमी की छाती पर सवार है।—"साला, सिया सुकुमारी को गाली देता है, सो भी मुसलमान होकर?"

धुन्नीराम शुरू से ही चुप था। मारपीट शुरू होते ही कपड़घर से निकलकर बाहर भागा।

काले कोटवाले नौटंकी के मैनेजर नेपाली सिपाही के साथ दौड़े आये। दारोगा साहब ने हंटर से पीट-पाट शुरू की। हंटर खाकर लालमोहर तिलमिला उठा; कचराही बोली में भाषण देने लगा—"दारोगा साहब, मारते हैं, मारिए। कोई हर्ज नहीं। लेकिन यह पास देख लीजिए, एक पास पॉकिट में भी है। देख सकते हैं हुजूर। टिकस नहीं पास!...तब हम लोगों के सामने कम्पनी की औरत को कोई बुरी बात कहे तो कैसे छोड़ देंगे?"

कम्पनी के मैनेजर की समझ में आ गयी सारी बात। उसने दारोगा को समझाया—"हुजूर, मैं समझ गया। यह सारी बदमाशी मथुरामोहन कम्पनी वालों की है। तमाशे में झगड़ा खड़ा करके कम्पनी को बदनाम...नहीं हुजूर, इन लोगों को छोड़ दीजिए, हीराबाई के आदमी हैं। बेचारी की जान खतरे में है। हुजूर से कहा था न!"

हीराबाई का नाम सुनते ही दारोगा ने तीनों को छोड़ दिया। लेकिन तीनों की दुआली छीन ली गयी। मैनेजर ने तीनों को एक रुपये वाले दरजे में कुर्सी पर बिठाया—"आप लोग यहीं बैठिए। पान भिजवा देता हूँ।"

कपड़घर शान्त हुआ और हीराबाई स्टेज पर लौट आयी।

नगाड़ा फिर घनघना उठा।

थोड़ी देर बाद तीनों को एक साथ ही धुन्नीराम का खयाल हुआ—अरे, धुन्नीराम कहाँ गया?

"मालिक, ओ मालिक!" लहसनवाँ कपड़घर के बाहर चिल्लाकर पुकार रहा है, "ओ लालमोहर मा-लि-क!"

लालमोहर ने तारस्वर में जवाब दिया—"इधर से, इधर से! एकटकिया फाटक से।" सभी दर्शकों ने लालमोहर की ओर मुड़कर देखा। लहसनवाँ को नेपाली सिपाही लालमोहर के पास ले आया। लालमोहर ने जेब से पास निकालकर दिखा दिया। लहसनवाँ ने आते ही पूछा, "मालिक, कौन आदमी क्या बोल रहा था? बोलिए तो जरा। चेहरा दिखला दीजिए, उसकी एक झलक!"

लोगों ने लहसनवाँ की चौड़ी और सपाट छाती देखी। जाड़े के मौसम में भी खाली देह!...चेले-चाटी के साथ हैं ये लोग!

लालमोहर ने लहसनवाँ को शान्त किया।

...तीनों-चारों से मत पूछे कोई, नौटंकी में क्या देखा। किस्सा कैसे याद रहे! हिरामन को लगता था, हीराबाई शुरू से ही उसी की ओर टकटकी लगाकर देख रही है, गा रही है, नाच रही है। लालमोहर को लगता था, हीराबाई उसी की ओर देखती है। वह समझ गयी है, हिरामन से भी ज्यादा पावरवाला आदमी है लालमोहर! पलटदास किस्सा समझता है। ...किस्सा और क्या होगा, रमैन की ही बात है। वही राम, वही सीता, वही लखनलला और वही रावन! सिया सुकुमारी को रामजी से छीनने के लिए रावन तरह-तरह का रूप धरकर आता है। राम और सीता भी रूप बदल लेते हैं। यहाँ भी तख्तहजारा बनानेवाला माली का बेटा राम है। गुलबदन सिया सुकुमारी है। माली के लड़के का दोस्त लखनलला है और सुलतान है रावन। ...धुन्नीराम को बुखार है तेज! लहसनवाँ को सबसे अच्छा जोकर का पार्ट लगा है...चिरैया तोंहके लेके ना, जइवै नरहट के बजरिया! वह उस जोकर से दोस्ती लगाना चाहता है। ...नहीं लगावेगा दोस्ती, जोकर साहब?

हिरामन को एक गीत की आधी कड़ी हाथ लगी है—"मारे गये गुलफ़ाम!' कौन था यह गुलफ़ाम! हीराबाई रोती हुई गा रही थी—"अजी हाँ, मारे गये गुलफ़ाम!" टिड़िड़िड़ि...बेचारा गुलफ़ाम!

तीनों को दुआली वापस देते हुए पुलिस के सिपाही ने कहा, "लाठी-दुआली लेकर नाच देखने आते हो?"

दूसरे दिन मेले-भर में यह बात फैल गयी—मथुरामोहन कम्पनी से भागकर आयी है हीराबाई, इसलिए इस बार मथुरामोहन कम्पनी नहीं आयी है। ...उसके गुण्डे आये हैं...हीराबाई भी कम नहीं। बड़ी खेलाड़ औरत है। तेरह-तेरह देहाती लठैत पाल रही है। ...'वाह मेरी जान' भी कहे तो कोई! मजाल है!

दस दिन-दिन रात!...

दिन-भर भाड़ा ढोता हिरामन। शाम होते ही नौटंकी का नगाड़ा बजने लगता। नगाड़े की आवाज सुनते ही हीराबाई की पुकार कानों के पास मँडराने लगती—भैया ...मीता...हिरामन...उस्ताद...गुरुजी! हमेशा कोई-न-कोई बाजा उसके मन के कोने में बजता रहता, दिन-भर। कभी हारमोनियम, कभी नगाड़ा, कभी ढोलक और कभी हीराबाई की पैजनी। उन्हीं साजों की गत पर हिरामन उठता-बैठता, चलता-फिरता। नौटंकी कम्पनी के मैनेजर से लेकर परदा खींचनेवाले तक उसको पहचानते हैं। ...हीराबाई का आदमी है।

पलटदास हर रात नौटंकी शुरू होने के समय श्रद्धापूर्वक स्टेज को नमस्कार करता, हाथ जोड़कर। लालमोहर, एक दिन अपनी कचराही बोली सुनाने गया था हीराबाई को। हीराबाई ने पहचाना ही नहीं। तब से उसका दिल छोटा हो गया है। उसका नौकर लहसनवाँ उसके हाथ से निकल गया है, नौटंकी कम्पनी में भर्ती हो गया है। जोकर से उसकी दोस्ती हो गयी है। दिन-भर पानी भरता है, कपड़े धोता है। कहता है गाँव में क्या है जो जायेंगे! लालमोहर उदास रहता है। धुन्नीराम घर चला गया है, बीमार होकर।

हिरामन आज सुबह से तीन बार लदनी लादकर स्टेशन आ चुका है। आज न जाने क्यों उसको अपनी भौजाई की याद आ रही है। ...धुन्नीराम ने कुछ कह तो नहीं दिया, बुखार की झोंक में! यहीं कितना अटर-पटर बक रहा था—गुलबदन, तख्तहजारा! ...लहसनवाँ मौज में है। दिन-भर हीराबाई को देखता होगा। कल कह रहा था, हिरामन मालिक, तुम्हारे अकबाल से खूब मौज में हूँ। हीराबाई की साड़ी धोने के बाद कठौते का पानी अतरगुलाब हो जाता है। उसमें अपनी गमछी डुबाकर छोड़ देता हूँ। लो, सूँघोगे?...हर रात, किसी-न-किसी के मुँह से सुनता है वह—हीराबाई रण्डी है। कितने लोगों से लड़े वह! बिना देखे ही लोग कैसे कोई बात बोलते हैं! राजा को भी लोग पीठ-पीछे गाली देते हैं! ...आज वह हीराबाई से मिलकर कहेगा, नौटंकी कम्पनी में रहने से बहुत बदनाम करते हैं लोग। सरकस कम्पनी में क्यों नहीं काम करती? ...सबके सामने नाचती है, हिरामन का कलेजा दप-दप जलता रहता है उस समय। सरकस कम्पनी में बाघ को...उसके पास जाने की हिम्मत कौन करेगा! सुरक्षित रहेगी हीराबाई! किधर की गाड़ी आ रही है?

“हिरामन, ए हिरामन भाय!” लालमोहर की बोली सुनकर हिरामन ने गरदन मोड़कर देखा।...क्या लादकर लाया है लालमोहर?

“तुमको ढूँढ़ रही है हीराबाई, इशटीशन पर। जा रही है।” एक ही साँस में सुना गया। लालमोहर की गाड़ी पर ही आयी है मेले से।

“जा रही है? कहाँ? हीराबाई रेलगाड़ी से जा रही है?”

हिरामन ने गाड़ी खोल दी। मालगुदाम के चौकीदार से कहा, "भैया, जरा गाड़ी-बैल देखते रहिए। आ रहे हैं।"

"उस्ताद!" जनाना मुसाफिरखाने के फाटक के पास हीराबाई ओढ़नी से मुँह-हाथ ढककर खड़ी थी। थैली बढ़ाती हुई बोली, "लो! हे भगवान! भेंट हो गयी, चलो, मैं तो उम्मीद खो चुकी थी। तुमसे अब भेंट नहीं हो सकेगी।...मैं जा रही हूँ गुरुजी!"

बक्सा ढोने वाला आदमी आज कोट-पतलून पहनकर बाबूसाहब बन गया है। मालिकों की तरह कुलियों को हुक्म दे रहा है—"जनाना दर्जा में चढ़ाना। अच्छा?"

हिरामन हाथ में थैली लेकर चुपचाप खड़ा रहा। कुरते के अन्दर से थैली निकालकर दी है हीराबाई ने।...चिड़िया की देह की तरह गर्म है थैली।

"गाड़ी आ रही है।" बक्सा ढोनेवाले ने मुँह बनाते हुए हीराबाई की ओर देखा। उसके चेहरे का भाव स्पष्ट है—इतना ज्यादा क्या है...?

हीराबाई चंचल हो गयी। बोली, "हिरामन, इधर आओ, अन्दर। मैं फिर लौटकर जा रही हूँ मथुरामोहन कम्पनी में। अपने देश की कम्पनी है...बनैली मेला आओगे न?"

हीराबाई ने हिरामन के कन्धे पर हाथ रखा...इस बार दाहिने कन्धे पर। फिर अपनी थैली से रुपया निकालते हुए बोली, "एक गरम चादर खरीद लेना...।"

हिरामन की बोली फूटी, इतनी देर के बाद—"इस्स! हरदम रुपैया-पैसा! रखिए रुपैया!...क्या करेंगे चादर?"

हीराबाई का हाथ रुक गया। उसने हिरामन के चेहरे को गौर से देखा। फिर बोली, "तुम्हारा जी बहुत छोटा हो गया है। क्यों मीता?...महुआ घटवारिन को सौदागर ने खरीद जो लिया है गुरुजी!"

गला भर आया हीराबाई का। बक्सा ढोने वाले ने बाहर से आवाज दी—"गाड़ी आ गयी।"

हिरामन कमरे से बाहर निकल आया। बक्सा ढोनेवाले ने नौटंकी के जोकर-जैसा मुँह बनाकर कहा, "लाटफारम से बाहर भागो। बिना टिकट के पकड़ेगा तो तीन महीने की हवा...।"

हिरामन चुपचाप फाटक से बाहर जाकर खड़ा हो गया।...टीशन की बात, रेलवे का राज! नहीं तो इस बक्सा ढोने वाले का मुँह सीधा कर देता हिरामन।...

हीराबाई ठीक सामने वाली कोठरी में चढ़ी। इस्स! इतना टान! गाड़ी में बैठकर भी हिरामन की ओर देख रही है, टुकुर-टुकुर।...लालमोहर को देखकर जी जल उठता है, हमेशा पीछे-पीछे; हरदम हिस्सादारी सूझती है।

गाड़ी ने सीटी दी। हिरामन को लगा, उसके अन्दर से कोई आवाज निकलकर सीटी के साथ ऊपर की ओर चली गयी—कू-उ-उ-इ-स्स...!

...छि-ई-ई-छक्क! गाड़ी हिली। हिरामन ने अपने दाहिने पैर के अँगूठे को बायें पैर की एड़ी से कुचल लिया। कलेजे की धड़कन ठीक हो गयी।...हीराबाई हाथ की बैंगनी साफी से चेहरा पोंछती है। साफी हिलाकर इशारा करती है...अब जाओ! आखिरी डब्बा गुजरा; प्लेटफार्म खाली...सब खाली...खोखले...मालगाड़ी के डब्बे! दुनिया ही खाली हो गयी मानो! हिरामन अपनी गाड़ी के पास लौट आया।

हिरामन ने लालमोहर से पूछा, "तुम कब तक लौट रहे हो गाँव?"

लालमोहर बोला, "अभी गाँव जाकर क्या करेंगे? यही तो भाड़ा कमाने का मौका है! हीराबाई चली गयी, मेला अब टूटेगा।"

—"अच्छी बात। कोई समाद देना है घर?"

लालमोहर ने हिरामन को समझाने की कोशिश की। लेकिन हिरामन ने अपनी गाड़ी गाँव की ओर जानेवाली सड़क की ओर मोड़ दी। ...अब मेले में क्या धरा है! खोखला मेला!

रेलवे लाइन की बगल से बैलगाड़ी की कच्ची सड़क गयी है दूर तक। हिरामन कभी रेल पर नहीं चढ़ा है। उसके मन में फिर पुरानी लालसा झाँकी, रेलगाड़ी पर सवार होकर गीत गाते हुए जगरनाथ-धाम जाने की लालसा। ...उलटकर अपने खाली टप्पर की ओर देखने की हिम्मत नहीं होती है। पीठ में आज भी गुदगुदी लगती है। आज भी रह-रहकर चम्पा का फूल खिल उठता है, उसकी गाड़ी में। एक गीत की टूटी कड़ी पर नगाड़े का ताल कट जाता है, बार-बार!...

उसने उलटकर देखा, बोरे भी नहीं, बाँस भी नहीं, बाघ भी नहीं...परी...देवी ...मीता...हीरादेवी...महुआ घटवारिन—को-ई नहीं। मरे हुए मुहूर्तों की गूँगी आवाजें मुखर होना चाहती हैं। हिरामन के होठ हिल रहे हैं। शायद वह तीसरी क़सम खा रहा है—कम्पनी की औरत की लदनी...।

हिरामन ने हठात् अपने दोनों बैलों को झिड़की दी, दुआली से मारते हुए बोला, "रेलवे लाइन की ओर उलट-उलटकर क्या देखते हो?" दोनों बैलों ने कदम खोलकर चाल पकड़ी। हिरामन गुनगुनाने लगा—"अजी हाँ, मारे गये गुलफ़ाम...!"

अमरकान्त

अमरकान्त का जन्म 1 जुलाई, सन् 1925 ई., ग्राम नगरा, जिला बलिया (उत्तर प्रदेश) में हुआ। 1942 ई. के स्वाधीनता संग्राम में कूद पड़ने के कारण पढ़ाई बाधित हुई। अन्ततः 1946 ई. में बलिया में इंटर, 1947 ई. में इलाहाबाद विश्वविद्यालय से बी.ए., 1948 ई. में आगरा के दैनिक पत्र 'सैनिक' के सम्पादकीय विभाग में काम। आगरा में ही प्रगतिशील लेखक संघ से सम्पर्क। वहीं से कहानी लिखना शुरू किया। अनेक पत्रिकाओं के सम्पादन से सम्बद्ध रहे। स्वातन्त्र्योत्तर काल में हिन्दी-कहानी को नया मोड़ देने वाले समर्थ एवं प्रतिनिधि कथाकारों में एक।

कहानी संग्रह : जिन्दगी और जोंक, देश के लोग, मौत का नगर, मित्र-मिलन, कुहासा, तूफान, कला प्रेमी, एक धनी व्यक्ति का बयान, दुख और दुख का साथ, जाँच और बच्चे, औरत का क्रोध।

उपन्यास : सूखा पत्ता, आकाश पक्षी, काले उजले दिन, सुखजीवी, बीच की दीवार, ग्राम सेविका, सुन्नर पांडे की पतोहू, कँटीली राह के फूल, इन्हीं हथियारों से, लहरें, बिदा की रात।

बाल उपन्यास : वानर सेना, नेउर भाई, मँगरी, सच्चा दोस्त, बाबू का फैसला, खूँटों में दाल है।

सम्मान : सोवियत लैण्ड नेहरू पुरस्कार, मैथिलीशरण गुप्त शिखर पुरस्कार, यशपाल पुरस्कार, साहित्य अकादेमी सम्मान, ज्ञानपीठ पुरस्कार, संस्थान पुरस्कार (उत्तर प्रदेश हिन्दी संस्थान द्वारा), महात्मा गाँधी सम्मान (उत्तर प्रदेश हिन्दी संस्थान द्वारा)।

सारांश : डिप्टी-कलक्टरी

प्रेमचन्द के बाद यथार्थवाद धारा के प्रमुख कहानीकार के रूप में अमरकान्त को पहचाना जाता है। अमरकान्त जी का जन्म 1 जुलाई 1925 में उत्तर प्रदेश स्थित बलिया जिले के भागलपुर गाँव में हुआ। उनका मूलनाम श्रीराम था परन्तु

साहित्य लेखन 'अमरकान्त' नाम से किया है। बहुमुखी प्रतिभा के धनी कलाकार अमरकान्त जी ने गद्य की सभी विधाओं में अपनी लेखनी चलायी है। उनकी साहित्यिक सेवा को अनेक पुरस्कारों से सम्मानित किया गया है, जिनमें 'सोवियत लैंड नेहरू पुरस्कार, 'मैथिलीशिरण गुप्त शिखर पुरस्कार', 'यशपाल पुरस्कार', 'साहित्य अकादमी सम्मान', 'ज्ञानपीठ पुरस्कार', 'महात्मा गाँधी' सम्मान आदि पुरस्कार शामिल हैं। अमरकान्त जी ने कहानी, उपन्यास, संस्मरण के साथ बाल-साहित्य में भी अपनी छाप छोड़ी है।

जिस कहानी से अमरकान्त जी का हिन्दी साहित्य जगत को कहानीकार के रूप में परिचय हुआ उस कहानी का नाम 'डिप्टी कलक्टरी' है। जिसकी रचना सन् 1955 में की गयी थी। कहानी का मुख्य पात्र शकलदीप बाबू एक कचहरी में मुख्तार के रूप में काम करते हैं। यह कहानी मध्यवर्गीय परिवार की यथार्थ स्थिति का परिचय कराती है। आजादी के बाद मध्यवर्गीय, आम जनता की व्यवस्था के प्रति हुए मोहभंग का जीवन्त दस्तावेज़ हैं। जनतन्त्र के नाम पर व्यवस्था में भ्रष्टाचार ने अपनी जड़ें गहरी जमा दी हैं। योग्यताप्राप्त युवक आज सिफारिश की राजनीति के कारण नौकरी से कोसों दूर हैं। शिक्षा क्षेत्र भी भ्रष्टाचारमुक्त नहीं है। कहानी का आरम्भ शकलदीप बाबू अपनी पत्नी 'जमुना' के प्रति क्रोध व्यक्त करते हैं क्योंकि उनका बेटा डिप्टी कलक्टरी की परीक्षा की फीस भरना चाहता है किन्तु अर्थिक अभाव के कारण बेबस शकलदीप बाबू पत्नी से कहते हैं कि 'नौकरी तो हासिल होती नहीं। फीस के लिए पैसे का जुगाड़ कैसे करें।' बेटा नारायण बेरोजगार है। दो बार परीक्षा में असफल हुआ है। किन्तु शकलदीप बाबू को उम्मीद है कि उनका बेटा 'डिप्टी कलक्टरी' में पास हो जायेगा। इस आशा के कारण वे फीस के लिए पैसे का इन्तजाम करने में जुट जाते हैं। परिवार चाहे कौन-सा भी हो वह अपने बच्चे की धुरी होते हैं। जहाज के पंछी की तरह मंड़राते हैं माँ-बाप। माँ-बाप का हर्ष, उल्लास बच्चों के सपनों से जुड़ा होता है। शलकदीप बाबू बेटे नारायण को फीस के लिए पैसे देते हैं, उसे अधिक समय देते। खाने-पीने की व्यवस्था करते हैं। अपनी जिम्मेदारी में कोई कमी, नहीं छोड़ना चाहते। बेटा भी जी-जान से अठारह-अठारह घण्टे पढ़ाई करता है। बेटे का परीक्षा का पर्चा अच्छा गया है। सभी सवालों के जवाब लिखे हैं। शकलदीप बाबू की उम्मीद बढ़ जाती है। किन्तु मन आशंका से भरा है कि भ्रष्ट व्यवस्था के आगे हार तो नहीं होगी। शकलदीप बाबू की यह धारणा थी कि आज़ादी के बाद सबकुछ अच्छा चलता रहेगा लेकिन भ्रष्ट व्यवस्था में कोई बदलाव न देखकर उदास हो जाते हैं। दिन-ब-दिन उनकी तबियत खराब होती है फिर भी

अपने-आपको सँभालते हैं। जिस दिन बेटे का परीक्षा फल आनेवाला होता है उस दिन वे मन्दिर में घण्टों आराधना करते हैं। कोई परिचित उन्हें परीक्षा फल बताता है कि आपके बेटे नारायण का नाम सबसे नीचे है। सुनकर शकलदीप बाबू की मानसिक और शारीरिक कमजोरी बढ़ जाती है फिर भी अपने-आपको सँभालने की भरसक कोशिश करते हैं। शक्तिहीन हो जाते हैं फिर घर में अँधेरी कोठरी में पड़े बेटे को हौसला देते हैं।

अतः 'डिप्टी कलक्टरी' कहानी में आर्थिक हालात से मजबूर माता-पिता अपने बेटे की शिक्षा की खातिर किस तरह साहूकार से रुपये लेकर तकदीर, आजमाना चाहते हैं। माँ-बाप की उम्मीद, आस्था, सन्तान ही तो होती हैं। उन्हीं पर तो उनके सपनों का, अरमानों का महल खड़ा होता है। इन्हीं सपनों को पूरा करने के लिए शकलदीप बाबू ने भरसक प्रयास किया किन्तु उनका मोहभंग हा जाता है।

आज भी यह कहानी प्रासंगिक है। जब तक हमारी भ्रष्ट व्यवस्था का नाश नहीं होता, तब-तक आम जनता का मोहभंग होगा। जनतन्त्र की कुछ खामियों को हथियार बनाकर कुछ राजनेता, अराजकतत्व समाज में विषमता बढ़ाने का काम करते हैं। जो आज भी बरकरार है। इसी ओर लेखक ने पाठकों का ध्यान आकर्षित किया हैं।

डिप्टी-कलक्टरी

अमरकान्त

उन्होंने ओसारे के कमरे में झाँका, कोई भी मुवक्किल नहीं था और मुहर्रिर साहब भी गायब थे। वह भीतर चले गये और अपने कमरे के सामने ओसारे में खड़े होकर बन्दर की भाँति आँखें मलका-मलकाकर उन्होंने रसोईघर की ओर देखा। उनकी पत्नी जमुना, चौके के पास पीढ़े पर बैठी होंठ-पर-होंठ दबाये मुँह फुलाये तरकारी काट रही थी। वह मन्द-मन्द मुस्कराते हुए अपनी पत्नी के पास चले गये। उनके मुख पर असाधारण सन्तोष, विश्वास एवं उत्साह का भाव अंकित था। एक घण्टे पूर्व ऐसी बात नहीं थी।

बात इस प्रकार आरम्भ हुई। शकलदीप बाबू सबेरे दातौन-कुल्ला करने के बाद अपने कमरे में बैठे ही थे कि जमुना ने एक तश्तरी में दो जलेबियाँ नाश्ते के लिए सामने रख दीं। वह बिना कुछ बोले जलपान करने लगे।

जमुना पहले तो एक-आध मिनट चुप रही। फिर पति के मुख की ओर उड़ती नज़र से देखने के बाद उसने बात छेड़ी, "दो-तीन दिन से बबुआ बहुत उदास रहते हैं।"

"क्या?" सिर उठाकर शकलदीप बाबू ने पूछा और उनकी भौंहें तन गयीं।

जमुना ने व्यर्थ में मुस्कराते हुए कहा, "कल बोले, इस साल डिप्टी-कलक्टरी की बहुत-सी जगहें हैं, पर बाबूजी से कहते डर लगता है। कह रहे थे, दो-चार दिन में फीस भेजने की तारीख बीत जायेगी।"

शकलदीप बाबू का बड़ा लड़का नारायण, घर में बबुआ के नाम से ही पुकारा जाता था। उम्र उसकी लगभग 24 वर्ष की थी। पिछले तीन-चार साल से बहुत-सी परीक्षाओं में बैठने, एम.एल.ए. लोगों के दरवाजों के चक्कर लगाने तथा और भी उलटे-सीधे फन इस्तेमाल करने के बावजूद उसको अब तक कोई नौकरी नहीं मिल सकी थी। दो बार डिप्टी-कलक्टरी के इम्तिहान में भी

वह बैठ चुका था, पर दुर्भाग्य! अब एक अवसर उसे और मिलना था, जिसको वह छोड़ना न चाहता था, और उसे विश्वास था कि चूँकि जगहें काफी हैं और वह अबकी जी-जान से परिश्रम करेगा, इसलिए बहुत सम्भव है कि वह ले लिया जाये।

शकलदीप बाबू मुख्तार थे। लेकिन इधर डेढ़-दो साल से मुख्तारी की गाड़ी उनके चलाये न चलती थी। बुढ़ौती के कारण अब उनकी आवाज में न वह तड़प रह गयी थी, न शरीर में वह ताकत और न चाल में वह अकड़, इसलिए मुवक्किल उनके यहाँ कम ही पहुँचते, कुछ तो आकर भी भड़क जाते। इस हालत में वह राम का नाम लेकर कचहरी जाते, अक्सर कुछ पा जाते, जिससे दोनों जून चौका-चूल्हा चल जाता।

जमुना की बात सुनकर वह एकदम बिगड़ गये। क्रोध से उनका मुँह विकृत हो गया और वह सिर को झटकते हुए, कटाह कुकुर की तरह बोले, "तो मैं क्या करूँ? मैं तो हैरान-परेशान हो गया हूँ। तुम लोग मेरी जान लेने पर तुले हुए हो। साफ-साफ सुन लो, मैं तीन बार कहता हूँ मुझसे नहीं होगा, मुझसे नहीं होगा, मुझसे नहीं होगा।"

जमुना कुछ न बोली, क्योंकि वह जानती थी कि पति का क्रोध करना स्वाभाविक है।

शकलदीप बाबू एक-दो क्षण चुप रहे, फिर दायें हाथ को ऊपर-नीचे नचाते हुए बोले, "फिर इसकी गारंटी ही क्या है कि इस दफे बाबू साहब ले ही लिए जायेंगे? मामूली ए.जी. ऑफिस की क्लर्की में तो पूछे नहीं गये, डिप्टी-कलक्टरी में कौन पूछेगा? आप में क्या खूबी है, साहब, कि आप डिप्टी-कलक्टर हो ही जायेंगे? थर्ड क्लास बी.ए. आप हैं, चौबीसों घंटे मटरगश्ती आप करते हैं, दिन-रात सिगरेट आप फूँकते हैं। आप में कौन-से सुर्खाब के पर लगे हैं? बड़े-बड़े बह गये, गदहा पूछे कितना पानी! फिर करम-करम की बात होती है। भाई, समझ लो, तुम्हारे करम में नौकरी लिखी ही नहीं। अरे हाँ, अगर सभी कुकुर काशी ही सेवेंगे तो हँडिया कौन चाटेगा? डिप्टी-कलक्टरी, डिप्टी-कलक्टरी! सच पूछो, तो डिप्टी-कलक्टरी नाम से मुझे घृणा हो गयी है!" और होंठ बिचक गये।

जमुना ने अब मृदु स्वर में उनके कथन का प्रतिवाद किया, "ऐसी कुभाषा मुँह से नहीं निकालनी चाहिए। हमारे लड़के में दोष ही कौन-सा है? लाखों में एक है। सब्र की सौ धार, मेरा तो दिल कहता है इस बार बबुआ जरूर ले लिए जायेंगे। फिर पहली भूख-प्यास का लड़का है, माँ-बाप का सुख तो जानता ही नहीं। इतना भी नहीं होगा, तो उसका दिल टूट जायेगा। यों ही न मालूम क्यों

हमेशा उदास रहता है, ठीक से खाता-पीता नहीं, ठीक से बोलता नहीं, पहले की तरह गाता-गुनगुनाता नहीं। न मालूम मेरे लाड़ले को क्या हो गया है।" अन्त में उसका गला भर आया और वह दूसरी ओर मुँह करके आँखों में आये आँसुओं को रोकने का प्रयास करने लगी।

जमुना को रोते हुए देखकर शकलदीप बाबू आपे से बाहर हो गये। क्रोध तथा व्यंग्य से मुँह चिढ़ाते हुए बोले, "लड़का है तो लेकर चाटो! सारी खुराफात की जड़ तुम ही हो, और कोई नहीं! तुम मुझे जिन्दा रहने देना नहीं चाहतीं, जिस दिन मेरी जान निकलेगी, तुम्हारी छाती ठण्डी होगी!" वह हाँफने लगे।

उन्होंने जमुना पर निर्दयतापूर्वक ऐसा जबरदस्त आरोप किया था, जिसे वह सह न सकी। रोती हुई बोली, "अच्छी बात है, अगर मैं सारी खुराफात की जड़ हूँ तो मैं कमीनी की बच्ची, जो आज से कोई बात..." रुलाई के मारे वह आगे न बोल सकी और तेजी से कमरे से बाहर निकल गयी।

शकलदीप बाबू कुछ नहीं बोले, बल्कि वहीं बैठे रहे। मुँह उनका तना हुआ था और गर्दन टेढ़ी हो गयी थी। एक-आध मिनट तक उसी तरह बैठे रहने के पश्चात वह जमीन पर पड़े अख़बार के एक फटे-पुराने टुकड़े को उठाकर इस तल्लीनता से पढ़ने लगे, जैसे कुछ भी न हुआ हो।

लगभग पन्द्रह-बीस मिनट तक वह उसी तरह पढ़ते रहे। फिर अचानक उठ खड़े हुए। उन्होंने लुंगी की तरह लिपटी धोती को खोलकर ठीक से पहन लिया और ऊपर से अपना पारसी कोट डाल लिया, जो कुछ मैला हो गया था और जिसमें दो चिप्पियाँ लगी थीं, और पुराना पम्प शू पहन, हाथ में छड़ी ले, एक-दो बार खाँसकर बाहर निकल गये।

पति की बात से जमुना के हृदय को गहरा आघात पहुँचा था। शकलदीप बाबू को बाहर जाते हुए उसने देखा, पर वह कुछ नहीं बोली। वह मुँह फुलाये चुपचाप घर के अटरम-सटरम काम करती रही। और एक घण्टे बाद भी जब शकलदीप बाबू बाहर से लौट उसके पास आकर खड़े हुए, तब भी वह कुछ न बोली, चुपचाप तरकारी काटती रही।

शकलदीप बाबू ने खाँसकर कहा, "सुनती हो, यह डेढ़ सौ रुपये रख लो। करीब सौ रुपये बबुआ की फीस में लगेंगे और पचास रुपये अलग रख देना, कोई और काम आ पड़े।"

जमुना ने हाथ बढ़ाकर रुपये तो अवश्य ले लिए, पर अब भी कुछ नहीं बोली।

लेकिन शकलदीप बाबू अत्यधिक प्रसन्न थे और उन्होंने उत्साहपूर्ण आवाज में कहा, "सौ रुपये बबुआ को दे देना, आज ही फीस भेज दें। होंगे, जरूर होंगे,

बबुआ डिप्टी-कलक्टर अवश्य होंगे। कोई कारण ही नहीं कि वह न लिए जायें। लड़के के जेहन में कोई खराबी थोड़े है। राम-राम!... नहीं, चिन्ता की कोई बात नहीं। नारायण जी इस बार भगवान की कृपा से डिप्टी-कलक्टर अवश्य होंगे।"

जमुना अब भी चुप रही और रुपयों को ट्रंक में रखने के लिए उठकर अपने कमरे में चली गयी।

शकलदीप बाबू अपने कमरे की ओर लौट पड़े। पर कुछ दूर जाकर फिर घूम पड़े और जिस कमरे में जमुना गयी थी, उसके दरवाजे के सामने आकर खड़े हो गये और जमुना को ट्रंक में रुपये बन्द करते हुए देखते रहे। फिर बोले, "गलती किसी की नहीं। सारा दोष तो मेरा है। देखो न, मैं बाप होकर कहता हूँ कि लड़का नाकाबिल है! नहीं, नहीं, सारी खुराफात की जड़ मैं ही हूँ, और कोई नहीं।"

एक-दो क्षण वह खड़े रहे, लेकिन तब भी जमुना ने कोई उत्तर नहीं दिया तो कमरे में जाकर वह अपने कपड़े उतारने लगे।

नारायण ने उसी दिन डिप्टी-कलक्टरी की फीस तथा फार्म भेज दिये।

दूसरे दिन आदत के खिलाफ प्रातःकाल ही शकलदीप बाबू की नींद उचट गयी। वह हड़बड़ाकर आँखें मलते हुए उठ खड़े हुए और बाहर ओसारे में आकर चारों ओर देखने लगे। घर के सभी लोग निद्रा में निमग्न थे। सोये हुए लोगों की साँसों की आवाज और मच्छरों की भनभन सुनाई दे रही थी। चारों ओर अँधेरा था। लेकिन बाहर के कमरे से धीमी रोशनी आ रही थी। शकलदीप बाबू चौंक पड़े और पैरों को दबाये कमरे की ओर बढ़े।

उनकी उम्र पचास के ऊपर होगी। वह गोरे, नाटे और दुबले-पतले थे। उनके मुख पर अनगिनत रेखाओं का जाल बुना था और उनकी बाँहों तथा गर्दन पर चमड़े झूल रहे थे।

दरवाजे के पास पहुँचकर, उन्होंने पंजे के बल खड़े हो, होंठ दबाकर कमरे के अन्दर झाँका। उनका लड़का नारायण मेज पर रखी लालटेन के सामने सिर झुकाये ध्यानपूर्वक कुछ पढ़ रहा था।

शकलदीप बाबू कुछ देर तक आँखों को साश्चर्य फैलाकर अपने लड़के को देखते रहे, जैसे किसी आनन्ददायी रहस्य का उन्होंने अचानक पता लगा लिया हो। फिर वह चुपचाप धीरे-से पीछे हट गये और वहीं खड़े होकर जरा मुस्कराये और फिर दबे पाँव धीरे-धीरे वापस लौटे और अपने कमरे के सामने ओसारे के किनारे खड़े होकर आसमान को उत्सुकतापूर्वक निहारने लगे।

उनकी आदत छह, साढ़े छह बजे से पहले उठने की नहीं थी। लेकिन आज उठ गये थे, तो मन अप्रसन्न नहीं हुआ। आसमान में तारे अब भी चटक दिखाई

दे रहे थे, और बाहर के पेड़ों को हिलाती हुई और खपड़े को स्पर्श करके आँगन में न मालूम किस दिशा से आती-जाती हवा उनको आनन्दित एवं उत्साहित कर रही थी। वह पुनः मुस्करा पड़े और उन्होंने धीरे-से फुसफुसाया, "चलो, अच्छा ही है।"

और अचानक उनमें न मालूम कहाँ का उत्साह आ गया। उन्होंने उसी समय ही दातौन करना शुरू कर दिया। इन कार्यों से निबटने के बाद भी अँधेरा ही रहा, तो बाल्टी में पानी भरा और उसे गुसलखाने में ले जाकर स्नान करने लगे। स्नान से निवृत्त होकर जब वह बाहर निकले, तो उनके शरीर में एक अपूर्व ताजगी तथा मन में एक अवर्णनीय उत्साह था।

यद्यपि उन्होंने अपने सभी कार्य चुपचाप करने की कोशिश की थी, तो भी देह दुर्बल होने के कारण कुछ खटपट हो गयी, जिसके परिणामस्वरूप उनकी पत्नी की नींद खुल गयी। जमुना को तो पहले चोर-वोर का सन्देह हुआ, लेकिन उसने झटपट आकर जब देखा, तो आश्चर्यचकित हो गयी। शकलदीप बाबू आँगन में खड़े-खड़े आकाश को निहार रहे थे।

जमुना ने चिन्तातुर स्वर में कहा, "इतनी जल्दी स्नान की जरूरत क्या थी? इतना सबेरे तो कभी भी नहीं उठा जाया जाता था? कुछ हो-हवा गया, तो?"

शकलदीप बाबू झेंप गये। झूठी हँसी हँसते हुए बोले, "धीरे-धीरे बोलो, भाई, बबुआ पढ़ रहे हैं।"

जमुना बिगड़ गयी, "धीरे-धीरे क्यों बोलूँ, इसी लच्छन से परसाल बीमार पड़ जाया गया था।"

शकलदीप बाबू को आशंका हुई कि इस तरह बातचीत करने से तकरार बढ़ जायेगी, शोर-शराबा होगा, इसलिए उन्होंने पत्नी की बात का कोई उत्तर नहीं दिया। वह पीछे घूम पड़े और अपने कमरे में आकर लालटेन जलाकर चुपचाप रामायण का पाठ करने लगे।

पूजा समाप्त करके जब वह उठे, तो उजाला हो गया था। वह कमरे से बाहर निकल आये। घर के बड़े लोग तो जाग गये थे, पर बच्चे अभी तक सोये थे।

जमुना भण्डार-घर में कुछ खटर-पटर कर रही थी। शकलदीप बाबू ताड़ गये और वह भण्डार-घर के दरवाजे के सामने खड़े हो गये और कमर पर दोनों हाथ रखकर कौतूहल के साथ अपनी पत्नी को कुंडे में से चावल निकालते हुए देखते रहे।

कुछ देर बाद उन्होंने प्रश्न किया, "नारायण की अम्मा, आजकल तुम्हारा पूजा-पाठ नहीं होता क्या?" और झेंपकर वह मुस्कराये।

शकलदीप बाबू इसके पूर्व सदा राधास्वामियों पर बिगड़ते थे और मौका-बेमौका उनकी कड़ी आलोचना भी करते थे। इसको लेकर औरतों में कभी-कभी रोना-पीटना

तक भी हो जाता था। इसलिए आज भी जब शकलदीप बाबू ने पूजा-पाठ की बात की, तो जमुना ने समझा कि वह व्यंग्य कर रहे हैं। उसने भी प्रत्युत्तर दिया, "हम लोगों को पूजा-पाठ से क्या मतलब? हमको तो नरक में ही जाना है। जिनको सरग जाना हो, वह करें!"

"लो बिगड़ गयीं," शकलदीप बाबू मन्द-मन्द मुस्कराते हुए झट-से बोले, "अरे, मैं मजाक थोड़े कर रहा था! मैं बड़ी गलती पर था, राधास्वामी तो बड़े प्रभावशाली देवता हैं।"

जमुना को राधास्वामी को देवता कहना बहुत बुरा लगा और वह तिनककर बोली, "राधास्वामी को देवता कहते हैं? वह तो परमपिता परमेसर हैं, उनका लोक सबसे ऊपर है, उसके नीचे ही ब्रह्मा, विष्णु और महेश के लोक आते हैं।"

"ठीक है, ठीक है, लेकिन कुछ पूजा-पाठ भी करोगी? सुनते हैं सच्चे मन से राधास्वामी की पूजा करने से सभी मनोरथ सिद्ध हो जाते हैं।" शकलदीप बाबू उत्तर देकर काँपते होंठों में मुस्कराने लगे।

जमुना ने पुनः भुल-सुधार किया, "इसमें दिखाना थोड़े होता है; मन में नाम ले लिया जाता है। सभी मनोरथ बन जाते हैं और मरने के बाद आत्मा परमपिता में मिल जाती है। फिर चौरासी नहीं भुगतना पड़ता।"

शकलदीप बाबू ने सोत्साह कहा, "ठीक है, बहुत अच्छी बात है। जरा और सबेरे उठकर नाम ले लिया करो। सुबह नहाने से तबीयत दिन-भर साफ रहती है। कल से तुम भी शुरू कर दो। मैं तो अभागा था कि मेरी आँखें आज तक बन्द रहीं। खैर, कोई बात नहीं, अब भी कुछ नहीं बिगड़ा है, कल से तुम भी सबेरे चार बजे उठ जाना।"

उनको भय हुआ कि जमुना कहीं उनके प्रस्ताव का विरोध न करे, इसलिए इतना कहने के बाद वह पीछे घूमकर खिसक गये। लेकिन अचानक कुछ याद करके वह लौट पड़े।

पास आकर उन्होंने पत्नी से मुस्कराते हुए पूछा, "बबुआ के लिए नाश्ते का इन्तजाम क्या करोगी?"

"जो रोज होता है, वही होगा, और क्या होगा?" उदासीनतापूर्वक जमुना ने उत्तर दिया।

"ठीक है, लेकिन आज हलवा क्यों नहीं बना लेतीं? घर का बना सामान अच्छा होता है। और कुछ मेवे मँगा लो।"

"हलवे के लिए घी नहीं है। फिर इतने पैसे कहाँ हैं?" जमुना ने मजबूरी जाहिर की।

"पचास रुपये तो बचे हैं न, उसमें से खर्च करो। अन्न-जल का शरीर, लड़के को ठीक से खाने-पीने का न मिलेगा, तो वह इम्तिहान क्या देगा? रुपये की चिन्ता मत करो, मैं अभी जिन्दा हूँ!" इतना कहकर शकलदीप बाबू ठहाका लगाकर हँस पड़े।

वहाँ से हटने के पूर्व वह पत्नी को यह भी हिदायत देते गये, "एक बात और करो। तुम लड़के लोगों से डाँटकर कह देना कि वे बाहर के कमरे में जाकर बाजार न लगायें, नहीं तो मार पड़ेगी। हाँ, पढ़ने में बाधा पहुँचेगी। दूसरी बात यह कि बबुआ से कह देना, वह बाहर के कमरे में बैठकर इतमीनान से पढ़ें, मैं बाहर सहन में बैठ लूँगा।"

शकलदीप बाबू सबेरे एक-डेढ़ घण्टे बाहर के कमरे में बैठते थे। वहाँ वह मुवक्किलों के आने की प्रतीक्षा करते और उन्हें समझाते-बुझाते।

और वह उस दिन सचमुच ही मकान के बाहर पीपल के पेड़ के नीचे, जहाँ पर्याप्त छाया रहती थी, एक मेज और कुर्सियाँ लगाकर बैठ गये। जान-पहचान के लोग वहाँ से गुजरे, तो उन्हें वहाँ बैठे देखकर आश्चर्य हुआ। जब सड़क से गुजरते हुए बब्बनलाल पेशकार ने उनसे पूछा कि "भाईसाहब, आज क्या बात है?" तो उन्होंने जोर से चिल्लाकर कहा कि, "भीतर बड़ी गर्मी है।" और उन्होंने जोकर की तरह मुँह बना दिया और अन्त में ठहाका मारकर हँस पड़े, जैसे कोई बहुत बड़ा मजाक कर दिया हो।

शाम को जहाँ रोज वह पहले ही कचहरी से आ जाते थे, उस दिन देर से लौटे। उन्होंने पत्नी के हाथ में चार रुपये तो दिये ही, साथ ही दो सेब तथा कैंची सिगरेट के पाँच पैकेट भी बढ़ा दिये।

"सिगरेट क्या होगी?" जमुना ने साश्चर्य पूछा।

"तुम्हारे लिए है," शकलदीप बाबू ने धीरे-से कहा और दूसरी ओर देखकर मुस्कराने लगे, लेकिन उनका चेहरा शर्म से कुछ तमतमा गया।

जमुना ने माथे पर की साड़ी को नीचे खींचते हुए कहा, "कभी सिगरेट पी भी है कि आज ही पीऊँगी। इस उम्र में मजाक करते लाज नहीं आती?"

शकलदीप बाबू कुछ बोले नहीं और थोड़ा मुस्कराकर इधर-उधर देखने लगे। फिर गम्भीर होकर उन्होंने दूसरी ओर देखते हुए धीरे-से कहा, "बबुआ को दे देना," और वह तुरन्त वहाँ से चलते बने।

जमुना भौंचक होकर कुछ देर उनको देखती रही, क्योंकि आज के पूर्व तो वह यही देखती आ रही थी कि नारायण के धूम्रपान के वह सख्त खिलाफ रहे हैं और इसको लेकर कई बार लड़के को डाँट-डपट चुके हैं।

उसकी समझ में कुछ न आया, तो वह यह कहकर मुस्करा पड़ी कि बुद्धि सठिया गयी है।

नारायण दिन-भर पढ़ने-लिखने के बाद टहलने गया हुआ था।

शकलदीप बाबू जल्दी से कपड़े बदलकर हाथ में झाड़ू ले बाहर के कमरे में जा पहुँचे। उन्होंने धीरे-धीरे कमरे को अच्छी तरह झाड़ा-बुहारा, इसके बाद नारायण की मेज को साफ किया तथा मेजपोश को जोर-जोर से कई बार झाड़-फटककर सफाई के साथ उस पर बिछा दिया। अन्त में नारायण की चारपाई पर पड़े बिछौने को खोलकर उसमें की एक-एक चीज को झाड़-फटकारकर यत्नपूर्वक बिछाने लगे।

इतने में जमुना ने आकर देखा, तो मृदु स्वर में कहा, "कचहरी से आने पर यही काम रह गया है क्या? बिछौना रोज बिछ ही जाता है और कमरे की महरिन सफाई कर ही देती है।"

"अच्छा, ठीक है। मैं अपनी तबीयत से कर रहा हूँ, कोई जबरदस्ती थोड़ी है।" शकलदीप बाबू के मुख पर हलके झेंप का भाव अंकित हो गया था और वह अपनी पत्नी की ओर न देखते हुए ऐसी आवाज में बोले, जैसे उन्होंने अचानक यह कार्य आरम्भ कर दिया था—और जब इतना कर ही लिया है, तो बीच में छोड़ने से क्या लाभ, पूरा ही कर लें।

कचहरी से आने के बाद रोज का उनका नियम यह था कि वह कुछ नाश्ता-पानी करके चारपाई पर लेट जाते थे। उनको अक्सर नींद आ जाती थी और वह लगभग आठ बजे तक सोते रहते थे। यदि नींद न भी आती, तो भी वह इसी तरह चुपचाप पड़े रहते थे।

"नाश्ता तैयार है," यह कहकर जमुना वहाँ से चली गयी।

शकलदीप बाबू कमरे को चमाचम करने, बिछौने लगाने तथा कुर्सियों को तरतीब से सजाने के पश्चात आँगन में आकर खड़े हो गये और बेमतलब ठनककर हँसते हुए बोले, "अपना काम सदा अपने हाथ से करना चाहिए, नौकरों का क्या ठिकाना?"

लेकिन उनकी बात पर सम्भवतः किसी ने ध्यान नहीं दिया और न उसका उत्तर ही।

धीरे-धीरे दिन बीतते गये और नारायण कठिन परिश्रम करता रहा।

कुछ दिनों से शकलदीप बाबू सायंकाल घर से लगभग एक मील की दूरी पर स्थित शिवजी के एक मन्दिर में भी जाने लगे थे। वह बहुत चलता मन्दिर था और उसमें भक्तजनों की बहुत भीड़ होती थी। कचहरी से आने के बाद वह नारायण के कमरे को झाड़ते-बुहारते, उसका बिछौना लगाते, मेज-कुर्सियाँ सजाते और अन्त में नाश्ता करके मन्दिर के लिए रवाना हो जाते। मन्दिर में एक-डेढ़ घण्टे तक रहते और लगभग दस बजे घर आते।

एक दिन जब वह मन्दिर से लौटे, तो साढ़े दस बज गये थे। उन्होंने दबे पाँव ओसारे में पाँव रखा और अपनी आदत के अनुसार कुछ देर तक मुस्कराते हुए झाँक-झाँककर कोठरी में नारायण को पढ़ते हुए देखते रहे।

फिर भीतर जा अपने कमरे में छड़ी रखकर, नल पर हाथ-पैर धोकर, भोजन के लिए चौके में जाकर बैठ गये।

पत्नी ने खाना परोस दिया। शकलदीप बाबू ने मुँह में कौर चुभलाते हुए पूछा, "बबुआ को मेवे दे दिये थे?"

वह आज सायंकाल जब कचहरी से लौटे थे, तो मेवे लेते आये थे। उन्होंने मेवे को पत्नी के हवाले करते हुए कहा था कि इसे सिर्फ नारायण को ही देना, और किसी को नहीं।

जमुना को झपकी आ रही थी, लेकिन उसने पति की बात सुन ली, चौंक कर बोली, "कहाँ? मेवा ट्रंक में रख दिया था, सोचा था, बबुआ घूमकर आयेंगे तो चुपके से दे दूँगी। पर लड़के तो दानव-दूत बने हुए हैं, ओना-कोना, अँतरा-सँतरा, सभी जगह पहुँच जाते हैं। टुनटुन ने कहीं से देख लिया और उसने सारा-का सारा खा डाला।"

टुनटुन शकलदीप बाबू का सबसे छोटा बारह वर्ष का अत्यन्त ही नटखट लड़का था।

"क्यों?" शकलदीप बाबू चिल्ला पड़े। उनका मुँह खुल गया था और उनकी जीभ पर रोटी का एक छोटा टुकड़ा दृष्टिगोचर हो रहा था।

जमुना कुछ न बोली।

अब शकलदीप बाबू ने गुस्से में पत्नी को मुँह चिढ़ाते हुए कहा, "खा गया, खा गया! तुम क्यों न खा गयीं! तुम लोगों के खाने के लिए ही लाता हूँ न? हूँ! खा गया!"

जमुना भी तिनक उठी, "तो क्या हो गया? कभी मेवा-मिश्री, फल-मूल तो उनको मिलता नहीं, बेचारे खुद्दी-चुन्नी जो कुछ मिलता है, उसी पर सब्र बाँधे रहते हैं। अपने हाथ से खरीदकर कभी कुछ दिया भी तो नहीं गया। लड़का ही तो है, मन चल गया, खा लिया। फिर मैंने उसे बहुत मारा भी, अब उसकी जान तो नहीं ले लूँगी।"

"अच्छा तो खाओ तुम और तुम्हारे लड़के! खूब मजे में खाओ! ऐसे खाने पर लानत है!" वह गुस्से से थर-थर काँपते हुए चिल्ला पड़े और फिर चौके से उठकर कमरे में चले गये।

जमुना भय, अपमान और गुस्से से रोने लगी। उसने भी भोजन नहीं किया और वहाँ से उठकर चारपाई पर मुँह ढँककर पड़ रही।

लेकिन दूसरे दिन प्रातःकाल भी शकलदीप बाबू का गुस्सा ठण्डा न हुआ और उन्होंने नहाने-धोने तथा पूजा-पाठ करने के बाद सबसे पहला काम यह किया कि जब टुनटुन जागा, तो उन्होंने उसको अपने पास बुलाया और उससे पूछा कि उसने मेवा क्यों खाया? जब उसको कोई उत्तर न सूझा और वह भक्कू बनकर अपने पिता की ओर देखने लगा, तो शकलदीप बाबू ने उसे कई तमाचे जड़ दिये।

डिप्टी-कलक्टरी की परीक्षा इलाहाबाद में होने वाली थी और वहाँ रवाना होने के दिन आ गये। इस बीच नारायण ने इतना अधिक परिश्रम किया कि सभी आश्चर्यचकित थे। वह अट्ठारह-उन्नीस घण्टे तक पढ़ता। उसकी पढ़ाई में कोई बाधा उपस्थित नहीं होने पाती, बस उसे पढ़ना था। उसका कमरा साफ मिलता, उसका बिछौना बिछा मिलता, दोनों जून गाँव के शुद्ध घी के साथ दाल-भात, रोटी, तरकारी मिलती। शरीर की शक्ति तथा दिमाग की ताजगी को बनाये रखने के लिए नाश्ते में सबेरे हलवा-दूध तथा शाम को मेवे या फल। और तो और, लड़के की तबीयत न उचटे, इसलिए सिगरेट की भी समुचित व्यवस्था थी। जब सिगरेट के पैकेट खत्म होते, तो जमुना उसके पास चार-पाँच पैकेट और रख आती।

जिस दिन नारायण को इलाहाबाद जाना था, शकलदीप बाबू की छुट्टी थी और वे सवेरे ही घूमने निकल गये। वह कुछ देर तक कम्पनी गार्डन में घूमते रहे, फिर वहाँ तबीयत न लगी, तो नदी के किनारे पहुँच गये। वहाँ भी मन न लगा, तो अपने परम मित्र कैलाश बिहारी मुख्तार के यहाँ चले गये। वहाँ बहुत देर तक गप-सड़ाका करते रहे, और जब गाड़ी का समय निकट आया, तो जल्दी-जल्दी घर आये।

गाड़ी नौ बजे खुलती थी। जमुना तथा नारायण की पत्नी निर्मला ने सबेरे ही उठकर जल्दी-जल्दी खाना बना लिया था। नारायण ने खाना खाया और सबको प्रणाम कर स्टेशन को चल पड़ा। शकलदीप बाबू भी स्टेशन गये।

नारायण को विदा करने के लिए उसके चार-पाँच मित्र भी स्टेशन पर पहुँचे थे। जब तक गाड़ी नहीं आयी थी, नारायण प्लेटफार्म पर उन मित्रों से बातें करता रहा। शकलदीप बाबू अलग खड़े इधर-उधर इस तरह देखते रहे, जैसे नारायण से उनका कोई परिचय न हो। और जब गाड़ी आयी और नारायण अपने पिता तथा मित्रों के सहयोग से गाड़ी में पूरे सामान के साथ चढ़ गया, तो शकलदीप बाबू वहाँ से धीरे-से खिसक गये और व्हीलर के बुकस्टॉल पर जा खड़े हुए।

बुकस्टॉल का आदमी जान-पहचान का था, उसने नमस्कार करके पूछा, "कहिए, मुख्तार साहब, आज कैसे आना हुआ?"

शकलदीप बाबू ने सन्तोषपूर्वक मुस्कराते हुए उत्तर दिया, "लड़का इलाहाबाद जा रहा है, डिप्टी-कलक्टरी का इम्तिहान देने। शाम तक पहुँच जायेगा। ड्योढ़े दर्जे के पास जो डिब्बा है न, उसी में है। नीचे जो चार-पाँच लड़के खड़े हैं, वे उसके मित्र हैं। सोचा, भाई हम लोग बूढ़े ठहरे, लड़के इम्तिहान-विम्तहान की बात कर रहे होंगे, क्या समझेंगे, इसलिए इधर चला आया।" उनकी आँखें हास्य से संकुचित हो गयीं।

वहाँ वह थोड़ी देर तक रहे। इसके बाद जाकर घड़ी में समय देखा, कुछ देर तक तारघर के बाहर तार बाबू को खटर-पटर करते हुए निहारा और फिर वहाँ से हटकर रेलगाड़ियों के आने-जाने का टाइम-टेबल पढ़ने लगे। लेकिन उनका ध्यान सम्भवतः गाड़ी की ओर ही था, क्योंकि जब ट्रेन खुलने की घण्टी बजी, तो वहाँ से भागकर नारायण के मित्रों के पीछे आ खड़े हुए।

नारायण ने जब उनको देखा, तो उसने झटपट नीचे उतरकर पैर छुए।

"खुश रहो, बेटा, भगवान तुम्हारी मनोकामना पूरी करे!" उन्होंने लड़के से बुदबुदाकर कहा और दूसरी ओर देखने लगे।

नारायण बैठ गया और अब गाड़ी खुलने ही वाली थी। अचानक शकलदीप बाबू ने दाहिने हाथ से अपने कोट की जेब से कोई चीज लगभग बाहर निकाल ली, और वह कुछ आगे भी बढ़े, लेकिन फिर न मालूम क्या सोचकर रुक गये। उनका चेहरा तमतमा-सा गया और जल्दीबाजी में वह इधर-उधर देखने लगे।

गाड़ी सीटी देकर खुल गयी तो शकलदीप बाबू चौंक उठे। उन्होंने जेब से वह चीज निकालकर मुट्ठी में बाँध ली और उसे नारायण को देने के लिए दौड़ पड़े।

वह दुर्बल तथा बूढ़े आदमी थे, इसलिए उनसे तेज क्या दौड़ा जाता, वह पैरों में फुर्ती लाने के लिए अपने हाथों को इस तरह भाँज रहे थे, जैसे कोई रोगी, मरियल लड़का अपने साथियों के बीच खेल-कूद के दौरान कोई हलकी-फुलकी शरारत करने के बाद तेजी से दौड़ने के लिए गर्दन को झुकाकर हाथों को चक्र की भाँति घुमाता है। उनके पैर थप-थप की आवाज के साथ प्लेटफार्म पर गिर रहे थे, और उनकी हरकतों का उनके मुख पर कोई विशेष प्रभाव दृष्टिगोचर नहीं हो रहा था, बस यही मालूम होता कि वह कुछ परेशान हैं। प्लेटफार्म पर एकत्रित लोगों का ध्यान उनकी ओर आकर्षित हो गया। कुछ लोगों ने मौज में आकर जोर से ललकारा, कुछ ने किलकारियाँ मारीं और कुछ लोगों ने दौड़ के प्रति उनकी तटस्थ मुद्रा को देखकर बेतहाशा हँसना आरम्भ किया। लेकिन यह उनका सौभाग्य ही था कि गाड़ी अभी खुली ही थी और स्पीड में नहीं आयी थी। परिणामस्वरूप उनका हास्यजनक प्रयास सफल हुआ और उन्होंने डिब्बे के

सामने पहुँचकर उत्सुक तथा चिन्तित मुद्रा में डिब्बे से सिर निकालकर झाँकते हुए नारायण के हाथ में एक पुड़िया देते हुए कहा, “बेटा, इसे श्रद्धा के साथ खा लेना, भगवान शंकर का प्रसाद है।”

पुड़िया में कुछ बताशे थे, जो उन्होंने कल शाम को शिवजी को चढ़ाये थे और जिसे पता नहीं क्यों, नारायण को देना भूल गये थे।

नारायण के मित्र कौतूहल से मुस्कराते हुए उनकी ओर देख रहे थे, और जब वह पास आ गये, तो एक ने पूछा, “बाबूजी, क्या बात थी, हमसे कह देते।”

शकलदीप बाबू यह कहकर कि, “कोई बात नहीं, कुछ रुपये थे, सोचा, मैं ही दे दूँ, तेजी से आगे बढ़ गये।”

परीक्षा समाप्त होने के बाद नारायण घर वापस आ गया। उसने सचमुच पर्चे बहुत अच्छे किये थे और उसने घरवालों से साफ-साफ कह दिया कि यदि कोई बेईमानी न हुई, तो वह इंटरव्यू में अवश्य बुलाया जायेगा। घरवालों की बात तो दूसरी थी, लेकिन जब मुहल्ले और शहर के लोगों ने यह बात सुनी, तो उन्होंने विश्वास नहीं किया। लोग व्यंग्य में कहने लगे, हर साल तो यही कहते हैं बच्चू! वह कोई दूसरे होते हैं, जो इंटरव्यू में बुलाये जाते हैं!

लेकिन बात नारायण ने झूठ नहीं कही थी, क्योंकि एक दिन उसके पास सूचना आयी कि उसको इलाहाबाद में प्रादेशिक लोक सेवा आयोग के समक्ष इंटरव्यू के लिए उपस्थित होना है।

यह समाचार बिजली की तरह सारे शहर में फैल गया। बहुत साल बाद इस शहर से कोई लड़का डिप्टी-कलक्टरी के इंटरव्यू के लिए बुलाया गया था। लोगों के आश्चर्य का ठिकाना न रहा।

सायंकाल कचहरी से आने पर शकलदीप बाबू सीधे आँगन में जा खड़े हो गये और जोर से ठठाकर हँस पड़े। फिर कमरे में जाकर कपड़े उतारने लगे।

शकलदीप बाबू ने कोट को खूँटी पर टाँगते हुए लपककर आती हुई जमुना से कहा, “अब करो न राज! हमेशा शोर मचाये रहती थीं कि यह नहीं है, वह नहीं है! यह मामूली बात नहीं है कि बबुआ इंटरव्यू में बुलाये गये हैं, आया ही समझो!”

“जब आ जायें, तभी न,” जमुना ने कंजूसी से मुस्कराते हुए कहा।

शकलदीप बाबू थोड़ा हँसते हुए बोले, “तुमको अब भी सन्देह है? लो, मैं कहता हूँ कि बबुआ जरूर आयेंगे, जरूर आयेंगे! नहीं आये, तो मैं अपनी मूँछ मुड़वा दूँगा। और कोई कहे या न कहे, मैं तो इस बात को पहले से ही जानता हूँ। अरे, मैं ही क्यों, सारा शहर यही कहता है। अम्बिका बाबू वकील मुझे बधाई

देते हुए बोले, "इंटरव्यू में बुलाये जाने का मतलब यह है कि अगर इंटरव्यू थोड़ा भी अच्छा हो गया, तो चुनाव निश्चित है।" मेरी नाक में दम था, जो भी सुनता, बधाई देने चला आता।

"मुहल्ले के लड़के मुझे भी आकर बधाई दे गये हैं। जानकी, कमल और गौरी तो अभी-अभी गये हैं।" जमुना ने स्वप्निल आँखों से अपने पति को देखते हुए सूचना दी।

"तो तुम्हारी कोई मामूली हस्ती है! अरे, तुम डिप्टी-कलक्टर की माँ हो न, जी!" इतना कहकर शकलदीप बाबू ठहाका मारकर हँस पड़े।

जमुना कुछ नहीं बोली, बल्कि उसने मुस्की काटकर साड़ी का पल्ला सिर के आगे थोड़ा और खींचकर मुँह टेढ़ा कर लिया।

शकलदीप बाबू ने जूते निकालकर चारपाई पर बैठते हुए धीरे-से कहा, "अरे भाई, हमको-तुमको क्या लेना है, एक कोने में पड़कर रामनाम जपा करेंगे। लेकिन मैं तो अभी यह सोच रहा हूँ कि कुछ साल तक और मुख्तारी करूँगा। नहीं, यही ठीक रहेगा।" उन्होंने गाल फुलाकर एक-दो बार मूँछ पर ताव दिये।

जमुना ने इसका प्रतिवाद किया, "लड़का मानेगा थोड़े, खींच ले जायेगा। हमेशा यह देखकर उसकी छाती फटती रहती है कि बाबू जी इतनी मेहनत करते हैं और वह कुछ भी मदद नहीं करता।"

"कुछ कह रहा था क्या?" शकलदीप बाबू ने धीरे-से पूछा और पत्नी की ओर न देखकर दरवाजे के बाहर मुँह बनाकर देखने लगे।

जमुना ने आश्वासन दिया, "मैं जानती नहीं क्या? उसका चेहरा बताता है। बाप को इतना काम करते देखकर उसको कुछ अच्छा थोड़े लगता है!" अन्त में उसने नाक सुड़क लिए।

नारायण पन्द्रह दिन बाद इंटरव्यू देने गया। और उसने इंटरव्यू भी काफी अच्छा किया। वह घर वापस आया, तो उसके हृदय में अत्यधिक उत्साह था और जब उसने यह बताया कि जहाँ और लड़कों का पन्द्रह-बीस मिनट तक ही इटंरव्यू हुआ, उसका पूरे पचास मिनट तक इंटरव्यू होता रहा और उसने सभी प्रश्नों के सन्तोषजनक उत्तर दिये, तो अब यह सभी ने मान लिया कि नारायण का लिया जाना निश्चित है।

दूसरे दिन कचहरी में फिर वकीलों और मुख्तारों ने शकलदीप बाबू को बधाइयाँ दीं और विश्वास प्रकट किया कि नारायण अवश्य चुन लिया जायेगा। शकलदीप बाबू मुस्कराकर धन्यवाद देते और लगे हाथों नारायण के व्यक्तिगत

जीवन की एक-दो बातें भी सुना देते और अन्त में सिर को आगे बढ़ाकर फुसफुसाहट में दिल का राज प्रकट करते, "आपसे कहता हूँ, पहले मेरे मन में शंका थी, शंका क्या सोलहों आने शंका थी, लेकिन आप लोगों की दुआ से अब वह दूर हो गयी है।"

जब वह घर लौटे, तो नारायण, गौरी और कमल दरवाजे के सामने खड़े बातें कर रहे थे। नारायण इंटरव्यू के सम्बन्ध में ही कुछ बता रहा था। वह अपने पिता जी को आता देखकर धीरे-धीरे बोलने लगा। शकलदीप बाबू चुपचाप वहाँ से गुजर गये, लेकिन दो-तीन गज ही आगे गये होंगे कि गौरी कि आवाज उनको सुनाई पड़ी, "अरे तुम्हारा हो गया, अब तुम मौज करो!"

इतना सुनते ही शकलदीप बाबू घूम पड़े और लड़कों के पास आकर उन्होंने पूछा, "क्या?" उनकी आँखें संकुचित हो गयी थीं और उनकी मुद्रा ऐसी हो गयी थी, जैसे किसी महफिल में जबरदस्ती घुस आये हों।

लड़के एक-दूसरे को देखकर शिष्टतापूर्वक होंठों में मुस्कराये। फिर गौरी ने अपने कथन को स्पष्ट किया, "मैं कह रहा था नारायण से, बाबूजी, कि उनका चुना जाना निश्चित है।"

शकलदीप बाबू ने सड़क से गुजरती हुई एक मोटर को गौर से देखने के बाद धीरे-धीरे कहा, "हाँ, देखिए न, जहाँ एक-से-एक धुरंधर लड़के पहुँचते हैं, सबसे तो बीस मिनट ही इंटरव्यू होता है, पर इनसे पूरे पचास मिनट! अगर नहीं लेना होता, तो पचास मिनट तक तंग करने की क्या जरूरत थी, पाँच-दस मिनट पूछताछ करके..."

गौरी ने सिर हिलाकर उनके कथन का समर्थन किया और कमल ने कहा, "पहले का जमाना होता, तो कहा भी नहीं जा सकता, लेकिन अब तो बेईमानी-बेईमानी उतनी नहीं होती होगी।"

शकलदीप बाबू ने आँखें संकुचित करके हलकी-फुलकी आवाज में पूछा, "बेईमानी नहीं होती न?"

"हाँ, अब उतनी नहीं होती। पहले बात दूसरी थी। वह जमाना अब लद गया।" गौरी ने उत्तर दिया।

शकलदीप बाबू अचानक अपनी आवाज पर जोर देते हुए बोले, "अरे, अब कैसी बेईमानी साहब, गोली मारिए, अगर बेईमानी ही करनी होती, तो इतनी देर तक इनका इंटरव्यू होता? इंटरव्यू में बुलाया ही न होता और बुलाते भी तो चार-पाँच मिनट पूछताछ करके विदा कर देते।"

इसका किसी ने उत्तर नहीं दिया, तो वह मुस्कराते हुए घूमकर घर में चले गये।

घर में पहुँचने पर जमुना से बोले, "बबुआ अभी से ही किसी अफसर की तरह लगते हैं। दरवाजे पर बबुआ, गौरी और कमल बातें कर रहे हैं। मैंने दूर ही से गौर किया, जब नारायण बाबू बोलते हैं, तो उनके बोलने और हाथ हिलाने से एक अजीब ही शान टपकती है। उनके दोस्तों में ऐसी बात कहाँ?"

"आज दोपहर में मुझे कह रहे थे कि तुझे मोटर में घुमाऊँगा।" जमुना ने खुशखबरी सुनायी।

शकलदीप बाबू खुश होकर नाक सुड़कते हुए बोले, "अरे, तो उसको मोटर की कमी होगी, घूमना न जितना चाहना।" वह सहसा चुप हो गये और खोये-खोये इस तरह मुस्कराने लगे, जैसे कोई स्वादिष्ट चीज खाने के बाद मन-ही-मन उसका मजा ले रहे हों।

कुछ देर बाद उन्होंने पत्नी से प्रश्न किया, "क्या कह रहा था, मोटर में घुमाऊँगा?"

जमुना ने फिर वही बात दोहरा दी।

शकलदीप बाबू ने धीरे-से दोनों हाथों से ताली बजाते हुए मुस्कराकर कहा, "चलो, अच्छा है।" उनके मुख पर अपूर्व स्वप्निल सन्तोष का भाव अंकित था।

सात-आठ दिनों में नतीजा निकलने का अनुमान था। सभी को विश्वास हो गया था कि नारायण ले लिया जायेगा और सभी नतीजे की बेचैनी से प्रतीक्षा कर रहे थे।

अब शकलदीप बाबू और भी व्यस्त रहने लगे। पूजा-पाठ का उनका कार्यक्रम पूर्ववत जारी था। लोगों से बातचीत करने में उनको काफी मजा आने लगा और वह बातचीत के दौरान ऐसी स्थिति उत्पन्न कर देते कि लोगों को कहना पड़ता कि नारायण अवश्य ही ले लिया जायेगा। वह अपने घर पर एकत्रित नारायण तथा उसके मित्रों की बातें छिपकर सुनते और कभी-कभी अचानक उनके दल में घुस जाते तथा जबरदस्ती बात करने लगते। कभी-कभी नारायण को अपने पिता की यह हरकत बहुत बुरी लगती और वह क्रोध में दूसरी ओर देखने लगता। रात में शकलदीप बाबू चौंककर उठ बैठते और बाहर आकर कमरे में लड़के को सोते हुए देखने लगते या आँगन में खड़े होकर आकाश को निहारने लगते।

एक दिन उन्होंने सबेरे ही सबको सुनाकर जोर से कहा, "नारायण की माँ, मैंने आज सपना देखा है कि नारायण बाबू डिप्टी-कलक्टर हो गये।"

जमुना रसोई के बरामदे में बैठी चावल फटक रही थी और उसी के पास नारायण की पत्नी, निर्मला, घूँघट काढ़े दाल बीन रही थी।

जमुना ने सिर उठाकर अपने पति की ओर देखते हुए प्रश्न किया, "सपना सबेरे दिखाई पड़ा था क्या?"

"सबेरे के नहीं तो शाम के सपने के बारे में तुमसे कहने आऊँगा? अरे, एकदम ब्रह्ममुहूर्त में देखा था! देखता हूँ कि अखबार में नतीजा निकल गया है और उसमें नारायण बाबू का भी नाम है। अब यह याद नहीं कि कौन नम्बर था, पर इतना कह सकता हूँ कि नाम काफी ऊपर था।"

"अम्मा जी, सबेरे का सपना तो एकदम सच्चा होता है न!" निर्मला ने धीरे-से जमुना से कहा।

मालूम पड़ता है कि निर्मला की आवाज शकलदीप बाबू ने सुन ली, क्योंकि उन्होंने बिहँसकर प्रश्न किया, "कौन बोल रहा है, डिप्टाइन हैं क्या?" अन्त में वह ठहाका मारकर हँस पड़े।

"हाँ, कह रही हैं कि सबेरे का सपना सच्चा होता है। सच्चा होता ही है।" जमुना ने मुस्कराकर बताया।

निर्मला शर्म से संकुचित हो गयी। उसने अपने बदन को सिकोड़ तथा पीठ को नीचे झुकाकर अपने मुँह को अपने दोनों घुटनों के बीच छिपा लिया। अगले दिन भी सबेरे शकलदीप बाबू ने घरवालों को सूचना दी कि उन्होंने आज भी हू-ब-हू वैसा ही सपना देखा है।

जमुना ने अपनी नाक की ओर देखते हुए कहा, "सबेरे का सपना तो हमेशा ही सच्चा होता है जब बहू को लड़का होने वाला था, मैंने सबेरे-सबेरे सपना देखा कि कोई सरग की देवी हाथ में बालक लिए आसमान से आँगन में उतर रही है। बस, मैंने समझ लिया कि लड़का ही है। लड़का ही निकला।"

शकलदीप बाबू ने जोश में आकर कहा, "और मान लो कि झूठ है, तो यह सपना एक दिन दिखाई पड़ता, दूसरे दिन भी हू-ब-हू वही सपना क्यों दिखाई देता, फिर वह भी ब्रह्ममुहूर्त में ही!"

"बहू ने भी ऐसा ही सपना आज सबेरे देखा है!"

"डिप्टाइन ने भी?" शकलदीप बाबू ने मुस्की काटते हुए कहा।

"हाँ, डिप्टाइन ने ही। ठीक सबेरे उन्होंने देखा कि एक बँगले में हम लोग रह रहे हैं और हमारे दरवाजे पर मोटर खड़ी है।" जमुना ने उत्तर दिया।

शकलदीप बाबू खोये-खोये मुस्कराते रहे। फिर बोले, "अच्छी बात है, अच्छी बात है।"

एक दिन रात को लगभग एक बजे शकलदीप बाबू ने उठकर पत्नी को जगाया और उसको अलग ले जाते हुए बेशर्म महाब्राह्मण की भाँति हँसते हुए प्रश्न किया, "कहो भाई, कुछ खाने को होगा? बहुत देर से नींद ही नहीं लग रही है, पेट कुछ माँग रहा है। पहले मैंने सोचा, जाने भी दो, यह कोई खाने का समय है, पर इससे काम बनते न दिखा, तो तुमको जगाया। शाम को खाया था, सब पच गया।"

जमुना अचम्भे के साथ आँखें फाड़-फाड़कर अपने पति को देख रही थी। दाम्पत्य-जीवन के इतने दीर्घकाल में कभी भी, यहाँ तक कि शादी के प्रारम्भिक दिनों में भी, शकलदीप बाबू ने रात में उसको जगाकर कुछ खाने को नहीं माँगा था। वह झुँझला पड़ी और उसने असन्तोष व्यक्त किया, "ऐसा पेट तो कभी भी नहीं था। मालूम नहीं, इस समय रसोई में कुछ है या नहीं।"

शकलदीप बाबू झेंपकर मुस्कराने लगे।

एक-दो क्षण बाद जमुना ने आँखें मलकर पूछा, "बबुआ के मेवे में से थोड़ा दूँ क्या?"

शकलदीप बाबू झट-से बोले, "अरे, राम-राम! मेवा तो तुम जानती हो, मुझे बिलकुल पसन्द नहीं। जाओ, तुम सोओ, भूख-वूख थोड़े है, मजाक किया था।"

यह कहकर वह धीरे-से अपने कमरे में चले गये। लेकिन वह लेटे ही थे कि जमुना कमरे में एक छिपुली में एक रोटी और गुड़ लेकर आयी। शकलदीप बाबू हँसते हुए उठ बैठे।

शकलदीप बाबू पूजा-पाठ करते, कचहरी जाते, दुनिया-भर के लोगों से दुनिया-भर की बातचीत करते, इधर-उधर मटरगश्ती करते और जब खाली रहते, तो कुछ-न-कुछ खाने को माँग बैठते। वह चटोर हो गये और उनको जब देखो, भूख लग जाती। इस तरह कभी रोटी-गुड़ खा लेते, कभी आलू भुनवाकर चख लेते और कभी हाथ पर चीनी लेकर फाँक जाते। भोजन में भी वह परिवर्तन चाहने लगे। कभी खिचड़ी की फरमाइश कर देते, कभी सत्तू-प्याज की, कभी सिर्फ रोटी-दाल की, कभी मकुनी की और कभी सिर्फ दाल-भात की ही। उनका समय कटता ही न था और वह समय काटना चाहते थे।

इस बदपरहेजी तथा मानसिक तनाव का नतीजा यह निकला कि वह बीमार पड़ गये। उनको बुखार तथा दस्त आने लगे।

उनकी बीमारी से घर के लोगों को बड़ी चिन्ता हुई। जमुना ने रुआँसी आवाज में कहा, "बार-बार कहती थी कि इतनी मेहनत न कीजिए, पर सुनता ही कौन है? अब भोगना पड़ा न!"

पर शकलदीप बाबू पर इसका कोई असर न हुआ। उन्होंने बात उड़ा दी "अरे, मैं तो कचहरी जाने वाला था, पर यह सोचकर रुक गया कि अब मुख्तारी तो छोड़नी ही है, थोड़ा आराम कर लें।"

"मुख्तारी जब छोड़नी होगी, होगी, इस समय तो दोनों जून की रोटी-दाल का इन्तजाम करना है।" जमुना ने चिन्ता प्रकट की।

"अरे, तुम कैसी बात करती हो? बीमारी-हैरानी तो सबको होती है, मैं मिट्टी का ढेला तो हूँ नहीं कि गल जाऊँगा। बस, एक-आध दिन की बात है। अगर बीमारी सख्त होती, तो मैं इस तरह टनक-टनककर बोलता?" शकलदीप बाबू ने समझाया और अन्त में उनके होंठों पर एक क्षीण मुस्कराहट खेल गयी।

वह दिन-भर बेचैन रहे। कभी लेटते, कभी उठ बैठते और कभी बाहर निकलकर टहलने लगते। लेकिन दुर्बल इतने हो गये थे कि पाँच-दस कदम चलते ही थक जाते और फिर कमरे में आकर लेटे रहते।

करते-करते शाम हुई और जब शकलदीप बाबू को यह बताया गया कि कैलाशबिहारी मुख्तार उनका समाचार लेने आये हैं, तो वह उठ बैठे और झटपट चादर ओढ़, हाथ में छड़ी ले पत्नी के लाख मना करने पर भी बाहर निकल आये। दस्त तो बन्द हो गया था, पर बुखार अभी था और इतने ही समय में वह चिड़चिड़े हो गये थे।

कैलाशबिहारी ने उनको देखते ही चिन्तातुर स्वर में कहा, "अरे, तुम कहाँ बाहर आ गये, मुझे ही भीतर बुला लेते।"

शकलदीप बाबू चारपाई पर बैठ गये और क्षीण हँसी हँसते हुए बोले, "अरे, मुझे कुछ हुआ थोड़े है। सोचा, आराम करने की ही आदत डालूँ।" यह कहकर वह अर्थपूर्ण दृष्टि से अपने मित्र को देखकर मुस्कराने लगे।

सब हाल-चाल पूछने के बाद कैलाशबिहारी ने प्रश्न किया, "नारायण बाबू कहीं दिखाई नहीं दे रहे, कहीं घूमने गये हैं क्या?"

शकलदीप बाबू ने बनावटी उदासीनता प्रकट करते हुए कहा, "हाँ, गये होंगे कहीं, लड़के उनको छोड़ते भी तो नहीं, कोई-न-कोई आकर लिवा जाता है।"

कैलाशबिहारी ने सराहना की, "खूब हुआ, साहब! मैं भी जब इस लड़के को देखता था, दिल में सोचता था कि यह आगे चलकर कुछ-न-कुछ जरूर होगा। वह तो, साहब, देखने से ही पता लग जाता है। चाल में और बोलने-चालने के तरीके में कुछ ऐसा है कि... चलिए, हम सब इस माने में बहुत भाग्यशाली हैं।"

शकलदीप बाबू इधर-उधर देखने के बाद सिर को आगे बढ़ा कर सलाह-मशविरे की आवाज में बोले, "अरे भाईसाहब, कहाँ तक बताऊँ अपने मुँह से क्या डिप्टी-कलक्टरी कहना, पर ऐसा सीधा-सादा लड़का तो मैंने देखा नहीं, पढ़ने-लिखने का तो इतना शौक कि चौबीसों घण्टे पढ़ता रहे। मुँह खोलकर किसी से कोई भी चीज माँगता नहीं।"

कैलाशबिहारी ने भी अपने लड़के की तारीफ में कुछ बातें पेश कर दीं, "लड़के तो मेरे भी सीधे हैं, पर मँझला लड़का शिवनाथ जितना गऊ है, उतना कोई नहीं। ठीक नारायण बाबू ही की तरह है!"

"नारायण तो उस जमाने का कोई ऋषि-मुनि मालूम पड़ता है," शकलदीप बाबू ने गम्भीरतापूर्वक कहा, "बस, उसकी एक ही आदत है। मैं उसकी माँ को मेवा दे देता हूँ और नारायण रात में अपनी माँ को जगाकर खाता है। भली-बुरी उसकी बस एक यही आदत है। अरे भैया, तुमसे बताता हूँ, लड़कपन में हमने इसका नाम पन्नालाल रखा था, पर एक दिन एक महात्मा घूमते हुए हमारे घर आये। उन्होंने नारायण का हाथ देखा और बोले, इसका नाम पन्नालाल-सन्नालाल रखने की जरूरत नहीं, बस आज से इसे नारायण कहा करो, इसके कर्म में राजा होना लिखा है। पहले जमाने की बात दूसरी थी, लेकिन आजकल राजा का अर्थ क्या है? डिप्टी-कलक्टर तो एक अर्थ में राजा ही हुआ!" अन्त में आँखें मटकाकर उन्होंने मुस्कराने की कोशिश की, पर हाँफने लगे।

दोनों मित्र बहुत देर तक बातचीत करते रहे, और अधिकांश समय वे अपने-अपने लड़कों का गुणगान करते रहे।

घर के लोगों को शकलदीप बाबू की बीमारी की चिन्ता थी। बुखार के साथ दस्त भी था, इसलिए वह बहुत कमजोर हो गये थे, लेकिन वह बात को यह कहकर उड़ा देते, "अरे, कुछ नहीं, एक-दो दिन में मैं अच्छा हो जाऊँगा।" और एक वैद्य की कोई मामूली, सस्ती दवा खाकर दो दिन बाद वह अच्छे भी हो गये, लेकिन उनकी दुर्बलता पूर्ववत थी।

जिस दिन डिप्टी-कलक्टरी का नतीजा निकला, रविवार का दिन था। शकलदीप बाबू सबेरे रामायण का पाठ तथा नाश्ता करने के बाद मन्दिर चले गये। छुट्टी के दिनों में वह मन्दिर पहले ही चले जाते और वहाँ दो-तीन घण्टे, और कभी-कभी तो चार-चार घण्टे रह जाते। वह आठ बजे मन्दिर पहुँच गये। जिस गाड़ी से नतीजा आने वाला था, वह दस बजे आती थी।

शकलदीप बाबू पहले तो बहुत देर तक मन्दिर की सीढ़ी पर बैठकर सुस्ताते रहे, वहाँ से उठकर ऊपर आये, तो नन्दलाल पाण्डे ने, जो चन्दन रगड़ रहा था, नारायण के परीक्षाफल के सम्बन्ध में पूछताछ की। शकलदीप वहाँ पर खड़े होकर असाधारण विस्तार के साथ सब कुछ बताने लगे। वहाँ से जब उनको छुट्टी मिली, तो धूप काफी चढ़ गयी थी। उन्होंने भीतर जाकर भगवान शिव के पिण्ड के समक्ष अपना माथा टेक दिया। काफी देर तक वह उसी तरह पड़े रहे। फिर उठकर उन्होंने चारों ओर घूम-घूमकर मन्दिर के घण्टे बजाकर मन्त्रोच्चारण किये और गाल बजाये। अन्त में भगवान के समक्ष पुनः दण्डवत कर बाहर निकले ही थे कि जंगबहादुर सिंह मास्टर ने शिवदर्शनार्थ मन्दिर में प्रवेश किया और उन्होंने

शकलदीप बाबू को देखकर आश्चर्य प्रकट किया, "अरे, मुख़्तार साहब! घर नहीं गये? डिप्टी-कलक्टरी का नतीजा तो निकल आया।"

शकलदीप बाबू का हृदय धक-से कर गया। उनके होंठ काँपने लगे और उन्होंने कठिनता से मुस्कराकर पूछा, "अच्छा, कब आया?"

जंगबहादुर सिंह ने बताया, "अरे, दस बजे की गाड़ी से आया। नारायण बाबू का नाम तो अवश्य है, लेकिन....." वह कुछ आगे न बोल सके।

शकलदीप बाबू का हृदय जोरों से धक-धक कर रहा था। उन्होंने अपने सूखे होंठों को जीभ से तर करते हुए अत्यन्त ही धीमी आवाज में पूछा, "क्या कोई खास बात है?"

"कोई खास बात नहीं है। अरे, उनका नाम तो है ही, यह है कि ज़रा नीचे है दस लड़के लिये जायेंगे लेकिन मेरा ख़याल है कि उनका नाम सोलहवाँ-सत्रहवाँ पड़ेगा। लेकिन कोई चिन्ता की बात नहीं, कुछ लड़के तो कलक्टरी में चले जाते हैं कुछ मेडिकल में ही नहीं आते, और इस तरह पूरी-पूरी उम्मीद है कि नारायण बाबू ले ही लिए जायेंगे।"

शकलदीप बाबू का चेहरा फक पड़ गया। उनके पैरों में जोर नहीं था और मालूम पड़ता था कि वह गिर जायेंगे। जंगबहादुर सिंह तो मन्दिर में चले गये। लेकिन वह कुछ देर तक वहीं सिर झुकाकर इस तरह खड़े रहे, जैसे कोई भूली बात याद कर रहे हों। फिर वह चौंक पड़े और अचानक उन्होंने तेजी से चलना शुरू कर दिया। उनके मुँह से धीमे स्वर में तेजी से शिव-शिव निकल रहा था। आठ-दस गज आगे बढ़ने पर उन्होंने चाल और तेज कर दी, पर शीघ्र ही बेहद थक गये और एक नीम के पेड़ के नीचे खड़े होकर हाँफने लगे।

चार-पाँच मिनट सुस्ताने के बाद उन्होंने फिर चलना शुरू कर दिया। वह छड़ी को उठाते-गिराते, छाती पर सिर गाड़े तथा शिव-शिव का जाप करते, हवा के हलके झोंके से धीरे-धीरे टेढ़े-तिरछे उड़ने वाले सूखे पत्ते की भाँति डगमग-डगमग चले जा रहे थे। कुछ लोगों ने उनको नमस्ते किया, तो उन्होंने देखा नहीं, और कुछ लोगों ने उनको देखकर मुस्कराकर आपस में आलोचना-प्रत्यालोचना शुरू कर दी, तब भी उन्होंने कुछ नहीं देखा। लोगों ने सन्तोष से, सहानुभूति से तथा अफसोस से देखा, पर उन्होंने कुछ भी ध्यान नहीं दिया। उनको बस एक ही धुन थी कि वह किसी तरह घर पहुँच जायें।

घर पहुँचकर वह अपने कमरे में चारपाई पर धम-से बैठ गये। उनके मुँह से केवल इतना ही निकला, "नारायण की अम्माँ!"

सारे घर में मुर्दनी छायी हुई थी। छोटे-से आँगन में गन्दा पानी, मिट्टी, बाहर से उड़कर आये हुए सूखे पत्ते तथा गन्दे कागज पड़े थे, और नाबदान से दुर्गन्ध आ रही थी। ओसारे में पड़ी पुरानी बँसखट पर बहुत-से गन्दे कपड़े पड़े थे और रसोईघर से उस वक्त भी धुआँ उठ-उठकर सारे घर की साँस को घोंट रहा था। कहीं कोई खटर-पटर नहीं हो रही थी और मालूम होता था कि घर में कोई है ही नहीं।

शीघ्र ही जमुना न मालूम किधर से निकलकर कमरे में आयी और पति को देखते ही उसने घबराकर पूछा, "तबीयत तो ठीक है?"

शकलदीप बाबू ने झुंझलाकर उत्तर दिया, "मुझे क्या हुआ है, जी? पहले यह बताओ, नारायण जी कहाँ हैं?"

जमुना ने बाहर के कमरे की ओर संकेत करते हुए बताया, "उसी में पड़े हैं, न कुछ बोलते हैं और न कुछ सुनते हैं। मैं पास गयी, तो गुमसुम बने रहे। मैं तो डर गयी हूँ।"

शकलदीप बाबू ने मुस्कराते हुए आश्वासन दिया, "अरे कुछ नहीं, सब कल्याण होगा, चिन्ता की कोई बात नहीं। पहले यह तो बताओ, बबुआ को तुमने कभी यह तो नहीं बताया था कि उनकी फीस तथा खाने-पीने के लिए मैंने 600 रुपये कर्ज लिये हैं। मैंने तुमको मना कर दिया था कि ऐसा किसी भी सूरत में न करना।"

जमुना ने कहा, "मैं ऐसी बेवकूफ थोड़े हूँ। लड़के ने एक-दो बार खोद-खोदकर पूछा था कि इतने रुपये कहाँ से आते हैं? एक बार तो उसने यहाँ तक कहा था कि यह फल-मेवा और दूध बन्द कर दो, बाबूजी बेकार में इतनी फिजूलखर्ची कर रहे हैं। पर मैंने कह दिया कि तुमको फिक्र करने की जरूरत नहीं, तुम बिना किसी चिन्ता के मेहनत करो, बाबूजी को इधर बहुत मुकदमे मिल रहे हैं।"

शकलदीप बाबू बच्चे की तरह खुश होते हुए बोले, "बहुत अच्छा। कोई चिन्ता की बात नहीं। भगवान सब कल्याण करेंगे। बबुआ कमरे ही में हैं न?"

जमुना ने स्वीकृति से सिर हिला दिया।

शकलदीप बाबू मुस्कराते हुए उठे। उनका चेहरा पतला पड़ गया था, आँखें धँस गयी थीं और मुख पर मूँछें झाड़ू की भाँति फरक रही थीं। वह जमुना से यह कहकर कि "तुम अपना काम देखो, मैं अभी आया", कदम को दबाते हुए बाहर के कमरे की ओर बढ़े। उनके पैर काँप रहे थे और उनका सारा शरीर काँप रहा था, उनकी साँस गले में अटक-अटक जा रही थी।

उन्होंने पहले ओसारे ही में से सिर बढ़ाकर कमरे में झाँका। बाहर वाला दरवाजा और खिड़कियाँ बन्द थीं, परिणामस्वरूप कमरे में अँधेरा था। पहले तो

कुछ न दिखाई पड़ा और उनका हृदय धक-धक करने लगा। लेकिन उन्होंने थोड़ा और आगे बढ़कर गौर से देखा, तो चारपाई पर कोई व्यक्ति छाती पर दोनों हाथ बाँधे चित पड़ा था। वह नारायण ही था।

वह धीरे-से चोर की भाँति पैरों को दबाकर कमरे के अन्दर दाखिल हुए। उनके चेहरे पर अस्वाभाविक विश्वास की मुस्कराहट थिरक रही थी। वह मेज के पास पहुँचकर चुपचाप खड़े हो गये और अँधेरे ही में किताब उलटने-पुलटने लगे। लगभग डेढ़-दो मिनट तक वहीं उसी तरह खड़े रहने पर वह सराहनीय फुर्ती से घूमकर नीचे बैठ गये और खिसककर चारपाई के पास चले गये और चारपाई के नीचे झाँक-झाँककर देखने लगे, जैसे कोई चीज खोज रहे हों। तत्पश्चात पास में रखी नारायण की चप्पल को उठा लिया और एक-दो क्षण उसको उलटने-पुलटने के पश्चात उसको धीरे-से वहीं रख दिया। अन्त में वह साँस रोककर धीरे-धीरे इस तरह उठने लगे, जैसे कोई चीज खोजने आये थे, लेकिन उसमें असफल होकर चुपचाप वापस लौट रहे हों। खड़े होते समय वह अपना सिर नारायण के मुख के निकट ले गये और उन्होंने नारायण को आँखें फाड़-फाड़कर गौर से देखा। उसकी आँखें बन्द थीं और वह चुपचाप पड़ा हुआ था, लेकिन किसी प्रकार की आहट, किसी प्रकार का शब्द नहीं सुनाई दे रहा था। शकलदीप बाबू एकदम डर गये और उन्होंने काँपते हृदय से अपना बायाँ कान नारायण के मुख के बिल्कुल नजदीक कर दिया। और उस समय उनकी खुशी का ठिकाना न रहा, जब उन्होंने अपने लड़के की साँस को नियमित रूप से चलते पाया।

वह चुपचाप जिस तरह आये थे, उसी तरह बाहर निकल गये। पता नहीं कब से, जमुना दरवाजे पर खड़ी चिन्ता के साथ भीतर झाँक रही थी।

उसने पति का मुँह देखा और घबराकर पूछा, "क्या बात है? आप ऐसा क्यों कर रहे हैं? मुझे बड़ा डर लग रहा है।"

शकलदीप बाबू ने इशारे से उसको बोलने से मना किया और फिर उसको संकेत से बुलाते हुए अपने कमरे में चले गये।

जमुना ने कमरे में पहुँचकर पति को चिन्तित एवं उत्सुक दृष्टि से देखा।

शकलदीप बाबू ने गद्‌गद स्वर में कहा, "बबुआ सो रहे हैं।"

वह आगे कुछ न बोल सके उनकी आँखें भर आयी थीं। वह दूसरी ओर देखने लगे।

मोहन राकेश

प्रसिद्ध नाटककार और कथाकार मोहन राकेश का जन्म अमृतसर (पंजाब) में सन् 1925 ई. में हुआ था। 1947 ई. में विभाजन के बाद वे जालन्धर आकर बसे। कुछ वर्ष वे अध्यापक रहे और फिर पत्रकार। सन् 1962-63 ई. में वे 'सारिका' के सम्पादक रहे। इसके बाद वे स्वतन्त्र लेखन द्वारा हिन्दी उपन्यास, कहानी, नाटक और निबन्ध साहित्य के विकास में अपना महत्त्वपूर्ण योगदान देते रहे। नाटक और कहानी के क्षेत्र में मोहन राकेश का योगदान इतिहास में वर्णित है। उनके यात्रा वर्णन 'आखिरी चट्टान तक' में संकलित हैं। 'अँधेरे बन्द कमरे', 'न आने वाला कल' उनके प्रसिद्ध उपन्यास हैं। 'आधे-अधूरे', 'लहरों के राजहंस' तथा 'आषाढ़ का एक दिन' मोहन राकेश के प्रसिद्ध नाटक हैं। उन्हें लेखन के क्षेत्र में उच्च आसन पर प्रतिष्ठित करने का प्रथम श्रेय उनके नाटकों को दिया जाता है। उनकी रचनाओं में आधुनिकतम चुनौतियों से पैदा होने वाले अन्तर्द्वन्द्वों और यन्त्रणाओं की सूक्ष्म अभिव्यक्ति हुई है। इनका कला साहित्य जीवन की निचली से निचली परत तक उघाड़ने में समर्थ है। कथ्य और शिल्प, दोनों भूमिकाओं पर इनकी शैली कलागत ऊँचाइयों का आभास कराती है। उनका साहित्य बीसवीं सदी के उत्तरार्द्ध के जीवन और साहित्य का प्रामाणिक दस्तावेज है। मोहन राकेश जी के शब्दों में दोहरायें तो—"लेखक का वास्तविक कमिटमेंट किसी विशेष विचारधारा से न होकर, अपने समय से और समय जीवन से होता है।"

मोहन राकेश के लिए साहित्य कोई अजूबा या चमत्कार नहीं है, न साहित्यकार कोई मसीहा है। वह अनुभव और यथार्थ की जटिल प्रक्रिया है। मोहन राकेश की सम्पूर्ण सृजन के प्रति अटूट आस्था, मानव जीवन के अधूरेपन की पीड़ा के कारण उसकी पूर्णता को पाने की छटपटाहट और एक स्वीकार-अस्वीकार का निरन्तर चलने वाला द्वन्द्व है।

इनका निधन सन् 1972 ई. में हुआ।

सारांश : आर्द्रा

'नयी कहानी' के आन्दोलन के नायक के रूप में जिसे हिन्दी साहित्य जानता है, उनका नाम मोहन राकेश है। मोहन राकेश बहुमुखी प्रतिभा के धनी कलाकर हैं। कहानी, उपन्यास आदि विद्या के साथ-साथ एक लोकप्रिय नाटककार के रूप में भी वे विख्यात हैं। मोहन राकेश का जन्म 8 जनवरी, 1925 को पंजाब राज्य के अमृतसर में हुआ। उनके पिता पेशे से वकील थे और साथ ही साहित्य और संगीत के भी प्रेमी थे। पिता की साहित्यिक रूचि का प्रभाव मोहन राकेश पर दिखाई देता हैं।

दिल्ली, जालन्धर, शिमला और मुम्बई जैसे महानगरों में अध्यापन कार्य करते-करते उन्होंने 'सारिका' नामक पत्रिका का सम्पादन लगभग एक वर्ष तक किया। बाद में उसे छोड़कर जीवन के अन्त तक जीविकोपार्जन का माध्यम स्वतन्त्र लेखन ही रहा। हिन्दी के बहुमुखी प्रतिभा सम्पन्न नाटक लेखक और उपन्यासकार के रूप में उनको जाना जाता है। समाज की संवेदनशील अनुभूतियों को नाटक तथा कहानी के विषय-वस्तु के रूप में चुना है।

'आर्द्रा' मोहन राकेश द्वारा रचित अत्यन्त लोकप्रिय कहानी है। महानगरी मुम्बई के सान्ताक्रुज हवाई अड्डे से कुल आधा मील फासले पर जो गन्दी बस्ती है, उसका यथार्थ जीवन्त चित्रण मोहन राकेश जी ने किया है। बढ़ती जनसंख्या और आर्थिक विषमता से जूझता मनुष्य हालात के सामने बेबस होकर गन्दी बस्तियों में गुजर-बसर करने पर मजबूर है। कहानी की मुख्य पात्र 'बचन' है, जो दो बेटों की माँ है। उसका बड़ा बेटा लाली जो पढ़-लिखकर वकालत करता है और सुकून से अपनी जिन्दगी जीता है, तो दूसरा छोटा बेटा बिन्नी पढ़-लिखकर भी बेरोजगार है। बिन्नी काफी सुलझे विचारों का नवयुवक है किन्तु व्यवस्था के समक्ष विवश है। सिफारिश से अभाव में उसे कहीं भी अच्छी नौकरी नहीं मिलती। लेकिन बिन्नी और उसके दोस्त मजदूरों के अधिकारों के प्रति सजग हैं। उन्हें न्याय दिलाने के लिए हमेशा विचार-विमर्श करते हैं। परिणाम स्वरूप बिन्नी को घर आने में रोज देर होती रहती है, तब माँ बचन यह सोचती है कि बिन्नी सबके बारे में सोचता है लेकिन खुद को छोड़कर।

कहानी के माध्यम से लेखक ने माँ की बेटे के प्रति ममता, प्रेम, त्याग तथा दायित्व का चित्रण किया है। बिन्नी अपना अच्छा खयाल नहीं रखता देर रात तक बाहर रहता। खाने-पीने का होश नहीं रहता। बचन को हमेशा उसकी चिन्ता लगी रहती है। बचन का दूसरा बेटा लाली है जो दूसरे शहर में अपने बीबी-बच्चों के साथ रहता है। वह कचहरी में वकालत करता है।

एक दिन बचन के पास बेटा लाली का पत्र आता है, वह बिन्नी से पत्र पढ़वाती है। पत्र में लाली अपनी माँ को अपने पास बुलाता है क्योंकि उसकी तबीयत अक्सर खराब रहती है और दिवाली का त्यौहार नजदीक आ रहा है। बच्चे भी दादी को याद कर रहे हैं। अतः बचन बिन्नी को अकेला छोड़कर लाली के पास आ जाती है।

दो बेटों के बीच बँटी माँ की ममता का सूक्ष्म चित्रण लेखक ने बहुत ही कारुणिक ढंग से किया है। बेटे लाली, बहू कुसुम और पोते-पोतियों के पास रहने के बावजूद बचन को बिन्नी की चिन्ता सताती है। लाली और कुसुम अपनी भाग-दौड़ भरी जीवन में व्यस्त हैं। महानगरीय रिश्ते-नाते में बनावटीपन, दिखावा बचन को खलता है। लाली माँ बचन की फिक्र जरूर करता है लेकिन जो स्नेह, ममता बिन्नी और माँ बचन में है, वह लाली और बचन में दिखाई नहीं देता। जिस बेटे के पास अभाव है, उस बेटे के प्रति अक्सर माँ-बाप अधिक चिन्तित दिखाई देते है। बचन को भी हमेशा बिन्नी की चिन्ता लगी रहती है।

लाली के घर का सारा काम नौकरानी करती है। बचन दिनभर खाली बैठी रहती है। आधुनिक यान्त्रिक और अपभोक्ता वादी संस्कृति के दौर में रिश्तों में वह उष्मा, स्नेह, ममता, अपनापन नहीं रहा जो पुराने जमाने में हुआ करता था। आज भीड़ में रहकर भी मनुष्य तनहाई में जीवन यापन करने में अभिशाप्त हैं, जो आज के इस युग की सबसे बड़ी त्रासदी है। अतः लाली के पास सभी प्रकार की सुख-सुविधा होने के बावजूद बचन अभागग्रस्त बेटे के पास वापस जाना चाहती हैं।

अतः मुम्बई की जिस बस्ती में बचन का जी घुट जाता है वही जाने की बात वह लाली से करती है क्योंकि उसे बिन्नी की चिन्ता लगी रहती है। सच में माँ ही त्याग, सेवा, समर्पण, दायित्व, ममता की मूरत होती है। उक्त कहानी के माध्यम से लेखक ने दो बेटों के बीच बँटी माँ की ममता एवं दायित्व को बड़ी सशक्तता के साथ दर्शाया गया है।

आर्द्रा

मोहन राकेश

बचन को थोड़ी ऊँघ आ गयी थी, पर खटका सुनकर वह चौंक गयी। इरावती ड्योढ़ी का दरवाजा खोल रही थी। चपरासी गणेशन आ गया था। इसका मतलब था कि छः बज चुके होंगे। बचन के शरीर में ऊब और झुँझलाहट की झुरझुरी भर गयी। बिन्नी न रात को घर आया था, न सुबह से अब तक उसने दर्शन दिये थे। इस लड़के की वजह से ही वह परदेस में पड़ी हुई थी, जहाँ न कोई उसकी जबान समझता था, न वह किसी की जबान समझती थी। एक इरावती थी, जिससे वह टूटी-फूटी हिन्दी बोल लेती थी, हालाँकि उसकी पंजाबी हिन्दी और इरावती की कोंकणी हिन्दी में जमीन-आसमान का अन्तर था। जब इरावती भी उसके सीधे-सादे शब्दों में कही हुई साधारण-सी बात को न समझ पाती, तो वह बुरी तरह अपनी विवशता के खेद से दब जाती थी और इस लड़के को रत्ती भर चिन्ता नहीं थी कि माँ किस मुश्किल से दिन काटती है और किस बेसब्री से मेरा इन्तजार करती है। आये तो घर आ गये। नहीं तो जहाँ हुआ पड़ रहे।

एक मादा सूअर अपने छः बच्चों के साथ, जो अभी नौ-नौ इंच से ऊँचे नहीं हुए थे, कुएँ की तरफ आ रही थी। तूत के बुड्ढे पेड़ के पास पहुँचकर उसने हुँफ-हुँफ करते हुए दो-तीन बार नाली को सूँघा और फिर पेड़ के नीचे कीचड़ में लोटने लगी। उसके नन्हे आत्मज उसके उठने की राह देखते हुए वहीं आसपास मँडराने लगे।

दिन भर गली में यही सिलसिला चलता था। आसपास सभी घरों ने सूअर पाल रखे थे। बस्ती में लोगों के दो ही धन्धे थे—सूअर पालना और नाजायज शराब निकालना। यह दोनों चीजें उनके दैनिक आहार में सम्मिलित थीं। बस्ती सैंताक्रूज के हवाई अड्डे से केवल आधा मील के फासले पर थी, पर पुलिस की

आँख वहाँ नहीं पहुँचती थी। मोनिका का बाप जेकब गली में ही भट्ठी चलाता था। वह गली का सबसे बड़ा पियक्कड़ माना जाता था और अक्सर पीकर गली में गाता हुआ चक्कर लगाया करता था, "ओ दैट आई हैड विंग्ज ऑफ एंजल्स, हियर टु स्प्रेड ऐंड हैवनवर्ड फ्लाऽऽइ..."

उस समय वह रोज की तरह कुएँ के मोड़ के पास लड़खड़ाता आ रहा था। उसके शब्द बचन की समझ के बाहर थे, परन्तु उसका स्वर उसके हृदय में दहशत पैदा करने के लिए काफी था, "ओ दैट आई हैड विंग्ज ऑफ़ एंजल्स, हियर टु स्प्रेड ऐंड हैवनवर्ड फ्लाऽऽइ! आइ वुड सीक द गेट्स ऑफ सायन बियांड द स्टाऽरी स्काऽऽइ! होई-हो! हो-हो होऽऽ! ओ दैट आई हैड विंग्ज ऑफ एंजल्स..."

उसका चौड़ा-चौकोर चेहरा वैसे ही भयानक था, अपने ढीले-ढाले काले सूट में वह और भयानक दिखाई देता था। चेचक के दागों और झुर्रियों से भरा उसका चेहरा दीमक खायी लकड़ी की याद दिलाता था। दूर से ही उस आदमी की आवाज सुनकर बचन का दिल धड़कने लगता था और वह अपना दरवाजा बन्द कर लेती थी। उसने कितनी ही बार बिन्नी से कहा था कि उस बस्ती से मकान बदल ले, पर वह हर बार यह कहकर टाल देता कि बम्बई की और किसी बस्ती में बीस रुपए महीने में उतना अच्छा मकान नहीं मिल सकता। बचन डर के मारे बिन्नी के आने तक लालटेन की लौ भी ज्यादा ऊँची नहीं करती थी। अँधेरा बहुत बोझिल प्रतीत होता था, पर वह मन मारे बैठी रहती थी।

लालटेन की चिमनी नीचे से आधी काली हो रही थी। बचन को उसे साफ करने का उत्साह नहीं हुआ। अँधेरा होने लगा तो उसने जैसे कर्तव्य पूरा करने के लिए उसे जला दिया और अज्ञात देवता के आगे हाथ जोड़ने की प्रक्रिया पूरी करके घुटनों पर बाँहें रखकर बैठ रही। सामने मोढ़े के नीचे लाली का कार्ड रखा था। वह उन अक्षरों की बनावट जानती थी, पर हजार आँखें गड़ाकर भी उनका अर्थ नहीं जान सकती थी। बिन्नी के सिवा हिन्दी की चिट्ठी पढ़ने वाला कोई न था। बिन्नी से चिट्ठी पढ़वाकर भी उसे सुख नहीं मिलता था। वह लाली की चिट्ठी इस तरह पढ़कर सुनाता था, जैसे वह उसके बड़े भाई की चिट्ठी न होकर गली के किसी गैर आदमी के नाम आयी किसी नावाकिफ आदमी की चिट्ठी हो। दो मिनट में वह पहली सतर से लेकर आखिरी सतर तक सारी चिट्ठी बाँच देता था और फिर उसे कोने में फेंककर अपनी इधर-उधर की हाँकने लगता था। हर बार उससे चिट्ठी सुनकर वह कुढ़ जाती थी, पर बिन्नी उसे नाराज देखता तो तरह-तरह की बातें बनाकर उसे खुश कर लिया करता था।

उसे खुश होते देर नहीं लगती थी। बिन्नी इतना बड़ा होकर भी जब तब उससे बच्चों की तरह लाड़ करने लगता था। कभी उसकी गोद में सिर रखकर लेट जाता और कभी उसके घुटनों से गाल सहलाने लगता। ऐसे क्षणों में उसका हृदय पिघल जाता और वह उसके बालों पर हाथ फेरती हुई उसे छाती से लगा लेती।

"माँ, तेरा छोटा लड़का कपूत है न।" बिन्नी कहता।

"हा-हा" वह हटकने के स्वर में कहती, "तू कपूत है? तू मेरे चन्ना...?" और वह उसका माथा चूम लेती।

लेकिन अक्सर वह बहुत तंग पड़ जाती थी। अनेक रातें ऐसी गुजरती थीं जब वह घर आता ही नहीं था। अँधेरे घर की छत उसे दबाने को आती थी और वह सारी रात करवटें बदलती रहती थी। जरा आँख झपकने पर बुरे-बुरे सपने दिखाई देने लगते थे। इसलिए कई बार वह प्रयत्न करके आँखें खुली रखती थी।

और वह आता था तो अपने में ही उलझा हुआ व्यस्त-सा। वह समझ नहीं पाती थी कि उसे किस चीज की व्यस्तता रहती है। जहाँ तक कमाने का सवाल था, वह महीने में कठिनता से साठ-सत्तर रुपये घर लाता था। कभी दस रुपये अधिक ले आता, तो साथ ही अपनी पचास माँगें उसके सामने रख देता—"इस बार माँ, दो कमीज़ें सिल जायें और एक बढ़िया-सा जूता आ जाये।" उसकी बातों से बचन के होंठों पर रूखी-सी मुस्कराहट आ जाती थी। दस रुपये में उसे घर-भर का सामान चाहिए? और जब वह साठ से भी कम रुपये लाता, तो महीने भर की बड़ी आसान योजना उसके सामने प्रस्तुत कर देता—"दूध-सब्जी का नागा, दाल, प्याज, खुश्क फुलके और बस।"

वह जानती थी कि ये रुपये भी वह ट्यूशन-ऊशन करके ले आता है, वरना सही में वह बेकार है। उसके दिल में बड़े-बड़े मंसूबे अवश्य थे और उनका बखान करते समय वह छोटा-मोटा भाषण दे डालता था; परन्तु उन मंसूबों को पूरा करने के लिए जिस दुनिया की जरूरत थी, वह दुनिया अभी बननी रहती थी और वह जोश से उँगलियाँ नचा-नचाकर कहा करता था कि, "माँ, वह दुनिया बन जायेगी तो तुझे पता चलेगा कि तेरा नालायक बेटा कितना लायक है।"

"चुप रह खसमखाना।" वह प्रशंसा की दृष्टि से उसे देखती हुई कहती, "बड़ा लायक एक तू ही है।"

"माँ, मेरी लियाकत मेरे पेट में बन्द है।" वह हँसता—"जिस तरह हिरन के पेट में कस्तूरी बन्द होती है न, उसी तरह। जिस दिन वह खुलकर सामने आयेगी उस दिन तू अचम्भे से देखती रह जायेगी।"

उसे उसकी बातें सुनकर गर्व होता था। पर कई बार वह बहुत गुम-सुम और बन्द-बन्द सा रहता था, तो उसे उलझन होने लगती थी।

उसके साथ अजीब-अजीब दोस्त घर आया करते थे। उन लोगों का शायद कोई ठौर-ठिकाना नहीं था, क्योंकि वे आते तो दो-दो दिन वहीं पड़े रहते थे और खाने-पीने में निहायत बेतकल्लुफी से काम लेते थे। चूल्हे से उतरती हुई रोटी के लिए जब वे आपस में छीना-झपटी करने लगते, तो उसे आन्तरिक प्रसन्नता का अनुभव होता था। परन्तु प्रायः उसकी दाल की पतीली खाली हो जाती थी और यह देखकर उन लोगों की खाने की कामना अभी बनी हुई है, उसे घर का अभाव अपना अपराध प्रतीत होता था। ऐसे समय उसकी आँखों में नमी छा जाती और वह ध्यान बँटाने के लिए अन्य काम करने लगती। वे लोग रूखी नमकीन रोटियों की फरमाइश करते तो वह चुपचाप बना देती, परन्तु उन्हें खिलाने का उसका सारा उत्साह समाप्त हो चुका होता।

और उन लोगों के बहस-मुबाहिसे कभी समाप्त नहीं होते थे। वे सब जोर-जोर से बोलते थे और इस तरह आपस में उलझ जाते थे, जैसे उनकी बहस पर ही धरती और ईश्वर की सत्ता का दारोमदार हो। कई बार वे इतने नरम हो जाते थे कि लगता था अभी एक-दूसरे को नोच डालेंगे, मगर सहसा उस उत्तेजना के बीच से एक कहकहा फूट पड़ता और वे उठ-उठकर एक-दूसरे से बगलगीर होने लगते। बिन्नी बचपन में बहुत खामोश लड़का था। अब उसे इस तरह हुड़दंग करते देखकर उसे आश्चर्य होता था। कई-कई घण्टे घर में तूफान मचा रहता था। उसके बाद फिर नीरवता छा जाती, जो बहुत ही अस्वाभाविक और दम घोंटने वाली प्रतीत होती थी। जब बिन्नी दो-दो दिन घर नहीं आता, तो उस नीरवता के ओर-छोर गुम हो जाते और वह अपने को सदा से गहरे शून्य एकान्त में पड़ी हुई महसूस करती।

अँधेरा गहरा होने लगा और मोनिका का बाप जाकर अपने कमरे में बन्द हो गया, तो उसने फिर दरवाजा खोल दिया। मादा सूअर और उसके बच्चे सामने के अहाते में डेरा जमाये थे और एक मोटा सूअर नाली के पास हुँफ-हुँफ कर रहा था। हवा तेज हो गयी थी और तूत के बुड्ढे पेड़ की डालियाँ बुरी तरह हिल रही थीं। आसमान का जो छोर दिखाई देता था, वहाँ रह-रहकर बिजली चमक जाती थी। दो महीने से प्रायः रोज ही वर्षा हो रही थी। घर से कुएँ तक गली में कीचड़-ही-कीचड़ भरा रहता था। इस कीचड़ के लिए बचन को उन लड़के-लड़कियों की उन टोलियों से गिला था, जो वर्षा आरम्भ होने से पूर्व आधी-आधी रात तक

गली में घूमती हुई तार-स्वर में ईश्वर से पानी बरसाने का अनुरोध किया करती थीं। अब जैसे उन्हीं की वजह से सारा दिन गली में चिपड़-चिपड़ होती रहती थी।

ड्योढ़ी के दरवाजे पर फिर दस्तक हुई। इरावती ने दरवाजा खोल दिया और बिन्नी उधर से मुस्कराता हुआ अन्दर आया।

"आगे की तरफ बहुत कीचड़ है; भाभी, माफ करना" कहता हुआ वह अपने कमरे में आ गया। इरावती ने उस पर एक शिकायत भरी नजर डालकर दरवाजा बन्द कर लिया। उसके सिर के बाल बुरी तरह उलझे हुए थे और कुर्ता तथा पायजामा बहुत मुचड़े हुए थे। यह स्पष्ट था कि वह सुबह जिस हाल में सोकर उठा था, अभी तक उसी हाल में था और अब तक उसे मुँह-हाथ धोने का समय तक भी नहीं मिला था।

"माँ, जल्दी से रोटी डाल दे, भूख लगी है।" उसने आते ही चारपाई पर पैर फैलाते हुए आदेश दिया। बचन चुपचाप अपनी जगह पर बैठी रही। न उठी और न ही उसने मुँह से कुछ कहा। कुछ क्षण प्रतीक्षा करने के बाद बिन्नी ने सिर उठाया और कहा, "माँ, रोटी...।"

"रोटी आज नहीं बनी है" बचन बोली—"मुझे क्या पता था कि लाट साहब आज भी घर आयेंगे कि नहीं? रात की रोटी मैंने सवेरे खायी, सवेरे की अब खायी। मैं किस तरह रोज-रोज बासी रोटी खाती रहूँ? किसी तन्दूर पर जाकर खा आ।"

बिन्नी हँसता हुआ उठ बैठा और माँ के मोढ़े के पास चला गया।

"यहाँ तन्दूर है कहाँ, जहाँ जाकर खा लूँ?" वह बोला—"मेरे हिस्से की जो बासी रोटी रखी थी, वह तूने क्यों खायी? मेरी बासी रोटी दे..." और वह माँ का घुटना पकड़कर बैठ गया।

"मेरे पेट से निकाल ले अपनी बासी रोटी।" बचन ने वाक्य आरम्भ किया था मीठी झिड़की के रूप में, पर समाप्त करते-करते उसकी आँखें गीली हो गयीं।

बिन्नी ने उसकी गीली आँखें नहीं देखीं। वह उठकर रोटी वाले डिब्बे के पास चला गया और बोला, "डिब्बे में रखी होंगी, जरूर रखी होंगी।"

बचन ने उसकी नजर बचाकर अपनी आँखें पोंछ लीं। बिन्नी रोटी वाला डिब्बा लिए हुए उसके सामने आ बैठा। डिब्बे में कटोरा-भर दाल के साथ चार रोटियाँ एक कपड़े में लपेटकर रखी थीं। बिन्नी ने जल्दी से एक रोटी तोड़ ली।

"यह तो ताजा रोटी है?" वह ग्रास मुँह में ठूँसे हुए बोला।

"बासी रोटी खाने को माँ जो है!" कहकर बचन उठ खड़ी हुई। उसने पानी का गिलास भरकर उसके पास रख दिया। बिन्नी ने एक घूँट में गटागट गिलास खाली कर दिया और बोला, "और!"

बचन ने गिलास उठा लिया और सुराही से उसमें पानी उँड़ेलती हुई बोली, "लाली का कार्ड आया है।"

"अच्छा!" कहकर बिन्नी रोटी खाता रहा। उसने कार्ड के सम्बन्ध में भी जरा जिज्ञासा प्रकट नहीं की। बचन का दिल दुख गया। वह गिलास बिन्नी के आगे रखकर, बिना एक शब्द कहे अहाते में चली गयी और चारपाई पर दरी डालकर पड़ गयी। उसका दिल उछलकर आँखों में बह आने को हो रहा था, पर वह किसी तरह चेहरा सख्त करके अपने को रोके रही। थोड़ी देर में बिन्नी जूठे पानी से हाथ धोकर, मुँह पोंछता हुआ अन्दर से आ गया।

"कहाँ है कार्ड?" उसने पूछा।

"कहीं नहीं है," बचन ने रुँधे स्वर में कहा और करवट बदल ली।

"अब बता भी दे न, जल्दी से सब समाचार पढ़ दूँ।"

"सो जा, मुझे कोई समाचार नहीं पढ़वाने हैं।"

"पढ़वाने क्यों नहीं हैं, मैं अभी सब सुनाता हूँ," कहकर बिन्नी अन्दर चला गया और कार्ड ढूँढ़कर ले आया। साथ लालटेन भी उठा लाया। आधे मिनट में उसने सरसरी नजर से सारा कार्ड पढ़ डाला।

"भैया की तबीयत ठीक नहीं है," वह लालटेन जमीन पर रखकर माँ की चारपाई के पैताने बैठ गया। बचन सहसा उठकर बैठ गयी। बिन्नी ने गुन-गुन करके पहली डेढ़ पंक्ति पढ़ी और फिर उसे सुनाने लगा। लाली ने लिखा था कि उसका ब्लड प्रेशर फिर बढ़ गया है, डॉक्टर ने उसे आराम करने की सलाह दी है। कुसुम का स्वास्थ्य अब ठीक है और उसका रंग लाली पर आ रहा है। उन्होंने मकान बदल लिया है, क्योंकि पहला घर हवादार नहीं था और बच्चों को वहाँ से स्कूल जाने में भी दिक्कत होती थी। अब दीवाली पास आ रही है, इसलिए बच्चे माँ को बहुत याद करते हैं। माँ को गये छह महीने से ऊपर हो गये हैं, इसलिए सबका दिल माँ के लिए उदास है।

"इसके बाद सबकी नमस्ते है," कहकर बिन्नी ने कार्ड रख दिया।

"यह नहीं लिखा कि किस डॉक्टर का इलाज चल रहा है?"

"तू जैसे वहाँ के सब डॉक्टरों को जानती है।"

बिन्नी ने बात अनायास ही कह दी थी, पर बचन का हृदय छिल गया। उसके चेहरे पर फिर कठिनता आ गयी।

"मैं वहाँ कल चली जाती हूँ", उसने कहा।

"तू चली जायेगी तो मैं अकेला कैसे रहूँगा? मेरी रोटी...?"

बचन ने वितृष्णा से उसके चेहरे को देखा, जिसका अर्थ था कि क्या तेरी रोटी उसकी जान से ज्यादा प्यारी है?

"तू कौन घर की रोटी पर रहता है," मुँह से उसने इतना ही कहा।

"भैया का ब्लड प्रेशर कोई नया तो है नहीं..." बिन्नी फिर कहने लगा।

"तू रहने दे, मैं कल जा रही हूँ," बचन ने उसे बीच में ही काट दिया। कई क्षण दोनों खामोश रहे। फिर बिन्नी 'अच्छा' कहकर उठ गया।

अगले दिन सुबह ही वह 'अभी थोड़ी देर में आऊँगा' कहकर गया और दोपहर तक लौटकर नहीं आया। बचन का किसी काम में दिल नहीं लग रहा था। फिर भी उसने खाना बनाया और घर के सभी छोटे-मोटे काम पूरे किये। बिन्नी की चारों-पाँचों कमीजें लेकर, उनके टूटे हुए बटन लगा दिये। फिर उसने दरी और कपड़े एक जगह इकट्ठे कर लिए। यह निश्चित नहीं था कि वह उस दिन वहाँ से जा पायेगी या नहीं। बिन्नी सुबह उसे निश्चित कुछ बताकर नहीं गया था। सम्भव था कि वह फिर रात तक घर आये ही नहीं। रात को भी उसके आने का भरोसा नहीं था। यह भी सम्भव था कि बिन्नी के पास किराये के लिए पैसे हों ही नहीं। महीने की उन्नीस तारीख थी और उन्नीस तारीख को उसके पास कभी पैसे नहीं रहते थे। उस स्थिति में उसे तीन-चार तारीख तक अपना जाना स्थगित करना होगा। वह यह भी नहीं जानती थी कि दीवाली कौन-सी तारीख को पड़ेगी। वह सोचने लगी कि इस बीच लाली की तबीयत ज्यादा खराब न हो जाये। उसे ज्यादा ही तकलीफ होगी, जो उसने चिट्ठी में लिखा है, नहीं वह चिट्ठी में कभी न लिखता। वह पन्द्रह-बीस दिन यहाँ से न जा सकी तो...?

तभी बिन्नी आ गया। उसके साथ उसका लम्बे बालों वाला दोस्त शशि भी था, जिसकी गरदन बात करते हुए तोते की तरह हिलती थी। वह उसकी दाल का सबसे बड़ा प्रशंसक था। आते ही दाल की फरमाइश करता था। सदा की तरह वे गली से ही ऊँचे स्वर में बातें करते हुए आये।

"टिकट ले आया हूँ," बिन्नी ने आते ही कहा। "मंगलबाड़ी से शशि को साथ लिया और वहीं से टिकट भी ले लिया। पर तू अभी तैयार ही नहीं हुई...?"

"तैयार क्या होती? तू मुझसे कहकर गया था..."

"जब रात को तय हो गया था, तो सुबह कहने की क्या जरूरत थी? अब जल्दी से तैयार हो जा। दो घण्टे में गाड़ी जायेगी। नकद सवा बीस खर्च करके आया हूँ और वे भी उधार के।"

बचन को बुरा लगा कि वह बाहर के आदमी के सामने ऐसी बात कह रहा है। वह नहीं जानती थी कि टिकट के लिए उसे रुपये उधार लेने पड़े होंगे।

वह कब चाहती थी कि उसकी वजह से उस पर उधार चढ़े। वह कह देता तो वह बारह-चौदह दिन बाद चली जाती।

वह कुछ न कहकर कपड़े लपेटने लगी।

"हट माँ, तुझे बिस्तर बाँधना आता भी है?" बिन्नी आगे बढ़ आया। "उलटी-सीधी रस्सी बाँधेगी, कहीं से मोटा कर देगी, कहीं से पतला। हट जा, मैं एक मिनट में बाँध देता हूँ। ऐसा बिस्तर बँधेगा कि रास्ता भर तेरा खोलने को जी नहीं चाहेगा।"

"तू रोटी खा ले, मैं बाँध लेती हूँ," बचन की आँखें भर आयीं।

"रोटी खाने वाला आदमी साथ लाया हूँ," वह माँ के लपेटे हुए कपड़ों को फिर से फैलाता हुआ बोला, "यह इसीलिए आया है कि तू चली जायेगी तो तेरे हाथ की दाल फिर कहाँ मिलेगी!"

बचन की गीली आँखों में हल्की-सी मुस्कराहट भर गयी।

"यह भी खा ले," वह बोली, "मैं अभी दो फुलके और बना देती हूँ।"

"और बनाने की जरूरत नहीं। जो है, वही खा लेंगे।"

"पहले मैं खा लूँ, फिर जो बचे वे इसे दे देना," कहकर शशि गरदन उठाकर हँस दिया। बिन्नी बिस्तर बाँधता रहा। वह उन दोनों के लिए रोटी दाल ले आयी।

"तैयार!" बिन्नी ने हाथ झाड़े और शशि के साथ खाना खाने डट गया।

"माँ अपने लिए रख लेना और जितना बचे वह हमें ला देना", शशि दाल सुड़कता हुआ बोला। वे दोनों खा चुके तो बचन ने जल्दी से बरतन समेट दिये।

"अब माँ तू भी जल्दी से खा ले," बिन्नी ने कुल्ला करके हाथ पोंछते हुए कहा।

"मैंने खा लिया है।"

"कब?" बिन्नी ने पास जाकर उसके कन्धे पकड़ लिए।

"तेरे आने से पहले।"

"झूठी!"

"सच, मैंने खा लिया है।"

"आगे तो कभी इतनी जल्दी नहीं खाती थी।"

"आज खा लिया है।...घर से जाना था न। तुम दोनों तो भूखे नहीं रहे?"

"एक चौथाई भूखे रह गये।" शशि ने डकार लेकर तौलिए से मुँह पोंछा और उसे खूँटी पर टाँगकर हँसने लगा।

स्टेशन पर उसे गाड़ी में बिठाकर वे दोनों प्लेटफॉर्म पर टहलने लगे। रात को भी बचन ने ठीक से नहीं खाया था, इसलिए भूख के मारे उसका सिर चकरा रहा था। वह जानती थी कि बिन्नी को पता है उसने कुछ नहीं खाया।

इसलिए उसके मना करने पर भी वह आधा दर्जन केले रखा गया था। वह एक बार मना कर चुकी, इसलिए नहीं खा रही थी। बिन्नी विशेष अनुरोध करता तो वह खा लेती। मगर बिन्नी और शशि टहलते हुए दूर चले गये थे और शायद अब भी उनमें बहस जारी थी। उसकी समझ में नहीं आता था कि ये लोग इतनी बहस क्यों करते हैं? हर वक्त बहस, बहस, बहस! बहस का कोई अन्त भी होता है। जैसे सारी दुनिया के झगड़े उन्हीं को निपटाने हों। फटे हाल रहेंगे, सेहत का जरा ध्यान नहीं रखेंगे और बातें, जैसे संसार की सम्पत्ति के यही स्वामी हों और उसे बाँटने की समस्या इन्हीं के सिर पर आ पड़ी हो।

वे दोनों प्लेटफॉर्म के उस सिरे तक होकर वापस आ रहे थे। वह उनके चेहरे देख रही थी। माथे पर सलवटें डाले वे हाथ हिला-हिलाकर बातें कर रहे थे, फिर भी वे बच्चे से दीखते थे। उस समय शायद वे यह भी भूल गये थे कि वे उसे गाड़ी पर चढ़ाने आये हैं। सहसा गार्ड की सीटी सुनकर वे उसके डिब्बे के पास आ गये; परन्तु वहाँ आकर भी उनकी बहस चलती रही—करघे का काम रुक जायेगा तो लाखों आदमी बेकार हो जायेंगे और जैसे कोमल रोयें हाथ के कपड़े के होते हैं, वैसे मशीनी कपड़े के नहीं हो सकते! बचन सोचने लगी कि ये लोग कभी अपने कपड़े क्यों नहीं देखते? इन्हें अपनी बेकारी की चिन्ता क्यों नहीं होती?

गाड़ी चलने लगी तो जैसे बिन्नी को होश आया और उसने उसका हाथ पकड़कर कहा, "अच्छा माँ...!"

बचन के होंठों पर रूखी-सी मुस्कराहट आ गयी। उसने उसके सिर पर हाथ फेर दिया।

"अब कब आयेगी?"

"जब तू बुलाएगा।"

गाड़ी ने रफ्तार पकड़ ली। वह देर तक खिड़की से सिर निकालकर उन्हें देखती रही। वे हाथ में हाथ डाले गेट की ओर जा रहे थे। उनकी बहस शायद अब भी चल रही थी।

बचन को घर आये पन्द्रह दिन हो गये थे।

"बिन्नी की चिट्ठी नहीं आयी?" उसने लाली के कमरे के बाहर रुककर पूछा। लाली से सवाल पूछने में उसके स्वर में शासित का-सा भाव आ जाता था। वह बेटा बड़ा होते-होते इतना बड़ा हो गया था कि वह अपने को उससे छोटी महसूस करने लगी थी।

"आ जा माँ", लाली ने कागजों से आँखें उठाकर कहा। "चिट्ठी उसकी आज भी नहीं आयी। न जाने इस लड़के को क्या हो गया है?"

"तू काम कर, मैं जा रही हूँ," वह बोली। "सिर्फ चिट्ठी पूछने ही आयी थी।"

वह बरामदे से होकर अपने कमरे में आ गयी। वह जानती थी कि लाली का समय कीमती है। वह आधी-आधी रात तक बैठकर दूसरे दिन के केस तैयार करता है। मुवक्किलों की वजह से उनका खाने-पीने का भी समय निश्चित नहीं रहता। छः महीने में उसकी व्यस्तता पहले से कहीं बढ़ गयी थी। नये घर में आ जाने से जगह का आराम अवश्य हो गया था, पर कचहरी पहले से भी दूर हो गयी थी। उसकी व्यस्तता के कारण वह कई बार सारा-सारा दिन उससे बात नहीं कर पाती थी। रात को जब वह बैठक से उठकर आता, तो सीधा सोने के कमरे में चला जाता। दिन-भर की थकान के बाद वह उसके आराम में विघ्न नहीं डालना चाहती थी। सवेरे वह कुसुम से पूछ लेती कि रात को उसकी तबीयत कैसी रही? कुसुम संक्षेप में उसे हाल बता देती।

"सोने से पहले उसके सिर में बादामरोगन डाल दिया करो," वह कहती।

"मैं कई बार कहती हूँ, पर वे डलवाते ही नहीं," कुसुम जैसे रटा-रटाया उत्तर देती।

"मुझे बुला लिया करो, मैं आकर डाल दूँगी।"

"डालने को नौकर है, मगर वे डलवाते ही नहीं।"

वह जानती थी कि सिर में बादामरोगन डलवाने के लिए लाली को किस तरह मनाया जा सकता है। मगर कुसुम अपने को अधिक अन्तरंग समझती थी और उसके सुझावों से सहमति प्रकट करती हुई भी करती वही थी जो उसके मन में होता था। वह जिस शिष्टता और कोमलता से बात करती थी उससे बचन को लगता था कि वह उस घर में केवल मेहमान है। दिन-भर उसके करने के लिए वहाँ कोई काम नहीं होता था। खाना बनाने के लिए एक नौकर था और ऊपर का काम करने के लिए दूसरा। उसके काम की देखभाल के लिए कुसुम थी। जब भी बचन कोई काम करने के लिए कहती तो कुसुम नौकर का जिक्र कर देती—नौकर के रहते अपने हाथ से काम करने की क्या जरूरत है? यही बात लाली भी कह देता है—"माँ, तू काम करेगी तो घर में दो-दो नौकर किसलिए हैं?"

बचन सोचती थी कि काम करने के लिए नौकर हैं और देखभाल के लिए कुसुम है, फिर घर में उसका होना किसलिए? सवेरे पाँच बजे से रात के दस बजे तक वह क्या करे? पन्द्रह दिन पहले वह आयी ही थी, तो बच्चे उसके गिर्द हुए रहते थे। उन्हें दादी से हजारों बातें कहनी और शिकायतें करनी थीं। मगर चार दिन में ही उनके लिए उसकी नवीनता समाप्त हो गयी थी। उनकी अपनी छोटी-छोटी व्यस्तताएँ थीं, जिसमें उनका समय बँटा हुआ था। कुमुद कभी-कभी

जरूर उसके पास आ जाती थी और उसके कमरे में खामोश खेलती रहती थी। उसे दादी शायद इसलिए अच्छी लगती थी कि माँ दोनों भाइयों से अधिक स्नेह करती थी।

बचन कमरे में आकर चारपाई पर लेट गयी। मन ताने-बाने बुनने लगा। बिन्नी ने अभी तक चिट्ठी क्यों नहीं लिखी? अँधेरे घर में इस समय वह अकेला सोया होगा। रोटी का जाने उसने क्या डौल किया है? उसने चलते समय उससे पूछा तक नहीं कि वह पीछे कैसे रहेगा, कहाँ रोटी खायेगा? उसके रहते वह तन-बदन की होश भूला रहता था, अब न जाने उसकी क्या हालत होगी? चिट्ठी ही लिख देता तो कुछ तसल्ली हो जाती। मगर उसे चिट्ठी लिखने की होश आयेगी?

कमरे की खिड़की खुली थी और दूर तक खुला आकाश दिखाई दे रहा था। खिड़की से दिखाई देते हुए उन नक्षत्रों के विन्यास से वह परिचित थी। वही नक्षत्र, वह बम्बई की उस मनहूस बस्ती में भी ऊपर झिलमिलाते देखा करती थी। यहाँ से वे उसे तिरछे कोण-से दिखाई देते थे, वहाँ वह अहाते में लेटकर उन्हें ठीक अपने ऊपर देखा करती थी। उसी तरह लेटे हुए वह बिन्नी की आहट की प्रतीक्षा करती थी। हुँफ-हुँफ की ध्वनियाँ पास आतीं और दूर चली जाती थीं। फिर दूर से फटे हुए गले की बेहूदा आवाज सुनाई देने लगती थी, 'ओ डैडाई है ड्विजो-फेंजल...।' उस आवाज से वह कितनी घृणा करती थी? यहाँ इस एकान्त बँगले में आसपास से कोई आवाज नहीं आती थी। नौ-साढ़े नौ बजे बच्चों के सो जाने के बाद निस्तब्धता छा जाती थी। केवल रंगीलाल के बरतन मलने या चौका धोने की आवाज सुनाई देती थी।

उसने करवट बदल ली कि किसी तरह नींद आ जाये। नींद न आना रोज की बात हो गयी थी। कहाँ दस बजे से ही उसकी आँखों में नींद भर जाती थी और कहाँ अब वह ग्यारह, बारह और एक के घण्टे गिनती रहती थी। 'जाने क्यों?' वह सोचती रह जाती।

रात को वह देर से सोयी, मगर सुबह जल्दी उठ गयी।

उठने पर उसका हृदय रात से अधिक अस्थिर और अशान्त था। इतना बड़ा पहाड़-सा दिन और उसके बाद फिर वैसी ही रात! लम्बी निष्क्रियता की कल्पना से एक बड़ा शून्य उसके अन्तर को घेरे था। आकाश में चिड़ियों के गिरोह उड़ रहे थे। रसोईघर में रंगी स्टोव में हवा भर रहा था। उसे साहब के बिस्तर पर चाय पहुँचानी थी। बम्बई में सुबह जब वह कमरे में बाल्टी रखकर नहा रही होती, तो बिन्नी बाहर से चाय की माँग करने लगता था। उससे उसके भजन में बाधा पड़ती थी और उसे उलझन होती थी, पर वह चुपचाप उसके लिए चाय

बना देती थी! ...परन्तु आज उसे इस बात की उलझन हो रही थी कि उसका भजन में मन क्यों नहीं लगता? अब जबकि भजन के लिए पूरा अवकाश था उसकी प्रवृत्ति उसकी ओर क्यों नहीं होती थी?

वह कुछ देर बरामदे में खड़ी होकर सूर्योदय के स्वर्णिम रंग को देखती रही। क्षितिज के एक कोने से दूसरे कोने तक झिलमिलाती हुई स्वर्णिम आभा धीरे-धीरे निखर रही थी। लगता था, जैसे गोलक में बन्द उजाला फूटकर बाहर निकलने के लिए संघर्ष कर रहा हो, उजाले की बढ़ती हुई झलक से हर क्षण ऐसी ही प्रतीति होती थी। उसने बरामदे से उतरकर पूजा के लिए गेंदे के कुछ फूल चुने और रसोईघर में चली गयी।

रंगी स्टोव से केतली उतारकर चायदानी में पानी डाल रहा था। उसने अपने आँचल के फूल आले में डाल दिये। रंगी ट्रे उठाकर चलने लगा, तो उसने ट्रे उसके हाथ से ले ली।

"रहने दे, मैं ले जाती हूँ।" और वह ट्रे लिए लाली के कमरे की ओर चल दी।

"माँजी, आप न ले जाइए, साहब मुझ पर नाराज होंगे।" रंगी ने पीछे से संकोच के साथ कहा।

"इसमें नाराज होने की क्या बात? मैं तेरे कहने से थोड़े ही ले रही हूँ।" और वह थोड़ा खाँसकर लाली के कमरे में चली गयी।

लाली कम्बल ओढ़कर बिस्तर पर बैठा था। कुसुम सोयी हुई थी। लाली के हाथ में कुछ कागज थे, जिन्हें वह ध्यान से पढ़ रहा था। उसने यह लक्षित नहीं किया कि चाय लेकर माँ आयी है। बचन ने ट्रे मेज पर रख प्याली में चाय बनायी और उसके पास ले गयी। लाली ने चाय के लिए हाथ बढ़ाया तो देखा कि प्याली लिए माँ खड़ी है।

"माँ तू?" उसने आश्चर्य के साथ कहा।

बचन ने प्याली उसके हाथ में दे दी। उसने पहली बार लक्षित किया कि लाली के बाल कनपटियों के पास से सफेद हो गये हैं। चश्मा उतार देने से उसकी आँखों के नीचे गहरे गड्ढे नजर आ रहे थे। लाली ने कागज रखकर चश्मा लगा लिया।

"रंगी और नारायण क्या कर रहे हैं?" उसने पूछा।

"नारायण दूध लाने गया है," वह बोली, "रंगी रसोईघर में है।"

"तो उससे नहीं आया जाता था? तू सुबह-सुबह उठकर चाय लाये, वाह! इससे अच्छा है मैं आप ही बनाकर पी लूँ।"

"तू जरूर बनाकर पी लेगा, जिसे यह नहीं पता कि दूध कौन-सा है और चीनी कौन-सी!" वह थोड़ा हँस दी। तभी कुसुम करवट बदलकर उठ बैठी।

"माँजी, आप...?" उसने भी आँखें मलते हुए उसी आश्चर्य के साथ कहा। फिर झट से कम्बल उतारकर वह बिस्तर से निकल आयी।

"आप रहने दीजिए माँजी, मैं बनाती हूँ।"

कुसुम दूसरी प्याली में चाय बनाने लगी। चाय बनाकर प्याली उसने बचन की ओर बढ़ा दी।

"मैं अभी नहायी नहीं। अभी से चाय पी लूँ?"

"पी भी ले माँ!" लाली बोला, "कभी तो धरम-करम को छोड़ दिया कर।"

"नहीं, मैं ऐसे नहीं पीती। तुम्हीं लोग पियो।"

कुसुम प्याली लेकर अपने बिस्तर पर चली गयी। बचन लाली के पैताने बैठ गयी। लाली और कुसुम खामोश चाय पीते रहे।

कमरे में हर चीज व्यवस्थित ढंग से रखी थी। अँगीठी पर नीले रंग का कपड़ा बिछा था, जिस पर कुसुम ने सफेद डोरे से कढ़ाई की थी। वहीं एक ओर अखरोट की लकड़ी का बना गौतम बुद्ध का बस्ट पड़ा था और दूसरी ओर हाथी दाँत की हंसों की जोड़ी रखी थी। संदूकों पर गद्दे बिछाकर उन्हें लाल कपड़े से ढँक दिया गया था। कोने में कुसुम की सिलाई की मशीन पड़ी थी और वहाँ पास ही लाली की अधसिली कमीज के टुकड़े बँधे रखे थे। मेज पर छोटे से शेल्फ में लाली की किताबें पड़ी थीं और पास ही टेबल-लैम्प रखा था। दूसरे कमरे में खुलने वाले दरवाजे के पर्दे पर भी कुसुम ने अपने हाथ से कढ़ाई कर रखी थी। उधर से करवटें बदलने की आवाज आ रही थी। बच्चों की भी नींद खुल गयी थी।

लाली ने चाय पीकर प्याली मेज पर रख दी। कुसुम अर्थपूर्ण दृष्टि से उसके चेहरे को देख रही थी। बचन उठ खड़ी हुई।

"चल दी माँ?" कहते-कहते लाली ने कागज उठा लिए।

"हाँ, तू अपना काम कर। मैं जाकर नहा-धो लूँ।"

"कोई खास बात तो नहीं थी?"

"नहीं, बात कुछ नहीं थी। नौकर चाय ला रहा था, मैंने कहा, मैं ले जाती हूँ।"

लाली की आँखें कागजों पर झुक गयीं। कुसुम चाय के हलके-हलके घूँट भर रही थी। बचन चलने के लिए उद्यत होकर भी खड़ी रही।

"एक बात सोचती हूँ," वह कहने लगी।

लाली ने कागज फिर रख दिये।

"हाँ-हाँ।"

"इतने दिन हो गये, बिन्नी की चिट्ठी नहीं आयी..."

"मैं अब उससे कोई गिला नहीं करता," लाली चिढ़े हुए स्वर में बोला।, "गफलत की भी एक हद होती है। इस लड़के का घरवालों से जैसे कोई रिश्ता-नाता ही नहीं है।"

बचन चुप रही।

"यहाँ रहकर बी.ए. कर लेता तो कुछ बन-बना जाता। अब साहब जिन्दगी भर आवारागर्दी करेंगे।"

बचन की आँखें भर आयीं। उसने चेष्टा की कि आँसू आँखों में ही रुक जायें, पर यह सम्भव नहीं हुआ तो उसने पल्ले से आँखें पोंछ लीं।

"यह लड़का न जाने कब अपना होश रखना सीखेगा।...अपनी जान की भी तो फिक्र नहीं करता। वहाँ रहकर मैं ही जो थोड़ा-बहुत देख लेती थी, सो देख लेती थी। कभी-कभी सोचती हूँ कि मैं वहाँ उसके पास ही रहूँ तो ठीक है।" और वह निर्णय सुनने के ढंग से लाली की ओर देखने लगी। लाली गम्भीर हो गया, बोला नहीं।

"मैं कहती हूँ मेरी आँखों के सामने रहेगा तो मुझे पता तो चलता रहेगा कि क्या करता है, क्या नहीं करता..." उसके स्वर में थोड़ी याचना भी आ गयी।

"माँजी का यहाँ दिल नहीं लगा," कुसुम ने प्याली रखते हुए कहा। पल भर लाली की आँखें उससे मिली रहीं।

"अभी तो माँ तू आयी ही है," वह बोला, "दस-पन्द्रह रोज में दिवाली है...।"

"मेरा बच्चों को छोड़कर जाने का मन करता है? मैं वैसे ही बात कर रही थी।" वह फिर से चलने के लिए तैयार होकर बोली, "पता नहीं, रोटी भी ठीक से खाता है या नहीं।"

कुसुम उठकर रंगी को आवाज देती हुई बाहर चली गयी।

"तू जाना ही चाहे तो और बात है।" लाली के चेहरे पर कुछ अन्यमनस्कता आ गयी।

"जाने की बात नहीं, मैं तो वैसे ही सोचती थी...।"

वह बाहर की ओर देखने लगी कि फिर न आँसू टपकने लगें।

"जाना है, चली जा। नहीं ख्वाहमख्वाह चिन्ता से परेशान रहेगी।"

बचन कुछ क्षण खामोश खड़ी रही। लाली अपनी उँगलियाँ मसलता रहा।

"किस गाड़ी से चली जाऊँ?"

"रात की गाड़ी ठीक रहती है। उसमें भीड़ कम होती है।"

"तेरी तबीयत की चिन्ता रहेगी...।"

"मेरी तबीयत ठीक ही है।"

"चिट्ठी लिखता रहेगा न?"

"हाँ, मैं नहीं लिखूँगा तो कुसुम लिख देगी।"

"अच्छा...।"

रात को गाड़ी में उसे अच्छी जगह मिल गयी। जनाने डिब्बे में उसके अतिरिक्त दो ही और सवारियाँ थीं। कुसुम नारायण को लेकर उसे छोड़ने के लिए आयी थी। लाली मुवक्किलों की वजह से नहीं आ पाया था। कुसुम गाड़ी चलने तक उसके पास बैठकर बातें करती रही कि दादी के पीछे बच्चे उदास हो जायेंगे, तीन-चार दिन घर सूना-सूना लगेगा और कि वह रास्ते के लिए खाना बनवाकर ले जाती तो अच्छा था। गाड़ी ने सीटी दी तो कुसुम प्लेटफार्म पर उतर गयी।

"जाते ही चिट्ठी लिखिएगा," उसने कहा।

"तुम लाली की तबीयत का पता देती रहना," बचन ने कहा।

सहसा उसे लाली के सफेद बालों का ध्यान हो आया।

"रात को उसे देर-देर तक न पढ़ने देना और उससे कहना कि सिर में बादामरोगन डलवा लिया करे।"

कुसुम ने सिर हिला दिया। गाड़ी चल दी तो उसने हाथ जोड़ दिये।

प्लेटफॉर्म पीछे रह गया तो बचन आकाश की ओर देखने लगी, उसके अन्तर में फिर एक शून्य-सा भरने लगा। क्षितिज के पास वही नक्षत्र चमक रहे थे। बचन अपलक दृष्टि से उन्हें देखती रही। वह जहाँ जा रही थी, उस घर का नक्शा धीरे-धीरे उसकी आँखों के आगे घूमने लगा। नीची छत वाला वह टूटा-फूटा कमरा, मादा सूअर और उसके बच्चों की हुँफ-हुँफ और कुएँ की तरफ से आती हुई मोटी, भद्दी फटी हुई आवाज—ओ डैडाई है ड्विंजो-फेंजल...अँधेरा, एकान्त, बिन्नी, शशि और उनके दोस्त, बहसें और दाल-रोटी के लिए उन लोगों की छीना-झपटी...।

उसकी आँखें भर आयीं। क्षितिज के पास चमकते हुए नक्षत्र धुँधले पड़ गये। उसने आँखें पोंछ लीं। नक्षत्र फिर चमकने लगे।

धर्मवीर भारती

प्रयोगवादी काव्यधारा के प्रमुख कवि तथा 'धर्मयुग' पत्रिका के सम्पादक धर्मवीर भारती का जन्म 25 दिसम्बर, सन्. 1926 ई. में अतरसुइया प्रयाग में हुआ। आप कविता, नाटक, उपन्यास, कहानी, निबन्ध तथा सम्पादन आदि क्षेत्रों में पूर्ण रूप से सफल रहे हैं। आपने अपने साहित्य में अपने व्यक्तिगत जीवन की गहराइयों में प्रवेश कर उसके आन्तरिक सत्य को पकड़ने का प्रयास किया है।

धर्मवीर भारती की साहित्य साधना में 'ठण्डा लोहा', 'अन्धा युग', 'कनुप्रिया', 'सात वर्ष गीत' आदि काव्यकृतियाँ हैं। उनके दो ही उपन्यास मिलते हैं—'गुनाहों का देवता' और 'सूरज का सातवाँ घोड़ा'। उनकी अनेक कहानियाँ प्रसिद्ध हैं परन्तु आपकी सबसे बड़ी उपलब्धि है 'धर्मयुग' पत्रिका का सम्पादन। 'गुनाहों का देवता' उपन्यास उनकी सदाबहार रचना मानी जाती है तथा 'सूरज का सातवाँ घोड़ा' उपन्यास पर श्याम बेनेगल ने इसी नाम से फिल्म भी बनायी थी।

1972 में पद्मश्री से अलंकृत धर्मवीर भारती को अपने जीवन काल में अनेक पुरस्कार प्राप्त हुए हैं। यथा—

हल्दीघाटी श्रेष्ठ पत्रकारिता पुरस्कार, 1984; महाराणा मेवाड़ फाउंडेशन पुरस्कार 1988, सर्वश्रेष्ठ नाटककार पुरस्कार संगीत नाटक अकादमी, 1989; उत्तर प्रदेश हिन्दी संस्थान द्वारा भारत भारती पुरस्कार, 1990; महाराष्ट्र गौरव 1994 तथा व्यास सम्मान। हिन्दी साहित्य के गौरव तथा प्रख्यात लेखक भारती जी का 70 वर्ष की आयु में 4 सितम्बर, सन् 1997 ई. में मुम्बई में निधन हो गया।

सारांश : गुलकी बन्नो

धर्मवीर भारती आधुनिक हिन्दी साहित्य के प्रमुख लेखक, कवि, नाटककार और सामाजिक विचारक के रूप में जाने जाते हैं। वे साप्ताहिक 'धर्मयुग' के प्रधान सम्पादक थे। उनके साहित्यिक योगदान के लिए उन्हें 1972 में 'पद्मश्री' पुरस्कार

से सम्मानित किया गया। धर्मवीर भारती जी का जन्म 25 दिसम्बर, 1926 को उत्तर प्रदेश राज्य के इलाहाबाद जिले में हुआ।

हिन्दी साहित्य की विविध विधाओं में रचना कर धर्मवीर भारती जी के कथा साहित्य में मार्मिकता के साथ-ही-साथ जीवन का स्वच्छ एवं स्पष्ट दृष्टिकोण भी निहित हैं। युगबोध और समकालीन परिवेश को अपने साहित्य के माध्यम से रूपायित किया है।

हिन्दी कथा साहित्य में धर्मवीर भारती ने अनेक यादगार चरित्र दिये हैं। उसी परम्परा का एक बेहद एवं सशक्त पात्र है 'गुलकी बन्नो'। यह नारी मन के अनसुने संवाद और उसकी मौन भाषा पाठकों को झकझोर देती है। गुलकी बन्नो कहानी में अपेक्षित विद्रोह न आ पाने के कारण दुःख होता है। गुलकी पुरानी रूढ़ियों से चिपटी हुई आज की समाज व्यवस्था है। गुलकी भली-भाँति जानती हैं कि उसे दासी बनाने के लिए उसका पति उसे लेने आया है किन्तु उसमें आशा और विश्वास है कि शायद सौतन का राज नहीं चल पायेगा।

हिन्दी साहित्य को समृद्ध करने का कार्य बड़ी लगन से धर्मवीर भारती जी ने किया है। उनकी कविताओं, कहानियों, उपन्यासों, नाटकों में प्रेम और रोमांस हमेशा मौजूद रहते हैं। इसलिए आलोचक उन्हें 'प्रेम' एवं 'रोमांस' के रचनाकार मानते हैं। धर्मवीर भारती द्वारा रचित 'गुलकी बन्नो' काफी लोकप्रिय एवं चर्चित कहानी रही है। वह विभिन्न विश्वविद्यालयों के पाठ्यक्रमों में अपना स्थान बनाने में सक्षम साबित हुई है। 'गुलकी बन्नो' कहानी की नायिका गुलकी समाज के हालातों की मारी हुई हैं। भारतीय समाज पुरुष प्रधान समाज होने के कारण हमेशा औरत को दोयम दर्जे का माना जाता हैं। हम प्रायः कहते हैं कि स्त्री-पुरुष एक ही रथ के दो पहिये हैं किन्तु यह आधा सच है। आधा सच तो यह है कि रथ के एक पहिये को हमेशा घिसट कर चलना पड़ता है और वह पहिया है औरत का। गुलकी की शादी कर दी गयी थी लेकिन जल्दी सन्तान न होने के कारण वह हमेशा प्रताड़ित रहा करती थी। पाँच साल बाद उसे मरा हुआ बच्चा पैदा होता है। उसमें गुलकी का क्या दोष था किन्तु उसके पति ने उससे मारपीट की और उसे जोर से धकेल दिया। धकेलने के कारण बेचारी की हड्डी टूट गयी और उसका कुबड़ निकल गया। अब वह मायके आ गयी लेकिन वहाँ पर भी उसके पिता नहीं रहे। उसके पास अब कुछ भी नहीं रहा सिवाय पिता के जर्जर मकान के। जीविका चलाने हेतु वह घेघा बुआ के चबूतरे पर सब्जी ठेला लगाने लगती है। बच्चे उसे कुबड़ी-कुबड़ी कहकर चिढ़ाते हैं। तो मोहल्ले वालों ने उसका जीना हराम कर दिया है। चबूतरे का किराया ना दे पाने के कारण एक

दिन उसने गुलकी की सारी तरकारियाँ गन्दे नाली में बहा देती है। गुलकी के आर्थिक हालात खराब होने के कारण वह महीने में पन्द्रह दिन भूखी रहती है।

धर्मवीर भारती ने कहानी की नायिका गुलकी के माध्यम से नारी की व्यथा को अपनी लेखनी के माध्यम से वाणी प्रदान की है। कहानी के अन्त में गुलकी के पति का खत आता है। और उसकी दूसरी पत्नी को बेटा होने के कारण उसने बुलावा भेजा है। जिसकी खुशी घेघा बुआ को बहुत होती है। लेकिन सत्य तो यह है कि उसे इसलिए बुलावा भेजा गया है कि वह यहाँ आकर नौकरानी का काम करेगी

कहानी के माध्यम से धर्मवीर भारती ने भारतीय नारी के विभिन्न रूपों को चिह्नित किया है। कहानी की दूसरी पात्र घेघा बुआ पति परायण नारी है। पति को परमेश्वर मानने वाली नारी है। उसका कहना है कि मर्द एक छोड़कर अनेक औरतों को 'रखैल'के रूप में रख सकता हैं, फिर भी पत्नी को उसकी सेवा करनी ही चाहिए। एक ओर परम्परावादी नारी का दृष्टिकोण लेखक ने अभिव्यक्त किया दूसरी ओर सत्ती के माध्यम से लेखक ने नारी की अस्मिता, उसकी पहचान को अंकित किया है। नारी अब 'भला है, बुरा है, जैसा भी है, मेरा पति मेरा देवता है।' इस फिल्म गीत का समर्थन करने वाली अन्धी नारी नहीं रही। वह अपने लिए जीना सीख गयी हैं। त्याग, समर्पण जैसे छलावे को अब वह अँगूठा दिखाने लगी है। यह नारी चेतना का द्योतक है।

'बन्द गली का आखिरी मकान' इस कहानी संकलन की यह लम्बी कहानी 'गुलकी बन्नो' में परित्यक्त स्त्री की समस्या का चित्रण है। अपने पति की सतायी हुई यह स्त्री समाज एवं मोहल्ले के लोगों से भी छली गयी है। फिर भी पति के साथ रहना चाहती है। भारतीय परम्परा का बीज उसमें कूट-कूट कर भरा है कि विवाह के बाद जिस घर में डोली में जाती है, वहीं से उसकी अर्थी उठनी चाहिए। गुलकी जीवन की अभिशाप्तता को ढोने के लिए पति के साथ विदा हो जाती है।

गुलकी बन्नो

●

धर्मवीर भारती

1

"ऐ मर कलमुहे!" अकस्मात् घेघा बुआ ने कूड़ा फेंकने के लिए दरवाजा खोला और चौतरे पर बैठे मिरवा को गाते हुए देखकर कहा, "तोरे पेट में फोनोगिराफ़ उलियान बा का, जौन भिनसार भवा कि तान तौड़े लाग? राम जानै, रात के कैसन एकरा दीदा लागत है।" मारे डर के कि कहीं घेघा बुआ सारा कूड़ा उसी के सर पर न फेंक दें, मिरवा थोड़ा खिसक गया और ज्यों ही घेघा बुआ अन्दर गयीं कि फिर चौतरे की सीढ़ी पर बैठ, पैर झुलाते हुए मिरवा ने उलटा-सुलटा गाना शुरू किया, "तुमे बछ याद कलते अम छनम तेली कछम!" मिरवा की आवाज सुनकर जाने कहाँ से झबरी कुतिया भी कान-पूँछ झटकारते आ गयी और नीचे सड़क पर बैठकर मिरवा का गाना बिल्कुल उसी अन्दाज में सुनने लगी, जैसे हिज मास्टर्स वॉयस के रिकॉर्ड पर तस्वीर बनी होती है।

अभी सारी गली में सन्नाटा था। सबसे पहले मिरवा (असली नाम मिहिरलाल) जागता था और आँख मलते-मलते घेघा बुआ के चौतरे पर आ बैठता था। उसके बाद झबरी कुतिया, फिर मिरवा की छोटी बहन मटकी और उसके बाद एक-एक कर गली के तमाम बच्चे—खोंचेवाली का लड़का मेवा, ड्राइवर साहब की लड़की निरमल, मनीजर साहब के मुन्ना बाबू—सभी आ जुटते थे। जब से गुलकी ने घेघा बुआ के चौतरे पर तरकारियों की दुकान रखी थी, तब से यह जमावड़ा वहाँ होने लगा था। उसके पहले बच्चे हकीमजी के चौतरे पर खेलते थे। धूप निकलते-निकलते गुलकी सट्टी से तरकारियाँ खरीदकर अपनी कुबड़ी पीठ पर लादे, डण्डा टेकती आती और अपनी दुकान फैला देती।

मूरी, नीबू, कद्दू, लौकी, घिया-बण्डा, कभी-कभी सस्ते फल। मिरवा और मटकी जानकी उस्ताद के बच्चे थे, जो एक भयंकर रोग में गल-गलकर मरे थे और दोनों बच्चे भी विकलांग, विक्षिप्त और रोगग्रस्त पैदा हुए थे। सिवा झबरी कुतिया के और कोई उनके पास नहीं बैठता था और सिवा गुलकी के कोई उन्हें अपनी देहरी या दुकान पर चढ़ने नहीं देता था।

आज भी गुलकी को आते देखकर सबसे पहले मिरवा गाना छोड़कर बोला, "छलाम गुलकी!" और मटकी अपने बढ़े हुए तिल्ली वाले पेट पर से खिसकता हुआ जाँघिया सँभालते हुए बोली, "एक ठो मूली दै देव! ए गुलकी!" गुलकी पता नहीं किस बात से खीझी हुई थी कि उसने मटकी को झिड़क दिया और अपनी दुकान लगाने लगी। झबरी भी पास गयी कि गुलकी ने डण्डा उठाया। दुकान लगाकर गुलकी अपनी कुबड़ी पीठ दुहराकर बैठ गयी और जाने किसे बुड़बुड़ाकर गालियाँ देने लगी। मटकी एक क्षण चुपचाप खड़ी रही, फिर उसने रट लगाना शुरू किया, "एक मूरी! ए गुलकी! एक" गुलकी ने फिर झिड़का तो चुप हो गयी और अलग हटकर लोलुप नेत्रों से सफेद धुली हुई मूलियों की ओर देखने लगी। इस बार वह बोली नहीं। चुपचाप उन मूलियों की ओर हाथ बढ़ाया ही था कि गुलकी चीखी, "हाथ हटाओ। छूना मत। कोढ़िन, कहीं खाने-पीने की चीज देखी कि जोंक की तरह चिपक गयी, चल उधर!" मटकी पहले तो पीछे हटी, पर फिर उसकी तृष्णा ऐसी अदम्य हो गयी कि उसने हाथ बढ़ाकर एक मूली खींची। गुलकी का मुँह तमतमा उठा और उसने बाँस की खपच्ची उठाकर उसके हाथ पर चट से मारी ! मूली नीचे जा गिरी और "हाय! हाय! हाय" कर दोनों हाथ झटकते हुए मटकी पाँव पटक-पटक कर रोने लगी। "जाओ, अपने घर रोओ। हमारी दुकान पर मरने को गली भर के बच्चे हैं।" गुलकी चीखी। "दुकान दैके हम बिपता मोल लै लिया। छन-भर पूजा-भजन में भी कचरधाँव मची रहती है।" अन्दर से घेघा बुआ ने स्वर मिलाया। खासा हंगामा मच गया कि इतने में झबरी भी खड़ी हो गयी और लगी उदात्त स्वर में भूँकने। 'लेफ्ट राइट! लेफ्ट राइट!' चौराहे पर तीन-चार बच्चों का जलूस चला आ रहा था। आगे-आगे दर्जा 'ब' में पढ़ने वाले मुन्ना बाबू नीम की सण्टी को झण्डे की तरह थामे जुलूस का नेतृत्व कर रहे थे, पीछे थे मेवा और निरमल। जुलूस आकर दुकान के सामने रुक गया। गुलकी सतर्क हो गयी। दुश्मन की ताकत बढ़ गयी थी।

मटकी सिसकते-सिसकते बोली, "हमके गुलकी मारिस है। हाय! हाय! हमके नरिया में ढकेल दिहिस। अरे बाप रे!" निरमल, मेवा, मुन्ना सब पास आकर उसकी चोट देखने लगे। फिर मुन्ना ने ढकेल कर सबको पीछे हटा दिया और सण्टी लेकर तनकर खड़े हो गये, "किसने मारा है इसे?"

"हम मारा है!" कुबड़ी गुलकी ने बड़े कष्ट से खड़े होकर कहा, "क्या करौगे? हमें मारौगे !" "मारैंगे क्यों नहीं?" मुन्ना बाबू ने अकड़कर कहा, गुलकी इसका कुछ जवाब देती, कि बच्चे पास घिर आये। मटकी ने जीभ निकालकर मुँह बिराया। मेवा ने पीछे जाकर कहा, "ए कुबड़ी, अपना कूबड़ दिखाओ!" और एक मुट्ठी धूल उसकी पीठ पर छोड़कर भागा। गुलकी का मुँह तमतमा आया और रुँधे गले से कराहते हुए उसने पता नहीं क्या कहा, किन्तु उसके चेहरे पर भय की छाया बहुत गहरी हो गयी थी। बच्चे सब एक-एक मुट्ठी धूल लेकर शोर मचाते हुए दौड़े कि अकस्मात् घेघा बुआ का स्वर सुनाई पड़ा, "ए मुन्ना बाबू, जात हौ कि अबहिन बहनजी का बुलवाय के दुइ, चार कनेठी दिलवाई!" "जाते तो हैं!" मुन्ना ने अकड़ते हुए कहा, "ऐ मिरवा, बिगुल बजाओ।" मिरवा ने दोनों हाथ मुँह पर रखकर कहा–

धुतु धुतु धू। जुलूस चल पड़ा और कप्तान ने नारा लगाया–

अपने देश में अपना राज!
गुलकी की दुकान बाईकाट!

नारा लगाते हुए जुलूस गली में मुड़ गया। कुबड़ी ने आँसू पोंछे, तरकारी पर से धूल झाड़ी और साग पर पानी के छींटे देने लगी।

गुलकी की उम्र ज्यादा नहीं थी। यही हद से हद 25-26, पर चेहरे पर झुर्रियाँ आने लगी थीं और कमर के पास से वह इस तरह दोहरी हो गयी थी, जैसे 80 वर्ष की बुढ़िया हो। बच्चों ने जब पहली बार उसे मुहल्ले में देखा तो उन्हें ताज्जुब भी हुआ और थोड़ा भय भी। कहाँ से आयी? कैसे आ गयी? पहले कहाँ थी? उसका उन्हें कुछ अनुमान नहीं था। निरमल ने जरूर अपनी माँ को उसके पिता ड्राइवर से रात को कहते हुए सुना, "यह मुसीबत और खड़ी हो गयी। मरद ने निकाल दिया तो हम थोड़े ही यह ढोल गले बाँधेंगे। बाप अलग हम लोगों का रुपया खा गया। सुना, चल बसा तो कहीं मकान हम लोग न दखल कर लें तो मरद को छोड़कर चली आयी। खबरदार जो चाभी दी तुमने।"

"क्या छोटेपन की बात करती हो रुपया उसके बाप ने ले लिया तो क्या हम उसका मकान मार लेंगे? चाभी हमने दे दी है। दस-पाँच दिन का नाजपानी भेज दो उसके यहाँ।"

"हाँ-हाँ, सारा घर उठाके भेज देव। सुन रही हो घेघा बुआ!"

"तो का भवा बहू, अरे निरमल के बाबू से तो एकरे बाप की दाँतकाटी रही।" घेघा बुआ की आवाज आयी, "बेचारी बाप की अकेली सन्तान रही। एही के बियाह में मटियामेट हुई गवा, पर ऐसे कसाई के हाथ में दिहिस कि पाँचै बरस में कूबड़ निकल आवा।"

"साला यहाँ आवे तो हंटर से खबर लूँ मैं।" ड्राइवर साहब बोले, "पाँच बरस बाद बाल-बच्चा हुआ। अब मरा हुआ बच्चा पैदा हुआ तो उसमें इसका क्या कसूर! साले ने सीढ़ी से ढकेल दिया। जिन्दगी-भर के लिए हड्डी खराब हो गयी न। अब कैसे गुजारा हो उसका?"

"बेटवा एको दुकान खुलवाय देव। हमारा चौतरा खाली पड़ा है। यही रुपया दुइ रुपया किरावा दै देवा करै, दिन-भर अपना सौदा लगाय ले। हम का मना करित है? एत्ता बड़ा चौतरा मुहल्लेवालन के काम न आयी तो का हम छाती पर धै लै जाब! पर हाँ, मुला रुपया दै देवा करै।"

दूसरे दिन यह सनसनीखेज खबर बच्चों में फैल गयी। वैसे तो हकीम जी का चबूतरा बड़ा था, पर वह कच्चा था, उस पर छाजन नहीं थी। बुआ का चौतरा लम्बा था, उस पर पत्थर जड़े थे। लकड़ी के खम्भे थे। उस पर टीन छायी थी। कई खेलों की सुविधा थी। खम्भों के पीछे किल-किल काँटे की लकीरें खींची जा सकती थीं। एक टाँग से उचक-उचककर बच्चे चिबिड्डी खेल सकते थे। पत्थर पर लकड़ी का पीढ़ा रखकर नीचे से मुड़ा हुआ तार घुमाकर रेलगाड़ी चला सकते थे। जब गुलकी ने अपनी दुकान के लिए चबूतरे के खम्भों में बाँस बाँधे तो बच्चों को लगा कि उनके साम्राज्य में किसी अज्ञात शत्रु ने आकर किलेबन्दी कर ली है। वे सहमे हुए से कुबड़ी गुलकी को देखा करते थे। निरमल ही उसकी एकमात्र संवाददाता थी और निरमल का एकमात्र विश्वस्त सूत्र था उसकी माँ। उससे जो सुना था, उसके आधार पर निरमल ने सबको बताया था कि यह चोर है। इसका बाप 100 रुपया चुराकर भाग गया। यह भी उसके घर का सारा रुपया चुराने आयी है। "रुपया चुरायेगी तो यह भी मर जायेगी।" मुन्ना ने कहा, "भगवान सबको दण्ड देता है।" निरमल बोली, "ससुराल में भी रुपया चुरायी होगी।" मेवा बोला, "अरे कूबड़ थोड़े है। ओही रुपया बाँधे है पीठ पर। मनसेधू का रुपया है।" "सचमुच?" निरमल ने अविश्वास से कहा। "और नहीं क्या। कूबड़ थोड़े है। है तो दिखावै!" मुन्ना द्वारा उत्साहित होकर मेवा पूछने ही जा रहा था कि देखा साबुनवाली सत्ती खड़ी बात कर रही है गुलकी से—कह रही, "अच्छा किया तुमने! मेहनत से दुकान करो। अब कभी थूकने भी न जाना उसके यहाँ। हरामजादा, दूसरी औरत कर ले, चाहे दस और कर ले। सबका खून उसी के मत्थे चढ़ेगा। यहाँ कभी आवे तो कहलाना मुझसे। इसी चाकू से दोनों आँखें निकाल लूँगी।"

बच्चे डरकर पीछे हट गये। चलते-चलते सत्ती बोली, "कभी रुपये-पैसे की जरूरत हो तो बताना बहिन!"

कुछ दिन बच्चे डरे रहे। पर अकस्मात् उन्हें यह सूझा कि सत्ती को यह कुबड़ी डराने के लिए बुलाती है। इसने उनके गुस्से में घी का काम किया। पर कर क्या सकते थे। अन्त में उन्होंने एक तरीका ईजाद किया। वे एक बुढ़िया का खेल खेलते थे। उसको उन्होंने संशोधित किया। मटकी को लैमजूस देने का लालच देकर कुबड़ी बनाया गया। वह उसी तरह पीठ दोहरी करके चलने लगी। बच्चों ने सवाल-जवाब शुरू किये—

"कुबड़ी कुबड़ी का हेराना?"

"सुई हिरानी।"

"सुई लैके का करबे?"

"कन्था सीबै!"

"कन्था सीके का करबे?"

"लकड़ी लाबै।"

"लकड़ी लाय के का करबे?"

"भात पकइबै!"

"भात पकाय के का करबे?"

"भात खाबै!"

"भात के बदले लात खाबे?"

और इसके पहले कि कुबड़ी बनी हुई मटकी कुछ कह सके, वे उसे जोर से लात मारते और मटकी मुँह के बल गिर पड़ती, उसकी कोहनियाँ और घुटने छिल जाते, आँख में आँसू आ जाते और होंठ दबाकर वह रुलाई रोती, बच्चे खुशी से चिल्लाते, "मार डाला कुबड़ी को। मार डाला कुबड़ी को।" गुलकी यह सब देखती और मुँह फेर लेती।

एक दिन जब इसी प्रकार मटकी को कुबड़ी बनाकर गुलकी की दुकान के सामने ले गये तो इसके पहले कि मटकी जवाब दे, उन्होंने अनचित्त में उसे इतनी जोर से ढकेल दिया कि वह कुहनी भी न टेक सकी और सीधे मुँह के बल गिरी। नाक, होंठ और भौंह खून से लथपथ हो गये। वह 'हाय! हाय' कर इस बुरी तरह चीखी कि लड़के 'कुबड़ी मर गयी!' चिल्लाते हुए भी सहम गये और हतप्रभ हो गये। अकस्मात् उन्होंने देखा कि गुलकी उठी। वे जान छोड़कर भागे। पर गुलकी उठकर आयी, मटकी को गोद में लेकर पानी से उसका मुँह धोने लगी और धोती से खून पोंछने लगी। बच्चों ने पता नहीं क्या समझा कि वह मटकी को मार रही है, या क्या कर रही है कि वे अकस्मात् उस पर टूट पड़े। गुलकी की चीखें सुनकर मुहल्ले के लोग आये तो उन्होंने देखा कि गुलकी

के बाल बिखरे हैं, दाँत से खून बह रहा है, अध-उघारी चबूतरे के नीचे पड़ी है, और सारी तरकारी सड़क पर बिखरी है। घेघा बुआ ने उसे उठाया, धोती ठीक की और बिगड़कर बोलीं, "औकात रत्ती भर नै और तेहा पौवा भर। आपन बखत देख के चुप नै रहा जाता। काहे लड़कन के मुँह लगत हौ?" लोगों ने पूछा तो कुछ नहीं बोली। जैसे उसे पाला मार गया हो। उसने चुपचाप अपनी दुकान ठीक की और दाँत से खून पोंछा, कुल्ला किया और बैठ गयी।

उसके बाद अपने उस कृत्य से बच्चे जैसे खुद सहम गये थे। बहुत दिन तक वे शान्त रहे। आज जब मेवा ने उसकी पीठ पर धूल फेंकी तो जैसे उसके खून चढ़ गया, पर फिर न जाने वह क्या सोचकर चुप रह गयी और जब नारा लगाते हुए जुलूस गली में मुड़ गया तो उसने आँसू पोंछे, पीठ पर से धूल झाड़ी और साग पर पानी छिड़कने लगी। "लड़के का हैं गल्ली के, राच्छस हैं!" घेघा बुआ बोलीं। "अरे उन्हें काहे कहो बुआ! हमारा भाग ही खोटा है!" गुलकी ने गहरी साँस लेकर कहा।

2

इस बार जो झड़ी लगी तो पाँच दिन तक लगातार सूरज के दर्शन नहीं हुए। बच्चे सब घर में कैद और गुलकी कभी दुकान लगाती थी, कभी नहीं। राम-राम करके छठवें दिन तीसरे पहर झड़ी बन्द हुई। बच्चे हकीम जी के चौतरे पर जमा हो गये। मेवा बिलबोटी बीन लाया था और निरमल ने टपकी हुई निमकौड़ियाँ बीनकर एक दुकान लगा ली थी और गुलकी की तरह आवाज लगा रही थी, "ले खीरा, आलू, मूरी, घिया-बण्डा!" थोड़ी देर में काफी शिशु ग्राहक दुकान पर जुट गये। अकस्मात् शोरगुल को चीरता हुआ बुआ के चौतरे से गीत का स्वर उठा। बच्चों ने घूमकर देखा मिरवा और मटकी गुलकी की दुकान पर बैठे हैं। मटकी खीरा खा रही है और मिरवा झबरी का सर अपनी गोद में रखे बिल्कुल उसकी आँखों में आँखें डालकर गा रहा है।

तुरन्त मेवा गया और पता लगाकर आया कि गुलकी ने दोनों को एक-एक अधन्ना दिया है और दोनों मिलकर झबरी कुतिया के कीड़े निकाल रहे हैं। चौतरे पर हलचल मच गयी और मुन्ना ने कहा, "निरमल! मिरवा मटकी को एक भी निमकौड़ी मत देना। रहें उसी कुबड़ी के पास।" "हाँ जी!" निरमल ने आँखें चमकाकर गोल मुँह करके कहा, "हमार अम्मा कहत रहीं उन्हें छूयो न। न साथ खायो, न खेल्यो। उन्हें बड़ी बुरी बीमारी है।" "आक थू!" मुन्ना ने उनकी ओर देखकर उबकाई-जैसा मुँह बनाकर थूक दिया।

गुलकी बैठी-बैठी सब समझ रही थी और जैसे इस निरर्थक घृणा में उसे कुछ रस-सा आने लगा था। उसने मिरवा से कहा, "तुम दोनों मिलके गाओ तो एक अधन्ना दें। खूब जोर से!" दोनों भाई-बहन ने गाना शुरू किया—'माल कताली मल जाना, पर अकियाँ किछी से...' अकस्मात् फटाक से दरवाजा खुला और एक लोटा पानी दोनों के ऊपर फेंकती हुई घेघा बुआ गरजीं, "दुर कलमुँहे। अबहिन बित्तौभर के नाहीं ना और पतुरियन के गाना गावै लागे। न बहन का खयाल, न बिटिया का। और ए कुबड़ी, हम तुहूँ से कहे देइ है कि हम चकला-खाना खोलै के बरे अपना चौतरा नहीं दिया रहा। हुँह! चली हुँआ से मुजरा करावै।"

गुलकी ने पानी उधर छिटकाते हुए कहा, "बुआ, बच्चे हैं। गा रहे हैं। कौन कसूर हो गया!"

"ऐ हाँ! हाँ बच्चे हैं। तुहूँ तो दूध पियत बच्ची हौ। कह दिया कि जबान न लड़ायो हमसे, हाँ! हम बहुतै बुरी हैं। एक तो पाँच महीने से किरावा नाहीं दियो और हियाँ दुनिया भर के अन्धे-कोढ़ी बटुरे रहत हैं। चलौ उठाओ अपनी दुकान हियाँ से। कल से न देखी हियाँ तुम्हें। राम! राम! सब अधरम की सन्तान राच्छस पैदा भये मुहल्ले में! धरतियौ नाहीं फाटत कि मर बिलाय जायें।"

गुलकी सन्न रह गयी। उसने किराया सचमुच पाँच महीने से नहीं दिया था। बिक्री ही नहीं थी। मुहल्ले में कोई उससे कुछ लेता ही नहीं था, पर इसके लिए बुआ उसे निकाल देंगी, यह उसे कभी आशा नहीं थी। वैसे ही महीने में 20 दिन भूखी सोती थी। धोती में 10-10 पैबन्द थे। मकान गिर चुका था। एक दालान में थोड़ी-सी जगह में वह सो जाती थी। पर दुकान तो वहाँ रखी नहीं जा सकती। उसने चाहा कि वह बुआ के पैर पकड़ ले, मिन्नत कर ले। पर बुआ ने जितनी जोर से दरवाजा खोला था, उतनी ही जोर से बन्द कर दिया। जब से चौमासा आया था, पुरवाई बही थी, उसकी पीठ में भयानक पीड़ा उठती थी। उसके पाँव काँपते थे। सट्टी में उस पर उधार बुरी तरह चढ़ गया था। पर अब होगा क्या? वह मारे खीझ के रोने लगी।

इतने में कुछ खटपट हुई और उसने घुटनों से मुँह उठाकर देखा कि मौका पाकर मटकी ने एक ताजा फूट निकाल लिया है और मरभुखी की तरह उसे हबर-हबर खाती जा रही है। एक क्षण वह उसके फूलते-पचकते पेट को देखती रही, फिर खयाल आते ही कि फूट पूरे 10 पैसे का है, वह उबल पड़ी और सड़ासड़ तीन-चार खपच्ची मारते हुए बोली, "चोट्टी! कुतिया! तोरे बदन में कीड़ा पड़े!" मटकी के हाथ से फूट गिर पड़ा, पर वह नाली में से फूट के टुकड़े उठाते हुए भागी। न रोयी, न चीखी, क्योंकि मुँह में भी फूट भरा था।

मिरवा हक्का-बक्का इस घटना को देख रहा था कि गुलकी उसी पर बरस पड़ी। सड़-सड़ उसने मिरवा को मारना शुरू किया, "भाग यहाँ से। हरामजादे।" मिरवा दर्द से तिलमिला उठा, "हमला पइछा देव तो जाई।" "देते हैं पैसा, ठहर तो!" सड़! सड़!... रोता हुआ मिरवा चौतरे की ओर भागा।

निरमल की दुकान पर सन्नाटा छाया था। सब चुप उसी ओर देख रहे थे। मिरवा ने आकर कुबड़ी की शिकायत मुन्ना से की। मुन्ना चुप रहा। फिर मेवा की ओर घूमकर बोला, "मेवा, बता दो इसे!" मेवा पहले हिचकिचाया, फिर बड़ी मुलायमियत से बोला, "मिरवा, तुम्हें बीमारी है न! तो हम लोग अब तुम्हें नहीं छुयेंगे। साथ नहीं खिलायेंगे। तुम बैठ जाओ।"

"हम बिमाल हैं मुन्ना?"

मुन्ना कुछ पिघला, "हाँ, हमें छुओ मत। निमकौड़ी खरीदना हो तो उधर बैठ जाओ, हम दूर से फेंक देंगे! समझे!" मिरवा समझ गया, सर हिलाया और अलग जाकर बैठ गया। मेवा ने निमकौड़ी उसके पास रख दी और वह चोट भूलकर पकी निमकौड़ी का बीजा निकालकर छीलने लगा।

इतने में ऊपर से घेघा बुआ की आवाज आयी, "ऐ मुन्ना! तईं तू लोग परे हो जाओ! अबहिन पानी गिरी ऊपर से।" बच्चों ने ऊपर देखा। तिछत्ते पर घेघा बुआ कछोटा मारे पानी में छपछप करती घूम रही थीं। कूड़े से तिछत्ते की नाली बन्द थी और पानी भरा था। जिधर बुआ खड़ी थीं, उसके ठीक नीचे गुलकी का सौदा था। गुलकी कराहती हुई उठी। कूबड़ की वजह से वह तनकर तिछत्ते की ओर देख भी नहीं सकती थी। उसने धरती की ओर देखकर ऊपर बुआ से कहा, "इधर की नाली काहे खोल रही हो? उधर की खोलो न!"

"काहे इधर की खोली! उधर हमारे चौका है कि नै!"

"इधर हमारा सौदा लगा है।"

"ऐ है!" बुआ हाथ चमकाकर बोली, "सौदा लगा है रानी साहब का! किरावा देय के दाईं हियाव फाटत है और टर्राय के दाईं नटई में गामा पहिलवान का जोर तो देखो! सौदा लगा है तो हम का करी। नारी तो इहै खुली!"

"खोलौ तो देखैं।" अकस्मात् गुलकी ने तड़पकर कहा—आज तक किसी ने उसका स्वर नहीं सुना था, "पाँच महीने का दस रुपया नहीं दिया, बस, पर हमारे घर की धन्नी निकाल के बसन्तू के हाथ किसने बेचा? तुमने! पच्छिम ओर का दरवाजा चिरवाके किसने जलवाया? तुमने। हम गरीब हैं। हमारा बाप नहीं है। सारा मुहल्ला मिलके हमें मार डालो।"

"हमें चोरी लगाती है। अरे, कल की पैदा हुई।" बुआ मारे गुस्से के खड़ी बोली बोलने लगी थीं।

बच्चे चुप खड़े थे। वे कुछ-कुछ सहमे हुए थे। कुबड़ी का यह रूप उन्होंने कभी न देखा, न सोचा था।

"हाँ! हाँ! हाँ! तुमने, ड्राइवर चाचा ने, चाची ने, सबने मिलके हमारा मकान उजाड़ा है। अब हमारी दुकान बहाय देव। देखेंगे हम भी। निरबल के भी भगवान हैं!"

"ले! ले! ले! भगवान हैं तो ले!" और बुआ ने पागलों की तरह दौड़कर नाली में जमा कूड़ा लकड़ी से ठेल दिया। छः इंच मोटी गन्दे पानी की धार धड़-धड़ करती हुई उसकी दुकान पर गिरने लगी। तरोइयाँ पहले नाली में गिरीं, फिर मूली, खीरे, साग, अदरक उछल-उछल कर दूर जा गिरे। गुलकी आँखें फाड़े पागल-सी देखती रही और फिर दीवार पर सर पटककर हृदय-विदारक स्वर में डकराकर रो पड़ी, "अरे मोर बाबू—हमें कहाँ छोड़ गये—अरे मोरी माई! पैदा होते ही हमें क्यों नहीं मार डाला! अरे धरती मैया, हमें काहे नहीं लील लेतीं।"

सर खोले, बाल बिखेर, छाती कूट-कूटकर वह रो रही थी और तिछत्ते का पिछले नौ दिन का जमा पानी धड़-धड़-धड़ गिर रहा था।

बच्चे चुप खड़े थे। अब तक तो जो हो रहा था, उनकी समझ में आ रहा था। पर आज यह क्या हो गया, यह उनकी समझ में नहीं आ सका। पर वे कुछ बोले नहीं। सिर्फ मटकी उधर गयी और नाली में बहता हुआ एक मोटा खीरा निकालने लगी कि मुन्ना ने डाँटा, "खबरदार! जो कुछ चुराया।" मटकी पीछे हट गयी। वे सब किसी अप्रत्याशित भय, संवेदना या आशंका से जुड़-बटुरकर खड़े हो गये। सिर्फ मिरवा अलग सर झुकाये खड़ा था। झींसी फिर पड़ने लगी थी और वे एक-एक कर अपने घर चले गये।

दूसरे दिन चौतरा खाली था। दुकान का बाँस उखड़वाकर बुआ ने नाँद में गाड़कर उस पर तुरई की लतर चढ़ा दी थी। उस दिन बच्चे आये, पर उनकी हिम्मत उस चौतरे पर जाने की नहीं हुई। जैसे वहाँ कोई मर गया हो। बिल्कुल सुनसान चौतरा था और फिर तो ऐसी झड़ी लगी कि बच्चों का निकलना बन्द। चौथे या पाँचवें दिन रात को भयानक वर्षा तो हो ही रही थी, पर बादल भी ऐसे गरज रहे थे कि मुन्ना अपनी खाट से उठकर अपनी माँ के पास घुस गया। बिजली चमकते ही जैसे कमरा रोशनी से नाच-नाच उठता था। छत पर बूँदों की पटर-पटर कुछ धीमी हुई, थोड़ी हवा भी चली और पेड़ों का हरहर सुनाई पड़ा कि इतने में धड़ धड़ धड़ाम! भयानक आवाज हुई। माँ भी चौंक पड़ीं। पर उठीं नहीं। मुन्ना आँखें खोले अँधेरे में ताकने लगा। सहसा लगा, मुहल्ले में कुछ लोग बातचीत कर रहे हैं। घेघा बुआ की आवाज सुनाई पड़ी, "किसका मकान गिरा है रे!"

"गुलकी का?"—किसी का दूरागत उत्तर आया। "अरे बाप रे! दब गयी क्या?" "नहीं, आज तो मेवा की माँ के यहाँ सोयी है!" मुन्ना लेटा था और उसके ऊपर अँधेरे में यह सवाल-जवाब इधर से उधर और उधर से इधर जा रहे थे। वह फिर काँप उठा, माँ के पास घुस गया और सोते-सोते उसने साफ सुना—कुबड़ी फिर उसी तरह रो रही है, गला फाड़कर रो रही है! कौन जाने मुन्ना के ही आँगन में बैठकर रो रही हो। नींद में वह स्वर कभी दूर, कभी पास आता हुआ ऐसा लग रहा है जैसे कुबड़ी मुहल्ले के हर आँगन में जाकर रो रही हो, पर कोई सुन नहीं रहा, सिवा मुन्ना के।

3

बच्चों के मन में कोई बात इतनी गहरी लकीर नहीं बनाती कि उधर से उनका ध्यान हटे ही नहीं। सामने गुलकी थी तो वह एक समस्या थी, पर उसकी दुकान हट गयी, फिर वह जाकर साबुनवाली सत्ती के गलियारे में सोने लगी और दो-चार घर से माँग-जाँचकर खाने लगी, उस गली में दिखती ही नहीं थी। बच्चे भी दूसरे कामों में व्यस्त हो गये। अब जाड़ा आ रहा था, तो उनका जमावड़ा सुबह न होकर तीसरे पहर होता था। जमा होने के बाद जुलूस निकलता था और जिस जोशीले नारे से गली गूँज उठती थी वह था, "घेघा बुआ को वोट दो।" पिछले दिनों म्युनिसिपैलटी का चुनाव हुआ था और उसी में बच्चों ने यह नारा सीखा था। वैसे कभी-कभी बच्चों में दो पार्टियाँ भी होती थीं, पर दोनों को घेघा बुआ से अच्छा उम्मीदवार कोई नहीं मिलता था, अतः दोनों ही गला फाड़-फाड़कर उनके लिए वोट माँगती थीं।

उस दिन जब घेघा बुआ के धैर्य का बाँध टूट गया और नयी-नयी गालियों से विभूषित अपनी प्रथम इलेक्शन स्पीच देने ज्यों ही चौतरे पर अवतरित हुईं कि उन्हें डाकिया आता हुआ दिखाई पड़ा। वह अचकचाकर रुक गयीं। डाकिया के हाथ में पोस्टकार्ड था और वह गुलकी को ढूँढ़ रहा था। बुआ ने लपककर पोस्टकार्ड लिया, एक साँस में पढ़ गयीं। उनकी आँखें मारे अचरज के फैल गयीं और डाकिया को यह बताकर कि गुलकी सत्ती साबुनवाली के ओसारे में रहती है, वह झट से दौड़ीं। निरमल की माँ ड्राइवर की पत्नी के यहाँ गयीं, बड़ी देर तक दोनों में सलाह-मशविरा होता रहा और अन्त में बुआ आयीं और उन्होंने मेवा को भेजा, "जा, गुलकी को बुला ला!"

पर जब मेवा लौटा तो उसके साथ गुलकी नहीं, वरन सत्ती साबुनवाली थी और सदा की भाँति इस समय भी उसकी कमर से वह काले बेंट का चाकू

लटक रहा था, जिससे वह साबुन की टिक्की काटकर दुकानदारों को देती थी। उसने आते ही भौंह सिकोड़कर बुआ को देखा और कड़े स्वर में बोली, "क्यों बुलाया है गुलकी को? तुम्हारा 10 रुपये किराया बाकी था, तुमने 25 रुपये का सौदा उजाड़ दिया! अब क्या काम है!" "अरे! राम! राम! कैसा किराया बेटी! अन्दर आओ, अन्दर आओ! बुआ के स्वर में असाधारण मुलायमियत थी। सत्ती के अन्दर जाते ही बुआ ने फटाक से किवाड़ बन्द कर लिये। बच्चों का कौतूहल बहुत बढ़ गया था। बुआ के चौके में एक झँझरी थी। सब बच्चे वहाँ पहुँचे और आँख लगाकर कनपटियों पर दोनों हथेलियाँ रखकर घण्टीवाला बाइस्कोप देखने की मुद्रा में खड़े हो गये।

अन्दर सत्ती गरज रही थी, "बुलाया है तो बुलाने दो। क्यों जाये गुलकी? अब बड़ा खयाल आया है। इसलिए कि उसकी रखैल को बच्चा हुआ है तो जाके गुलकी झाड़ू-बुहारू करे, खाना बनाये, बच्चा खिलावै, और वह मरद का बच्चा गुलकी की आँख के आगे रखैल के साथ गुलछर्रे उड़ावै!"

निरमल की माँ बोलीं, "अरे बिटिया! पर गुजर तो अपने आदमी के साथ करैगी न। जब उसकी पत्री आयी है तो गुलकी को जाना चाहिए। और मरद तो मरद। एक रखैल को छोड़ दुइ-दुइ रखैल रख ले तो औरत उसे छोड़ देगी? राम! राम !"

"नहीं, छोड़ नहीं देगी तो जायके लात खायेगी?" सत्ती बोली।

"अरे बेटा!" बुआ बोली, "भगवान रहें न! तौन मथुरापुरी में कुब्जा दासी के लात मारिन तो ओकर कूबर सीधा हुइ गवा। पति तो भगवान है बिटिया! ओके जाय देव!"

"हाँ! हाँ! बड़ी हितू न बनिए। उनके आदमी से आप लोग मुफ्त में गुलकी का मकान झटकना चाहती हैं। मैं सब समझती हूँ।"

निरमल की माँ का चेहरा जर्द पड़ गया। पर बुआ ने ऐसी कच्ची गोली नहीं खेली थी। वे डपटकर बोलीं, "खबरदार जो कच्ची जबान निकाल्यो ! तुम्हारा चलित्तर कौन नै जानता! ओही छोकरा मानिक..."

"जबान खींच लूँगी।" सत्ती गला फाड़कर चीखी, "जो आगे एक हरुफ कहा।" और उसका हाथ अपने चाकू पर गया—

"अरे! अरे! अरे!" बुआ सहमकर दस कदम पीछे हट गयीं, "तो का खून करबो का, कतल करबो का?"—सत्ती जैसे आयी थी वैसे ही चली गयी।

तीसरे दिन बच्चों ने तय किया कि होरी बाबू के कुएँ पर चलकर बर्रें पकड़ी जायें। उन दिनों उनका जहर शान्त रहता है, बच्चे उन्हें पकड़कर उनका

छोटा-सा काला डंक निकाल लेते और फिर डोरी में बाँधकर उन्हें उड़ाते हुए घूमते। मेवा, निरमल और मुन्ना एक-एक बरैं उड़ाते हुए जब गली में पहुँचे तो वहाँ देखा, बुआ के चौतरे पर टीन की कुर्सी डाले कोई आदमी बैठा है। उसकी अजीब शकल थी। कान पर बड़े-बड़े बाल, मिचमिची आँखें, मोछा और तेल से चुचुआते हुए बाल। कमीज और धोती, पुराने बदरंग बूट। मटकी हाथ फैलाये कह रही है, "एक डबल दै देव ! देव ना।" मुन्ना को देखकर मटकी ताली बजा-बजाकर कहने लगी,

"गुलकी का मनसेधू आवा है। ए मुन्ना बाबू! ई कुबड़ी का मनसेधू है।" फिर उधर मुड़कर "एक डबल दै देव।" तीनों बच्चे कौतूहल से रुक गये। इतने में निरमल की माँ एक गिलास में चाय भरकर लायी और उसे देते-देते निरमल के हाथ में बरैं देखकर उसे डाँटने लगी। बरैं छुड़ाकर निरमल को पास बुलाया और बोली, "बेटा, ई हमारी निर्मला है! ए निरमल, जीजाजी हैं, हाथ जोड़ो! बेटा, गुलकी हमारी जात-बिरादर की नहीं है तो का हुआ, हमारे लिए जैसे निरमल वैसे गुलकी। अरे निरमल के बाबू और गुलकी के बाप की दाँतकाटी रही। एक मकान बचा है उनकी चिन्हारी, और का!" एक गहरी साँस लेकर निरमल की माँ ने कहा।

"अरे तो का उन्हें कोई इनकार है।" बुआ आ गयी थीं, "अरे 100 रुपये तुम देबै किये रह्यू, चलो 300 रुपये और दै देव। अपने नाम कराय लेव!"

"500 रुपये से कम नहीं होगा!" उस आदमी का मुँह खुला, एक वाक्य निकला और मुँह फिर बन्द हो गया।

"भवा! भवा! ऐ बेटा दामाद हौ, 500 रुपये कहबो तो का निरमल की माँ को इनकार है।"

अकस्मात् वह आदमी उठकर खड़ा हो गया। आगे-आगे सत्ती चली आ रही थी, पीछे-पीछे गुलकी। सत्ती चौतरे के नीचे खड़ी हो गयी। बच्चे दूर हट गये। गुलकी ने सर उठाकर देखा और अचकचाकर सर पर पल्ला डालकर माथे तक खींच लिया। सत्ती दो-एक क्षण उसकी ओर एकटक देखती रही और फिर गरजकर बोली, "यही कसाई है गुलकी, आगे बढ़कर मार दो चपोटा इसके मुँह पर! खबरदार, जो कोई बोला!" बुआ चट से देहरी के अन्दर हो गयीं, निरमल की माँ की जैसे घिग्घी बँध गयी और वह आदमी हड़बड़ा कर पीछे हटने लगा। बढ़ती क्यों नहीं, गुलकी ! बड़ा आया वहाँ से बिदा कराने!"

गुलकी आगे बढ़ी—सब सन्न थे—सीढ़ी चढ़ी, उस आदमी के चेहरे पर हवाइयाँ उड़ने लगीं। गुलकी चढ़ते-चढ़ते रुकी, सत्ती की ओर देखा, ठिठकी, अकस्मात् लपकी और फिर उस आदमी के पाँव पर गिरके फफक-फफफकर रोने लगी,

"हाय हमें काहे को छोड़ दिया! तुम्हारे सिवा हमरा लोक-परलोक और कौन है। अरे, हमरे मरै पर कौन चुल्लू भर पानी चढ़ाई..."

सत्ती का चेहरा स्याह पड़ गया। उसने बड़ी हिकारत से गुलकी की ओर देखा और गुस्से में थूक निगलते हुए कहा, "कुतिया!" और तेजी से चली गयी। निरमल की माँ और बुआ गुलकी के सर पर हाथ फेर-फेरकर कह रही थीं, "मत रो बिटिया! मत रो! सीता मइया भी तो बनवास भोगिन रहा! उठो गुलकी बेटा, धोती बदल लेव, कंघी चोटी करो! पति के सामने ऐसे आना असगुन होता है! चलो।"

गुलकी आँसू पोंछती-पोंछती निरमल की माँ के घर चली। बच्चे पीछे-पीछे चले तो बुआ ने डाँटा, "ऐ चलो एहर, हुँआ लड्डू बँट रहा है का!"

दूसरे दिन निरमल के बाबू (ड्राइवर साहब), गुलकी और जीजा दिन-भर कचहरी में रहे। शाम को लौटे तो निरमल की माँ ने पूछा, "पक्का कागज लिख गया?" "हाँ, हाँ रे, हाकिम के सामने लिख गया।" फिर जरा निकट आकर फुसफुसाकर बोले, "मट्टी के मोल मकान मिला है। अब कल दोनों को बिदा करो!" "अरे, पहले 100 रुपये लाओ! बुआ का हिस्सा भी तो देना है!" निरमल की माँ उदास स्वर में बोली, "बड़ी चंट है बुढ़िया, गाड़-गाड़के रख रही है, मरके साँप होयेगी।'

4

सुबह निरमल की माँ के यहाँ मकान खरीदने की कथा थी। शंख, घण्टा-घड़ियाली, केले का पत्ता, पंजीरी, पंचामृत का आयोजन देखकर मुन्ना के अलावा सब बच्चे इकट्ठे थे। निरमल की माँ और निरमल के बाबू पीढ़े पर बैठे थे, गुलकी एक पीली धोती पहने, माथे तक घूँघट काढ़े सुपारी काट रही थी और बच्चे झाँक-झाँककर देख रहे थे। मेवा ने पास पहुँचकर कहा, "ए गुलकी, ए गुलकी, जीजाजी के साथ जाओगी क्या?" कुबड़ी ने झेंपकर कहा, "धत्त रे! ठिठोली करता है!" और लज्जा-भरी जो मुस्कान किसी भी तरुणी के चेहरे पर मनमोहक लाली बनकर फैल जाती है, वह उसके झुर्रियोंदार, बेडौल, नीरस चेहरे पर विचित्र रूप से बीभत्स लगने लगी। उसके काले पपड़ीदार होंठ सिकुड़ गये, आँखों के कोने मिचमिचा उठे और अत्यन्त कुरुचिपूर्ण ढंग से उसने अपने पल्ले से सर ढँक लिया और पीठ सीधी कर जैसे कूबड़ छिपाने का प्रयास करने लगी। मेवा पास ही बैठ गया। कुबड़ी ने पहले इधर-उधर देखा, फिर फुसफुसाकर मेवा से कहा, "क्यों रे! जीजा जी कैसे लगे तुझे?" मेवा ने असमंजस में या संकोच में पड़कर कोई जवाब नहीं दिया तो जैसे अपने को समझाते हुए गुलकी बोली,

"कुछ भी होय। है तो अपना आदमी! हारे-गाढ़े कोई और काम आवेगा? औरत को दबाय के रखना ही चाहिए।" फिर थोड़ी देर चुप रहकर बोली, "मेवा भइया, सत्ती हमसे नाराज है। अपनी सगी बहन क्या करेगी जो सत्ती ने किया हमारे लिए। ये चाची और बुआ तो सब मतलब के साथी हैं, हम क्या जानते नहीं? पर भइया, अब जो कहो कि हम सत्ती के कहने से अपने मरद को छोड़ दें, सो नहीं हो सकता।" इतने में किसी का छोटा-सा बच्चा घुटनों के बल चलते-चलते मेवा के पास आकर बैठ गया। गुलकी क्षण-भर उसे देखती रही। फिर बोली, "पति से हमने अपराध किया तो भगवान ने बच्चा छीन लिया, अब भगवान हमें क्षमा कर देंगे।" फिर कुछ क्षण के लिए चुप हो गयी, "क्षमा करेंगे तो दूसरी सन्तान देंगे। क्यों नहीं देंगे? तुम्हारे जीजाजी को भगवान बनाये रखे। खोट तो हमीं में है फिर सन्तान होगी तब तो सौत का राज नहीं चलेगा।"

इतने में गुलकी ने देखा कि दरवाजे पर उसका आदमी खड़ा बुआ से कुछ बातें कर रहा है। गुलकी ने तुरन्त पल्ले से सर ढँका और लजाकर उधर पीठ कर ली। बोली, "राम! राम! कितने दुबरा गये हैं। हमारे बिना खाने-पीने का कौन ध्यान रखता? अरे, सौत तो अपने मतलब की होगी। ले भइया मेवा, जा दो बीड़ा पान दे आ जीजा को!" फिर उसके मुँह पर वही लज्जा की बीभत्स मुद्रा आयी, "तुझे क़सम है, बताना मत किसने दिया है।"

मेवा पान लेकर गया, पर वहाँ किसी ने उस पर ध्यान ही नहीं दिया। वह आदमी बुआ से कह रहा था, "इसे ले तो जा रहे हैं, पर इतना कहे देते हैं। आप भी समझा दें उसे—कि रहना हो तो दासी बनकर रहे। न दूध की, न पूत की। हमारे कौन काम की, पर हाँ औरतिया की सेवा करे, उसका बच्चा खिलावे, झाड़ू-बुहारू करे तो दो रोटी खाय पड़ी रहे। पर कभी उससे जबान लड़ायी तो खैर नहीं। हमारा हाथ बड़ा जालिम है। एक बार कूबड़ निकला, अगली बार परान ही निकलेगा।"

"क्यों नहीं बेटा! क्यों नहीं!" बुआ बोलीं और उन्होंने मेवा के हाथ से पान लेकर अपने मुँह में दबा लिये!

करीब 3 बजे इक्का लाने के लिए निरमल की माँ ने मेवा को भेजा। कथा की भीड़-भाड़ से उनका 'मूड़ पिराने' लगा था, अतः अकेली गुलकी सारी तैयारी कर रही थी। मटकी कोने में खड़ी थी। मिरवा और झबरी बाहर गुमसुम बैठे थे। निरमल की माँ ने बुआ को बुलवाकर पूछा कि बिदा-बिदाई में क्या करना होगा, तो बुआ मुँह बिगाड़कर बोलीं, "अरे, कोई जात-बिरादरी की है का? एक लोटा में पानी भरके इकन्नी-दुअन्नी उतारके परजा-पजारू को दै दियो बस!" और फिर बुआ शाम की बियारी में लग गयीं।

इक्का आते ही जैसे झबरी पागल-सी इधर-उधर दौड़ने लगी। उसे जाने कैसे, आभास हो गया कि गुलकी जा रही है, सदा के लिए। मेवा ने अपने छोटे-छोटे हाथों से बड़ी-बड़ी गठरियाँ रखीं, मटकी और मिरवा चुपचाप आकर इक्के के पास खड़े हो गये। सिर झुकाये पत्थर-सी चुप गुलकी निकली। आगे-आगे हाथ में पानी का भरा लोटा लिये निरमल थी। वह आदमी जाकर इक्के पर बैठ गया। "अब जल्दी करो।" उसने भारी गले से कहा। गुलकी आगे बढ़ी, फिर रुकी और उसने टेंट से दो अधन्ने निकाले, "ले मिरवा, ले मटकी!" मटकी जो हमेशा हाथ फैलाये रहती थी, इस समय जाने कैसा संकोच उसे आ गया कि वह हाथ नीचे कर दीवार से सटकर खड़ी हो गयी और सर हिलाकर बोली, "नहीं!" "नहीं बेटा! ले लो!" गुलकी ने पुचकारकर कहा। मिरवा-मटकी ने पैसे ले लिये और मिरवा बोला, "छलाम गुलकी! ए आदमी छलाम!"

"अब क्या गाड़ी छोड़नी है!" वह फिर भारी गले से बोला।

"ठहरो बेटा, कहीं ऐसे दामाद की बिदाई होती है!" सहसा एक बिलकुल अजनबी, किन्तु अत्यन्त मोटा स्वर सुनाई पड़ा। बच्चों ने अचरज से देखा, मुन्ना की माँ चली आ रही हैं। "हम तो मुन्ना का आसरा देख रहे थे कि स्कूल से आ जाये, उसे नाश्ता करा लें तो आयें, पर इक्का आ गया तो हमने समझा अब तू चली। अरे! निरमल की माँ, कहीं ऐसे बेटी की बिदाई होती है! लाओ जरा रोली घोलो जल्दी से, चावल लाओ और सेन्दुर भी ले आना निरमल बेटा! तुम बेटा, उतर आओ इक्के से!"

निरमल की माँ का चेहरा स्याह पड़ गया था। बोली, "जितना हमसे बन पड़ा, किया। किसी को दौलत का घमण्ड थोड़े ही दिखाना था।" "नहीं बहन! तुमने तो किया, पर मुहल्ले की बिटिया तो सारे मुहल्ले की बिटिया होती है। हमारा भी तो फर्ज था। अरे माँ-बाप नहीं हैं तो मुहल्ला तो है। आओ बेटा।" और उन्होंने टीका करके आँचल के नीचे छिपाये हुए कुछ कपड़े और एक नारियल उसकी गोद में डालकर उसे चिपका लिया। गुलकी जो अभी तक पत्थर-सी चुप थी, सहसा फूट पड़ी। उसे पहली बार लगा, जैसे वह मायके से जा रही है। मायके से...अपनी माँ को छोड़कर...छोटे-छोटे भाई-बहनों को छोड़कर...और वह अपने कर्कश फटे हुए गले से विचित्र स्वर से रो पड़ी।

"ले! अब चुप हो जा! तेरा भाई भी आ गया।" वे बोलीं। मुन्ना बस्ता लटकाये स्कूल से चला आ रहा था। कुबड़ी को अपनी माँ के कन्धे पर सर रखकर रोते देखकर वह बिल्कुल हतप्रभ-सा खड़ा हो गया। "आओ बेटा! गुलकी जा रही है न आज! दीदी है न! बड़ी बहन है। चल पाँव छू ले! आ इधर!"

माँ ने फिर कहा। मुन्ना... और कुबड़ी के पाँव छुये? क्यों? क्यों? पर माँ की बात! एक क्षण में उसके मन में जैसे एक पूरा पहिया घूम गया और वह गुलकी की ओर बढ़ा। गुलकी ने दौड़कर उसे चिपका लिया और फूट पड़ी, "हाय मेरे भइया! अब हम जा रहे हैं! अब किससे लड़ोगे मुन्ना भइया! अरे मेरे वीरन, अब किससे लड़ोगे?" मुन्ना को लगा जैसे उसकी छोटी-छोटी पसलियों में एक बहुत बड़ा-सा आँसू जमा हो गया जो अब छलकने ही वाला है। इतने में उस आदमी ने फिर आवाज दी और गुलकी कराहकर मुन्ना की माँ का सहारा लेकर इक्के पर बैठ गयी। इक्का खड़-खड़ कर चल पड़ा। मुन्ना की माँ मुड़ी कि बुआ ने व्यंग्य किया, "एक-आध गाना भी बिदाई का गाये जाओ बहन! गुलकी बन्नो ससुराल जा रही है!" मुन्ना की माँ ने कुछ जवाब नहीं दिया, मुन्ना से बोली, "जल्दी घर आना बेटा। नाश्ता रखा है।"

पर पागल मिरवा ने, जो बम्बे पर पाँव लटकाये बैठा था, जाने क्या सोचा कि वह सचमुच गला फाड़कर गाने लगा, "बन्नो डाले दुपट्टे का पल्ला, मुहल्ले से चली गयी राम!" यह उस मुहल्ले में हर लड़की की विदा पर गाया जाता था। बुआ ने घुड़का तब भी वह चुप नहीं हुआ, उलटे मटकी बोली, "काहे न गावें, गुलकी ने पैसा दिया है!" और उसने भी सुर मिलाया, "बन्नो तली गयी लाम! बन्नो तली गयी लाम! बन्नो तली गयी लाम!"

मुन्ना चुपचाप खड़ा रहा। मटकी डरते-डरते आयी, "मुन्ना बाबू! कुबड़ी ने अधन्ना दिया है, ले लें?"

"ले ले!" बड़ी मुश्किल से मुन्ना ने कहा और उसकी आँखों में दो बड़े-बड़े आँसू डबडबा आये। उन्हीं आँसुओं की झिलमिली में कोशिश करके मुन्ना ने जाते हुए इक्के की ओर देखा। गुलकी आँसू पोंछते हुए पर्दा उठाकर सबको मुड़-मुड़कर देख रही थी। मोड़ पर एक धचक्के से इनका इक्का मुड़ा और फिर अदृश्य हो गया।

सिर्फ झबरी सड़क तक इक्के के साथ गयी और फिर लौट आयी।

मन्नू भण्डारी

मन्नू भण्डारी का जन्म 3 अप्रैल, सन् 1931 ई. को मध्य प्रदेश के भानपुरा गाँव में हुआ। मन्नू जी का बचपन का नाम महेन्द्र कुमारी था। घर के लोग उन्हें प्यार से मन्नू कहकर पुकारते थे। आज वही नाम हिन्दी साहित्य जगत में रूढ़ और प्रसिद्ध है। मन्नू जी की उच्च शिक्षा काशी हिन्दू विश्वविद्यालय में पूर्ण हुई। उन्होंने दिल्ली विश्वविद्यालय के मिरांडा हाउस में एक कुशल मेधावी अध्यापिका के रूप में पर्याप्त ख्याति प्राप्त की। वस्तुतः साहित्य लेखन एवं अध्ययन के संस्कार उन्हें बचपन से ही प्राप्त हुए थे। उनके पिताजी श्री सुख सम्पतराय हिन्दी पारिभाषिक कोश के निर्माता थे। कलकत्ता में अध्यापन करते समय ही उनका सम्पर्क राजेन्द्र यादव जी से हुआ। तत्पश्चात् सुप्रसिद्ध साहित्यकार राजेन्द्र यादव जी के साथ सन् 1959 ई. में अन्तर्जातीय विवाह हुआ। उनका इस तरह विवाह करना उन दिनों परम्परा और समाज की दृष्टि से विद्रोह ही था। दोनों में साहित्यिक रुचि एवं काबिलियत होने के कारण साहित्य ही उनके बीच प्रेम का सेतु बन गया था। हालाँकि स्वभावगत भिन्नताओं ने दोनों में दरारों का निर्माण किया और दोनों आखिरकार अलग-अलग रहने के लिए विवश हो गये हैं।

आत्मकथा : एक कहानी यह भी।

कहानी : मैं हार गयी, तीन निगाहों की तस्वीर, यही सच है, एक प्लेट सैलाब, त्रिशंकु आदि।

उपन्यास : एक इंच मुस्कान (सहयोगी उपन्यास), आपका बंटी, स्वामी, महाभोज आदि

नाटक : बिना दीवारों के घर, महाभोज (नाट्य रूपान्तर) आदि। मन्नूजी के लेखन में नारी के अन्तर्द्वन्द्व और उनकी एकाकी मनःस्थिति का व्याख्यान दृष्टिगत होता है। जीवन की सन्तुलनता, टूटते रिश्तों और सामाजिक दबावों

के बीच अपने अस्तित्व के लिए जूझती नारी के अन्तर्मन को अपनी कहानियों और उपन्यासों में मन्नू जी बड़ी कुशलता से रूपायित करती हैं। इस स्थिति में वह समाज की सड़ी-गली परम्पराओं पर तीखा प्रहार करती हैं। उनकी भाषा सहज, पर प्रभावोत्पादक है।

सारांश : यही सच है

हिन्दी साहित्य की सुप्रसिद्ध कहानीकार मन्नु भण्डारी का जन्म 3 अप्रैल, 1931 को मध्य प्रदेश राज्य के मन्दसौर जिले में स्थित 'भानपुरा' गाँव में हुआ। मन्नु जी का बचपन का नाम महेन्द्रकुमारी था। लेखन के लिए उन्होंने अपना नाम मन्नु रखा। बहुमुखी प्रतिभा की धनी कलाकार मन्नु भण्डारी ने हिन्दी साहित्य की लगभग सभी विद्याओं में अपनी लेखनी चलायी है। 'आपका बंटी' यह उपन्यास बाल मनोविज्ञान एवं विभाजित परिवार की समस्या पर आधारित होने के कारण काफी चर्चा का विषय रहा है। कहानी, उपन्यास, पटकथाओं का लेखन तथा 'बिना दीवारों का घर' नाटक भी उन्होंने लिखा है। उनके हिन्दी साहित्य लेखन को देखकर उन्हें कई-पुरस्कारों से सम्मानित किया गया है।

हिन्दी की प्रसिद्ध एवं चर्चित कहानी यही सच है। प्रेम के त्रिकोण पर आधारित है। इस लोकप्रिय कहानी पर 'रजनीगन्धा' नामक हिन्दी फिल्म भी बनी है। 'यही सच है' कहानी की विषय वस्तु 'प्रेम' है। कहानी का पूरा ताना-बाना प्रेम जैसी मानवीय संवेदनशील भावना को उद्वेलित करता है। कहानी की नायिका 'दीपा' है। कहानी की रचना पूर्वदीप्ति शैली में हुई है। आज 'दीपा' कानपुर में अपना जीवन यापन कर रही है। 'संजय' नामक नवयुवक दीपा को बेहद चाहता है। दीपा भी संजय से प्यार करती है। संजय दीपा की पसन्द नापसन्द का पूरा खयाल रखता है। दीपा ने सिर्फ एक बार संजय से कहा था कि उसे 'रजनीगन्धा' के फूल बहुत पसन्द हैं, तब से 'रजनीगन्धा' के फूल संजय देता रहा।

संजय नौकरी करता है लेकिन महँगाई के कारण अच्छा गुजर-बसर नहीं होता इसलिए दीपा भी नौकरी करना चाहती है। संजय और दीपा विवाह बन्धन में बन्धना चाहते हैं। उनका एक सपना है कि दोनों नौकरी करके अपना एक आशियाना बनायेंगे। दीपा नौकरी की तलाश में लग जाती है। किन्तु हर जगह सिफारिश की राजनीति बरकरार है। चन्द पैसे की नौकरी के लिए मिनिस्टर तक की सिफारिश लाना जरूरी बन गया है। जिसका जिक्र दीपा की सहेली 'इरा' करती है। जिसके माध्यम से लेखिका ने आज की भ्रष्ट व्यवस्था का पर्दाफाश किया है।

कानपुर जैसे छोटे शहर में रहने वाली दीपा को कलकत्ता जैसे महानगर में नौकरी के साक्षात्कार के लिए जाना पड़ता। कलकत्ता में इरा और उसके पति रहते हैं। संजय दीपा का हौसला बढ़ाकर उसे कलकत्ता भेजता है। इरा और दीपा एक रेस्तराँ में जाती हैं तो वहाँ दीपा को बरसों पुराना दोस्त निशीथ मिलता है।

दीपा को अपना अतीत याद आ जाता है। उसके और 'निशीथ' के सुखमयी जीवन की झाँकियाँ नजर आती हैं। वे कैसे एक-दूसरे को टूटकर चाहते थे। साथ जीने-मरने की क़समें खाते थे। ज़िन्दगीभर साथ रहने का वादा करते थे। अठारह साल की उम्र में दीपा को निशीथ से प्यार हो गया था। निशीथ दीपा का पहला प्यार था जिसे वह नहीं भूल पाती। निशीथ दीपा को नौकरी दिलाने के लिए दिन-रात कोशिश करता है। दीपा निशीथ को संजय के बारे में बता नहीं पाती। लेखिका ने नारी के मनोविज्ञान की बुनावट बड़ी सूक्ष्मता से की है। दीपा के मन में निशीथ के प्रति चाह है। वह चाहकर भी उसे भुला नहीं पाती। निशीथ भी उसे पहले जैसा ही चाहता है। लेकिन दीपा को लगता है कि निशीथ उसे कहे कि 'मैं' तुमसे प्रेम करता हूँ और शादी करना चाहता हूँ। लेकिन निशीथ नहीं कहता। निशीथ दीपा की नौकरी के लिए बड़ी मशक्कत करता है।

निशीथ दीपा को कानपुर की ट्रेन में चढ़ाने के लिए आता है। दोनों प्रेमभाव से घिरे हए हैं। दीपा पूरे सफर में निशीथ के बारे में ही सोचती है कि वह सही मायने में निशीथ से ही सच्चा प्यार करती है। संजय के साथ रहते हुए उसे कभी महसूस नहीं होता कि वह संजय के प्यार में है। निशीथ ही उसका पहला प्यार है और उसके साथ होना ही अस्तित्व की पहचान है। 'यही सच हैं' ऐसा उसे लगता है।

अपने वादे के अनुसार निशीथ दीपा को पत्र भेजता है। दो-चार दिन के बाद दीपा को पत्र मिलता है। पत्र में दीपा को नौकरी मिलने की बात लिखी गयी है। दीपा का फिर एक बार मोहभंग होता है और वह संजय के बारे में सोचती है कि संजय ही सही जीवन साथी है।

उक्त कहानी में मन्नु भण्डारी ने दीपा के माध्यम से नारी मन की मनोदशा का तथा प्रेम जैसी उदात्त भावना का सफल चित्रण किया है। दीपा निशीथ और संजय के प्रेम त्रिकोण की सच्ची कहानी हैं जिसमें शरीर का रंचमात्र भी सम्बन्ध नहीं। प्रेम की उदान्त अभिव्यक्ति करने में कहानी सफल है यह कहानी नारी के अन्तर्द्वन्द्वों को उजागर कर उसकी चेतना का ज्वलन्त दस्तावेज प्रस्तुत करती है। साठ के दशक में नारी की यह सोच उसके अस्तित्व के बारे में सजग समर्थन करने में यह कहानी बेजोड़ भूमिका निभाती हैं।

यही सच है

मन्नू भण्डारी

कानपुर

सामने आँगन में फैली धूप सिमट कर दीवारों पर चढ़ गयी और कन्धे पर बस्ता लटकाये नन्हे-नन्हे बच्चों के झुण्ड-के-झुण्ड दिखायी दिये, तो एकाएक ही मुझे समय का आभास हुआ।...घण्टा-भर हो गया यहाँ खड़े-खड़े, और संजय का अभी तक पता नहीं! झुँझलाती-सी मैं कमरे में आती हूँ। कोने में रखी मेज पर किताबें बिखरी पड़ी हैं, कुछ खुली, कुछ बन्द। एक क्षण मैं उन्हें ही देखती रहती हूँ, फिर निरुद्देश्य-सी कपड़ों की अलमारी खोल कर सरसरी-सी नजर से कपड़े देखती हूँ। सब बिखरे पड़े हैं। इतनी देर यों ही व्यर्थ खड़ी रही; इन्हें ही ठीक कर लेती।...पर मन नहीं करता और फिर बन्द कर देती हूँ।

नहीं आना था तो व्यर्थ ही मुझे समय क्यों दिया? फिर यह कोई आज ही की बात है! हमेशा संजय अपने बताये हुए समय से घण्टे-दो घण्टे देरी करके आता है, और मैं हूँ कि उसी क्षण से प्रतीक्षा करने लगती हूँ। उसके बाद लाख कोशिश करके भी तो किसी काम में अपना मन नहीं लगा पाती। वह क्यों नहीं समझता कि मेरा समय बहुत अमूल्य है; थीसिस पूरी करने के लिए अब मुझे अपना सारा समय पढ़ाई में ही लगाना चाहिए, पर यह बात उसे कैसे समझाऊँ?

मेज पर बैठ कर मैं फिर पढ़ने का उपक्रम करने लगती हूँ, पर मन है कि लगता ही नहीं। पर्दे के जरा-से हिलने से दिल की धड़कन बढ़ जाती है और बार-बार नजर घड़ी के सरकते हुए काँटों पर दौड़ जाती है। हर समय यही लगता है, वह आया!...वह आया!...

तभी मेहता साहब की पाँच साल की छोटी बच्ची झिझकती-सी कमरे में आती है : "आण्टी, हमें कहानी सुनाओगी?"

"नहीं, अभी नहीं, पीछे आना!" मैं रुखाई से जवाब देती हूँ। वह भाग जाती है।

ये मिसेज मेहता भी एक ही हैं! यों तो महीनों शायद मेरी सूरत नहीं देखतीं, पर बच्ची को जब-तब मेरा सिर खाने को भेज देती हैं। मेहता साहब तो फिर कभी-कभी आठ-दस दिन में खैरियत पूछ ही लेते हैं, पर वे तो बेहद अकड़ू मालूम होती हैं। अच्छा ही है, ज्यादा दिलचस्पी दिखातीं तो क्या मैं इतनी आजादी से घूम-फिर सकती थी?

खट्-खट्-खट्...वही परिचित पद-ध्वनि! तो आ गया संजय। मैं बरबस ही अपना सारा ध्यान पुस्तक में केन्द्रित कर लेती हूँ। रजनीगन्धा के ढेर-सारे फूल लिए संजय मुस्कराता-सा दरवाजे पर खड़ा है। मैं देखती हूँ, पर मुस्करा कर स्वागत नहीं करती। हँसता हुआ वह आगे बढ़ता है, और फूलों को मेज पर पटक कर, पीछे से मेरे दोनों कन्धे दबाता हुआ पूछता है, "बहुत नाराज हो?"

रजनीगन्धा की महक से जैसे सारा कमरा महकने लगता है।

"मुझे क्या करना है नाराज होकर?" रुखाई से मैं कहती हूँ।

वह कुर्सी सहित मुझे घुमा कर अपने सामने कर लेता है, और बड़े दुलार के साथ ठोढ़ी उठा कर कहता है : "तुम्हीं बताओ, क्या करता? क्वालिटी में दोस्तों के बीच फँसा था। बहुत कोशिश करके भी उठ नहीं पाया। सबको नाराज करके आना अच्छा भी तो नहीं लगता।"

इच्छा होती है कह दूँ, "तुम्हें दोस्तों का खयाल है, उनके बुरा मानने की चिन्ता है, बस मेरी ही नहीं!" पर कह कुछ नहीं पाती। एकटक उसके चेहरे की ओर देखती रहती हूँ...उसके साँवले चेहरे पर पसीने की बूँदें चमक रही हैं। कोई और समय होता तो मैंने अपने आँचल से इन्हें पोंछ दिया होता, पर आज नहीं। वह मन्द-मन्द मुस्करा रहा है, उसकी आँखें क्षमायाचना कर रही हैं, पर मैं क्या करूँ...तभी वह अपनी आदत के अनुसार कुर्सी के हत्थे पर बैठ कर मेरे गाल सहलाने लगता है। मुझे उसकी इसी बात पर गुस्सा आता है। हमेशा इसी तरह करेगा और फिर दुनिया भर का लाड़-दुलार दिखलायेगा। वह जानता जो है कि इसके आगे मेरा क्रोध टिक नहीं पाता।...फिर उठ कर वह फूलदान के पुराने फूल फेंक देता है, और नये फूल लगाता है। फूल सजाने में वह कितना कुशल है! एक बार मैंने यों ही कह दिया था कि मुझे रजनीगन्धा के फूल बड़े पसन्द हैं, तो उसने नियम ही बना लिया कि हर चौथे दिन ढेर सारे फूल लाकर मेरे कमरे में लगा देता है। और अब तो मुझे भी ऐसी आदत हो गयी है कि

एक दिन भी कमरे में फूल न रहें तो न पढ़ने में मन लगता है, न सोने में। ये फूल जैसे संजय की उपस्थिति का आभास देते रहते हैं।

थोड़ी देर बाद हम घूमने निकल जाते हैं। एकाएक ही मुझे इरा के पत्र की बात याद आती है। जो बात सुनाने के लिए मैं सबेरे से ही आतुर थी, इस गुस्सेबाजी में उसे ही भूल गयी थी।

"सुनो, इरा ने लिखा है कि किसी दिन भी मेरे पास इण्टरव्यू का बुलावा आ सकता है, मुझे तैयार रहना चाहिए।"

"कहाँ, कलकत्ता से?" कुछ याद करते हुए संजय पूछता है, और फिर एकाएक ही उछल पड़ता है, "यदि तुम्हें वह जॉब मिल जाये तो मजा आ जाये, दीपा, मजा आ जाये!"

हम सड़क पर हैं, नहीं तो अवश्य ही उसने आवेश में आकर कोई हरकत कर डाली होती। जाने क्यों, मुझे उसका इस प्रकार प्रसन्न होना अच्छा नहीं लगता। क्या वह चाहता है कि मैं कलकत्ता चली जाऊँ, उससे दूर?...

तभी सुनायी देता है—"तुम्हें यह जॉब मिल जाये तो सच मैं भी अपना तबादला कलकत्ता ही करवा लूँ, हेड ऑफिस में। यहाँ की रोज की किच-किच से तो मेरा मन ऊब गया है। कितनी ही बार सोचा कि तबादले की कोशिश करूँ, पर तुम्हारे खयाल ने हमेशा मुझे बाँध लिया। ऑफिस में शान्ति हो जायेगी, पर मेरी शामें कितनी वीरान हो जायेंगी?"

उसके स्वर की आर्द्रता ने मुझे छू लिया। एकाएक ही मुझे लगने लगा कि रात बड़ी सुहावनी हो चली है।

हम दूर निकल कर अपनी प्रिय टेकरी पर जाकर बैठ जाते हैं। दूर-दूर तक हल्की-सी चाँदनी फैली हुई है और शहर की तरह यहाँ का वातावरण धुएँ से भरा हुआ नहीं है। वह दोनों पैर फैला कर बैठ जाता है और घण्टों मुझे अपने ऑफिस के झगड़े की बातें सुनाता है और फिर कलकत्ता जाकर साथ जीवन बिताने की योजनाएँ बनाता है। मैं कुछ नहीं बोलती। बस, एकटक उसे देखती हूँ, देखती रहती हूँ।

जब वह चुप हो जाता है तो बोलती हूँ—"मुझे तो इण्टरव्यू में जाते हुए बड़ा डर लगता है। पता नहीं, कैसे-क्या पूछते होंगे! मेरे लिए तो यह पहला ही मौका है।"

वह खिलखिला कर हँस पड़ता है।

"तुम भी एक ही मूर्ख हो! घर से दूर, यहाँ कमरा लेकर अकेली रहती हो, रिसर्च कर रही हो, दुनिया-भर में घूमती-फिरती हो और इण्टरव्यू के नाम से डर लगता है। क्यों?" और गाल पर हल्की-सी चपत जमा देता है।

फिर समझाता हुआ कहता है—“और देखो, आजकल ये इण्टरव्यू आदि तो सब दिखावा-मात्र होते हैं। वहाँ किसी जान-पहचानवाले से इन्फ्लुएंस डलवाना जाकर!”

“पर कलकत्ता तो मेरे लिए एकदम नयी जगह है। वहाँ इरा को छोड़ कर मैं किसी को जानती भी नहीं। अब उन लोगों की कोई जान-पहचान हो तो बात दूसरी है।” असहाय-सी मैं कहती हूँ।

“और किसी को नहीं जानती?” फिर मेरे चेहरे पर नजरें गड़ा कर पूछता है—“निशीथ भी तो वहीं है?”

“होगा, मुझे क्या करना है उससे?” मैं एकदम ही भन्ना कर जवाब देती हूँ। पता नहीं क्यों, मुझे लग रहा था कि अब वह यही बात कहेगा।

“कुछ नहीं करना?” वह छेड़ने के लहजे में कहता है।

और मैं भभक पड़ती हूँ—“देखो संजय, मैं हज़ार बार तुमसे कह चुकी हूँ कि उसे लेकर मुझसे मजाक मत किया करो! मुझे इस तरह का मजाक जरा भी पसन्द नहीं है!”

वह खिलखिला कर हँस पड़ता है, पर मेरा तो मूड ही खराब हो जाता है।

हम लौट पड़ते हैं। वह मुझे खुश करने के इरादे से मेरे कन्धे पर हाथ रख देता है। मैं झटक कर हाथ हटा देती हूँ : “क्या कर रहे हो? कोई देख लेगा तो क्या कहेगा?”

“कौन है यहाँ जो देख लेगा? और देख लेगा तो देख ले, आप ही कुढ़ेगा।”

“नहीं, हमें पसन्द नहीं है यह बेशर्मी!” और सच ही मुझे रास्ते में ऐसी हरकतें पसन्द नहीं हैं। चाहे रास्ता निर्जन ही क्यों न हो, पर है तो रास्ता ही; फिर कानपुर जैसी जगह।

कमरे में लौट कर मैं उसे बैठने को कहती हूँ, पर वह बैठता नहीं। बस, बाँहों में भर कर एक बार चूम लेता है। यह भी जैसे उसका रोज का नियम है।

वह चला जाता है। मैं बाहर बालकनी में निकल कर उसे देखती रहती हूँ। ...उसका आकार छोटा होते-होते सड़क के मोड़ पर जाकर लुप्त हो जाता है। मैं उधर ही देखती रहती हूँ—निरुद्देश्य-सी, खोयी-खोयी-सी। फिर आकर पढ़ने बैठ जाती हूँ।

रात में सोती हूँ तो देर तक मेरी आँखें मेज पर लगे रजनीगन्धा के फूलों को ही निहारती रहती हैं। जाने क्यों, अक्सर मुझे भ्रम हो जाता है कि ये फूल नहीं हैं, मानो संजय की अनेकानेक आँखें हैं, जो मुझे देख रही हैं, सहला रही हैं, दुलरा रही हैं। और अपने को यों असंख्य आँखों से निरन्तर देखे जाने की कल्पना से ही मैं लजा जाती हूँ।

मैंने संजय को भी एक बार यह बात बतायी थी, तो वह खूब हँसा था और फिर मेरे गालों को सहलाते हुए उसने कहा था कि मैं पागल हूँ, निरी मूर्ख हूँ।

कौन जाने, शायद उसका कहना ही ठीक हो, शायद मैं पागल ही होऊँ!

कानपुर

मैं जानती हूँ, संजय का मन निशीथ को लेकर जब-तब सशंकित हो उठता है, पर मैं उसे कैसे विश्वास दिलाऊँ कि मैं निशीथ से नफरत करती हूँ, उसकी याद-मात्र से मेरा मन घृणा से भर उठता है।...फिर अठारह वर्ष की आयु में किया हुआ प्यार भी कोई प्यार होता है भला! निरा बचपन होता है, महज पागलपन! उसमें आवेश रहता है पर स्थायित्व नहीं, गति रहती है पर गहराई नहीं। जिस वेग से वह आरम्भ होता है, जरा-सा झटका लगने पर उसी वेग से टूट भी जाता है। ...और उसके बाद आहों, आँसुओं और सिसकियों का एक दौर, सारी दुनिया की निस्सारता और आत्महत्या करने के अनेकानेक संकल्प और फिर एक तीखी घृणा। जैसे ही जीवन को दूसरा आधार मिल जाता है, उन सबको भूलने में एक दिन भी नहीं लगता। फिर तो वह सब ऐसी बेवकूफी लगती है, जिस पर बैठकर घण्टों हँसने की तबीयत होती है। तब एकाएक ही इस बात का एहसास होता है कि ये सारे आँसू, ये सारी आहें उस प्रेमी के लिए नहीं थीं वरन् जीवन की उस रिक्तता और शून्यता के लिए थीं, जिसने जीवन को नीरस बना कर बोझिल कर दिया था।

तभी तो संजय को पाते ही मैं निशीथ को भूल गयी। मेरे आँसू हँसी में बदल गये और आहों की जगह किलकारियाँ गूँजने लगीं, पर संजय है कि जब तब निशीथ की बात को लेकर व्यर्थ ही खिन्न-सा हो उठता है। मेरे कुछ कहने पर वह खिलखिला अवश्य पड़ता है, पर मैं जानती हूँ, वह पूर्ण रूप से आश्वस्त नहीं है।

उसे कैसे बताऊँ कि मेरे प्यार का, मेरी कोमल भावनाओं का, भविष्य की मेरी अनेकानेक योजनाओं का एकमात्र केन्द्र संजय ही है। यह बात दूसरी है कि चाँदनी रात में, किसी निर्जन स्थान में, पेड़-तले बैठ कर भी अपनी थीसिस की बात करती हूँ या वह अपने ऑफिस की, मित्रों की बातें करता है, या हम किसी और विषय पर बात करने लगते हैं...पर इस सब का यह मतलब तो नहीं कि हम प्रेम नहीं करते! वह क्यों नहीं समझता कि आज हमारी भावुकता यथार्थ में बदल गयी है, सपनों की जगह हम वास्तविकता में जीते हैं! हमारे प्रेम को परिपक्वता मिल गयी है, जिसका आधार पाकर वह अधिक गहरा हो गया है, स्थायी हो गया है।

पर संजय को कैसे समझाऊँ यह सब? कैसे उसे समझाऊँ कि निशीथ ने मेरा अपमान किया है। ऐसा अपमान, जिसकी कचोट से मैं आज भी तिलमिला जाती हूँ। सम्बन्ध तोड़ने से पहले एक बार तो उसने मुझे बताया होता कि आखिर मैंने ऐसा कौन-सा अपराध कर डाला था, जिसके कारण उसने मुझे इतना कठोर दण्ड दे डाला? सारी दुनिया की भर्त्सना, तिरस्कार, परिहास और दया का विष मुझे पीना पड़ा।...विश्वासघाती! नीच कहीं का!...और संजय सोचता है कि आज़ भी मेरे मन में उसके लिए कोई कोमल स्थान है! छिः! मैं उससे नफरत करती हूँ! और सच पूछो तो अपने को भाग्यशालिनी समझती हूँ कि मैं एक ऐसे व्यक्ति के चंगुल में फँसने से बच गयी, जिसके लिए प्रेम महज एक खिलवाड़ है।

संजय, यह तो सोचो कि यदि ऐसी कोई भी बात होती, तो क्या मैं तुम्हारे आगे, तुम्हारी हर उचित-अनुचित चेष्टा के आगे यों आत्मसमर्पण करती? तुम्हारी हर उचित-अनुचित चेष्टा के आगे, यों बिखरने देती? जानते हो, विवाह से पहले कोई भी लड़की किसी को इन सबका अधिकार नहीं देती, पर मैंने दिया। क्या केवल इसीलिए नहीं कि मैं तुम्हें प्यार करती हूँ, बहुत-बहुत प्यार करती हूँ? विश्वास करो संजय, तुम्हारा-मेरा प्यार ही सच है, निशीथ का प्यार तो मात्र छल था, भ्रम था, झूठ था।

कानपुर

परसों मुझे कलकत्ता जाना है। सच, बड़ा डर लग रहा है! कैसे क्या होगा? मान लो, इण्टरव्यू में बहुत नर्वस हो गयी तो? संजय को कह रही हूँ कि वह भी साथ चले, पर उसे ऑफिस से छुट्टी नहीं मिल सकती। एक तो नया शहर, फिर इण्टरव्यू! सच, अपना कोई साथ होता तो बड़ा सहारा मिल जाता। मैं कमरा लेकर अकेली रहती हूँ, यों अकेली घूम-फिर भी लेती हूँ तो संजय सोचता है, मुझमें बड़ी हिम्मत है, पर सच, बड़ा डर लग रहा है।

बार-बार मैं यह मान लेती हूँ कि मुझे नौकरी मिल गयी है और मैं संजय के साथ वहाँ रहने लगी हूँ। सच, कितनी सुन्दर कल्पना है, कितनी मादक! पर इण्टरव्यू का भय मादकता में भरे इस स्वप्न-जाल को छिन्न-भिन्न कर देता है।...

काश, संजय किसी तरह मेरे साथ चल पाता!

कलकत्ता

गाड़ी जब हावड़ा स्टेशन के प्लेटफॉर्म पर प्रवेश करती है तो जाने कैसी विचित्र आशंका, विचित्र-से भय से मेरा मन भर जाता है। प्लेटफॉर्म पर खड़े असंख्य नर-नारियों में मैं इरा को ढूँढ़ती हूँ। वह कहीं दिखायी नहीं देती। नीचे उतरने के

बजाय खिड़की में से ही दूर-दूर तक नजरें दौड़ाती हूँ।...आखिर एक कुली को बुला कर, अपना छोटा-सा सूटकेस और बिस्तर उतारने का आदेश दे, मैं नीचे उतर पड़ती हूँ। उस भीड़ को देख कर मेरी दहशत जैसे और बढ़ जाती है। तभी किसी के हाथ के स्पर्श से मैं बुरी तरह चौंक जाती हूँ। पीछे देखती हूँ तो इरा खड़ी है।

रूमाल से चेहरे का पसीना पोंछते हुए कहती हूँ—"सच, तुझे न देख कर मैं घबरा रही थी कि तुम्हारे घर भी कैसे पहुँचूँगी!"

बाहर आकर हम टैक्सी में बैठते हैं। अभी तक मैं स्वस्थ नहीं हो पायी हूँ। जैसे ही हावड़ा-पुल पर गाड़ी पहुँचती है, हुगली के जल को स्पर्श करती हुई ठण्डी हवाएँ तन-मन को एक ताजगी से भर देती हैं। इरा मुझे इस पुल की विशेषता बताती है और मैं विस्मित-सी उस पुल को देखती हूँ, दूर-दूर तक फैले हुगली के विस्तार को देखती हूँ, उसकी छाती पर खड़ी और विहार करती अनेक नौकाओं को देखती हूँ, बड़े-बड़े जहाजों को देखती हूँ...

उसके बाद बहुत ही भीड़ भरी सड़कों पर हमारी टैक्सी रुकती-रुकती चलती है। ऊँची-ऊँची इमारतों और चारों ओर के वातावरण से कुछ विचित्र-सी विराटता का आभास होता है, और इन सबके बीच जैसे मैं अपने को बड़ा खोया-खोया-सा महसूस करती हूँ। कहाँ पटना और कानपुर और कहाँ यह कलकत्ता! सच, मैंने बहुत बड़े शहर देखे ही नहीं!

सारी भीड़ को चीर कर हम रैड-रोड पर आ जाते हैं। चौड़ी, शान्त सड़क। मेरे दोनों ओर लम्बे-चौड़े खुले मैदान।

"क्यों इरा, कौन-कौन लोग होंगे इण्टरव्यू में? मुझे तो सच बड़ा डर लग रहा है।"

"अरे, सब ठीक हो जायेगा! तू और डर? हम जैसे डरें तो कोई बात भी है। जिसने अपना सारा कैरियर अपने-आप बनाया, वह भला इण्टरव्यू में डरे!" फिर कुछ देर ठहर कर कहती है—"अच्छा, भैया-भाभी तो पटना ही होंगे? जाती है कभी उनके पास भी या नहीं?"

"कानपुर आने के बाद एक बार गयी थी। कभी-कभी यों ही पत्र लिख देती हूँ।"

"भई, कमाल के लोग हैं! बहन को भी नहीं निभा सके!"

मुझे यह प्रसंग कतई पसन्द नहीं। मैं नहीं चाहती कि कोई इस विषय पर बात करे। मैं मौन ही रहती हूँ।

इरा का छोटा-सा घर है, सुन्दर ढंग से सजाया हुआ। उसके पति के दौरे पर जाने की बात सुन कर पहले मुझे अफसोस हुआ था; वे होते तो कुछ मदद ही करते!

पर फिर एकाएक लगा कि उनकी अनुपस्थिति में शायद अधिक स्वतन्त्रता का अनुभव कर सकूँ। उनका बच्चा भी बड़ा प्यारा है।

शाम को इरा मुझे कॉफी हाउस ले जाती है। अचानक मुझे वहाँ निशीथ दिखायी देता है। मैं सकपका कर नजर घुमा लेती हूँ, पर वह हमारी मेज पर आ पहुँचता है। विवश होकर मुझे उधर देखना पड़ता है, नमस्कार भी करना पड़ता है, इरा का परिचय भी करवाना पड़ता है। इरा पास की कुर्सी पर बैठने का निमन्त्रण दे देती है। मुझे लगता है, मेरी साँस रुक जायेगी।

"कब आयीं?"

"आज सवेरे ही।"

"अभी ठहरोगी? ठहरी कहाँ हो?"

जवाब इरा देती है। मैं देख रही हूँ, निशीथ बहुत बदल गया है।

उसने कवियों की तरह बाल बढ़ा लिए हैं। यह क्या शौक चर्राया? उसका रंग स्याह पड़ गया है। वह दुबला भी हो गया है।

विशेष बातचीत नहीं होती और हम लोग उठ पड़ते हैं। इरा को मुन्नू की चिन्ता सता रही थी, और मैं स्वयं घर पहुँचने को उतावली हो रही थी। कॉफी हाउस से धर्मतल्ला तक वह पैदल चलता हुआ हमारे साथ आता है। इरा उससे बात कर रही है, मानो वह इरा का ही मित्र हो। इरा अपना पता समझा देती है और वह दूसरे दिन नौ बजे आने का वायदा करके चला जाता है।

पूरे तीन साल बाद निशीथ का यों मिलना! न चाह कर भी जैसे सारा अतीत आँखों के सामने खुल जाता है। बहुत दुबला हो गया है निशीथ!...लगता है, जैसे मन में कहीं कोई गहरी पीड़ा छिपाये बैठा है।

मुझसे अलग होने का दुःख तो नहीं साल रहा है इसे?

कल्पना चाहे कितनी मधुर क्यों न हो, एक तृप्ति-युक्त आनन्द देने वाली क्यों न हो, पर मैं जानती हूँ यह झूठ है। यदि ऐसा ही था तो कौन उसे कहने गया था कि तुम इस सम्बन्ध को तोड़ दो? उसने अपनी इच्छा से ही तो यह सब किया था।

एकाएक ही मेरा मन कटु हो उठता है। यही तो है वह व्यक्ति, जिसने मुझे अपमानित करके सारी दुनिया के सामने छोड़ दिया था महज उपहास का पात्र बना कर! ओह, क्यों नहीं मैंने उसे पहचानने से इनकार कर दिया? जब वह मेज के पास आकर खड़ा हुआ, तो क्यों नहीं मैंने कह दिया कि माफ कीजिए, मैं आपको पहचानती नहीं। जरा उसका खिसियाना तो देखती! वह कल भी आयेगा।

सच, मुझे उसे साफ-साफ मना कर देना चाहिए था कि मैं उसकी सूरत भी नहीं देखना चाहती, मैं उससे नफरत करती हूँ...

अच्छा है, आये कल! मैं उसे बता दूँगी कि जल्दी ही मैं संजय से विवाह करने वाली हूँ। यह भी बता दूँगी कि मैं पिछला सब कुछ भूल चुकी हूँ। यह भी बता दूँगी कि मैं उससे घृणा करती हूँ और उसे जिन्दगी में कभी माफ नहीं कर सकती...

यह सब सोचने के साथ-साथ जाने क्यों, मेरे मन में यह बात भी उठ रही है कि तीन साल हो गये, अभी तक निशीथ ने विवाह क्यों नहीं किया? करे न करे, मुझे क्या?...

क्या वह आज भी मुझसे कुछ उम्मीद रखता है? हूँ! मूर्ख कहीं का।

संजय! मैंने तुमसे कितना कहा था कि तुम मेरे साथ चलो, पर तुम नहीं आये। ...इस समय जब कि मुझे तुम्हारी इतनी याद आ रही है, बताओ मैं क्या करूँ?

कलकत्ता

नौकरी पाना इतना मुश्किल है, इसका मुझे गुमान तक नहीं था।

इरा कहती है कि डेढ़ सौ की नौकरी के लिए खुद मिनिस्टर तक सिफारिश करने पहुँच जाते हैं, फिर यह तो तीन सौ का जॉब है।...निशीथ सवेरे से शाम तक इसी चक्कर में भटका है, यहाँ तक कि उसने अपने ऑफिस से भी छुट्टी ले ली है। वह क्यों मेरे काम में इतनी दिलचस्पी ले रहा है? उसका परिचय बड़े-बड़े लोगों में है और वह कहता है कि जैसे भी होगा, वह यह काम मुझे दिला कर ही मानेगा, पर आखिर क्यों?

कल मैंने सोचा था कि अपने व्यवहार की रुखाई से मैं स्पष्ट कर दूँगी कि अब वह मेरे पास न आये। पौने नौ बजे के करीब, जब मैं अपने टूटे हुए बाल फेंकने खिड़की पर गयी तो देखा, घर से थोड़ी दूर पर निशीथ टहल रहा है। वही लम्बे बाल, कुरता-पाजामा। तो वह समय के पहले ही आ गया! संजय होता तो ग्यारह के पहले नहीं पहुँचता। समय पर पहुँचना तो वह जानता ही नहीं।

उसे यों चक्कर काटते देख मेरा मन जाने कैसा हो आया!...और जब वह आया तो मैं चाह कर भी कटु नहीं हो सकी। मैंने उसे कलकत्ता आने का मकसद बताया, तो लगा कि वह बड़ा प्रसन्न हुआ। वहीं बैठे-बैठे फोन करके उसने इस नौकरी के सम्बन्ध में सारी जानकारी प्राप्त कर ली कैसे क्या करना होगा, उसकी योजना भी बना डाली; बैठे-बैठे फोन से ऑफिस में सूचना भी दे दी कि आज वह ऑफिस नहीं आयेगा।

विचित्र स्थिति मेरी हो रही थी। उसके इस अपनत्व भरे व्यवहार को मैं स्वीकार भी नहीं कर पाती थी, नकार भी नहीं पाती थी। सारा दिन मैं उसके

साथ घूमती रही, पर काम की बात के अतिरिक्त उसने एक भी बात नहीं की। मैंने कई बार चाहा कि संजय को बात बता दूँ, पर बता नहीं सकी। सोचा, कहीं यह सुन कर वह दिलचस्पी लेना कम न कर दे। उसके आज-भर के प्रयत्नों से ही मुझे काफी उम्मीद हो चली थी। यह नौकरी मेरे लिए कितनी आवश्यक है, मिल जाये तो संजय कितना प्रसन्न होगा हमारे विवाहित जीवन के आरम्भिक दिन कितने सुख में बीतेंगे।

शाम को हम घर लौटते हैं। मैं उसे बैठने को कहती हूँ; पर वह बैठता नहीं। बस, खड़ा ही रहता है। उसके चौड़े ललाट पर पसीने की बूँदें चमक रही हैं। एकाएक ही मुझे लगता है, इस समय संजय होता तो? मैं अपने आँचल से उसका पसीना पोंछ देती, और वह...वह क्या बिना बाँहों में भरे, बिना प्यार किये यों ही चला जाता?

"अच्छा, तो चलता हूँ।"

यन्त्र चलित से मेरे हाथ जुड़ जाते हैं, वह लौट पड़ता है और मैं ठगी-सी देखती रहती हूँ।

सोते समय मेरी आदत है कि मैं संजय के लाये हुए फूलों को निहारती रहती हूँ। यहाँ वे फूल नहीं हैं तो बड़ा सूना-सूना-सा लग रहा है।

पता नहीं संजय, तुम इस समय क्या कर रहे हो? तीन दिन हो गये, किसी ने बाँहों में भर कर प्यार तक नहीं किया...

कलकत्ता

आज सवेरे मेरा इण्टरव्यू हो गया। मैं शायद बहुत नर्वस हो गयी थी और जैसे उत्तर मुझे देने चाहिए, वैसे नहीं दे पायी। पर निशीथ ने आकर बताया कि मेरा चुना जाना करीब-करीब तय हो गया है। मैं जानती हूँ, यह सब निशीथ की वजह से ही हुआ।

ढलते सूरज की धूप निशीथ के बायें गाल पर पड़ रही थी, और सामने बैठा निशीथ इतने दिन बाद एक बार फिर मुझे बड़ा प्यारा-सा लगा।

मैंने देखा, मुझसे ज्यादा वह प्रसन्न है। वह कभी किसी का एहसान नहीं लेता, पर मेरी खातिर उसने न जाने कितने लोगों का एहसान लिया। आखिर क्यों? क्या वह चाहता है कि मैं कलकत्ता आकर रहूँ उसके साथ, उसके पास? एक अजीब-सी पुलक से मेरा तन-मन सिहर उठता है। वह ऐसा क्यों चाहता है? उसका ऐसा चाहना बहुत गलत है, बहुत अनुचित है! ...मैं अपने मन को समझाती हूँ, ऐसी कोई बात नहीं है। शायद वह केवल मेरे प्रति किये गये अन्याय का

प्रतिकार करने के लिए यह सब कर रहा है! पर क्या वह समझता है कि उसकी मदद से नौकरी पाकर मैं उसे क्षमा कर दूँगी, या जो कुछ उसने किया है, उसे भूल जाऊँगी? असम्भव! मैं कल ही उसे संजय की बात बता दूँगी।

"आज तो इस खुशी में पार्टी हो जाये!"

काम की बात के अलावा यह पहला वाक्य मैं उसके मुँह से सुनती हूँ, मैं इरा की ओर देखती हूँ। वह प्रस्ताव का समर्थन करके भी मुन्नू की तबीयत का बहाना लेकर अपने को काट लेती है। अकेले जाना मुझे कुछ अटपटा-सा लगता है। अभी तक तो काम का बहाना लेकर घूम रही थी, पर अब? फिर भी मैं मना नहीं कर पाती। अन्दर जाकर तैयार होती हूँ। मुझे याद आता है, निशीथ को नीला रंग बहुत पसन्द था, मैं नीली साड़ी ही पहनती हूँ। चाव और सतर्कता से अपना प्रसाधन करती हूँ, और बार-बार अपने को टोकती जाती हूँ—किसको रिझाने के लिए यह सब हो रहा है? क्या यह निरा पागलपन नहीं है?

सीढ़ियों पर निशीथ हल्की-सी मुस्कराहट के साथ कहता है—"इस साड़ी में तुम बहुत सुन्दर लग रही हो।"

मेरा चेहरा तमतमा जाता है; कनपटियाँ सुर्ख हो जाती हैं। मैं सचमुच ही इस वाक्य के लिए तैयार नहीं थी। यह सदा चुप रहने वाला निशीथ बोला भी तो ऐसी बात।

मुझे ऐसी बातें सुनने की जरा भी आदत नहीं है। संजय न कभी मेरे कपड़ों पर ध्यान देता है, न ऐसी बातें करता है, जबकि उसे पूरा अधिकार है। और यह बिना अधिकार ऐसी बातें करे?...

पर जाने क्या है कि मैं उस पर नाराज नहीं हो पाती हूँ; बल्कि एक पुलकमय सिहरन महसूस करती हूँ। सच, संजय के मुँह से ऐसा वाक्य सुनने को मेरा मन तरसता रहता है, पर उसने कभी ऐसी बात नहीं की। पिछले ढाई साल से मैं संजय के साथ रह रही हूँ। रोज ही शाम को हम घूमने जाते हैं। कितनी ही बार मैंने शृंगार किया, अच्छे कपड़े पहने, पर प्रशंसा का एक शब्द भी उसके मुँह से नहीं सुना। इन बातों पर उसका ध्यान ही नहीं जाता; वह देख कर भी जैसे यह सब नहीं देख पाता। इस वाक्य को सुनने के लिए तरसता हुआ मेरा मन जैसे रस से नहा जाता है। पर निशीथ ने यह बात क्यों कही? उसे क्या अधिकार है?

क्या सचमुच ही उसे अधिकार नहीं है?...नहीं है?

जाने कैसी मजबूरी है, कैसी विवशता है कि मैं इस बात का जवाब नहीं दे पाती हूँ। निश्चयात्मक दृढ़ता से नहीं कह पाती कि साथ चलते इस व्यक्ति को सचमुच ही मेरे विषय में ऐसी अवांछित बात कहने का कोई अधिकार नहीं है।

हम दोनों टैक्सी में बैठते हैं। मैं सोचती हूँ, आज मैं इसे संजय की बात बता दूँगी।

"स्काई रूम!" निशीथ टैक्सी वाले को आदेश देता है।

'टुन' की घण्टी के साथ मीटर डाउन होता है और टैक्सी हवा से बात करने लगती है। निशीथ बहुत सतर्कता से कोने में बैठा है, बीच में इतनी जगह छोड़ कर कि यदि हिचकोला खाकर भी टैक्सी रुके, तो हमारा स्पर्श न हो। हवा के झोंके से मेरी रेशमी साड़ी का पल्लू उसके समूचे बदन को स्पर्श करता हुआ उसकी गोदी में पड़ कर फरफराता है। वह उसे हटाता नहीं है। मुझे लगता है, यह रेशमी, सुवासित पल्लू उसके तन-मन को रस में भिगो रहा है, यह स्पर्श उसे पुलकित कर रहा है। मैं विजय के अकथनीय आह्लाद से भर जाती हूँ!

आज भी मैं संजय की बात नहीं कह पाती। चाह कर भी नहीं। अपनी इस विवशता पर मुझे खीज भी आती है, पर मेरा मुँह है कि खुलता नहीं। मुझे लगता है कि मैं जैसे कोई बहुत बड़ा अपराध कर रही होऊँ, पर फिर भी मैं कुछ नहीं कह पाती!

यह निशीथ कुछ बोलता क्यों नहीं? उसका यों कोने में दुबक कर निर्विकार भाव से बैठे रहना मुझे कतई अच्छा नहीं लगता। एकाएक ही मुझे संजय की याद आने लगती है। इस समय वह यहाँ होता तो उसका हाथ मेरी कमर में लिपटा होता! यों सड़क पर ऐसी हरकतें मुझे स्वयं पसन्द नहीं; पर आज जाने क्यों, किसी की बाँहों की लपेट के लिए मेरा मन ललक उठता है। मैं जानती हूँ कि जब निशीथ बगल में बैठा हो, उस समय ऐसी इच्छा करना या ऐसी बात सोचना भी कितना अनुचित है। पर मैं क्या करूँ? जितनी द्रुत गति से टैक्सी चली जा रही है मुझे लगता है, उतनी ही द्रुतगति से मैं भी बही जा रही हूँ, अनुचित, अवांछित दिशाओं की ओर।

टैक्सी झटका खाकर रुकती है तो मेरी चेतना लौटती है। मैं झटके से दाहिनी ओर फाटक खोल कर कुछ इस हड़बड़ी से उतर पड़ती हूँ; मानो अन्दर निशीथ मेरे साथ कोई बदतमीजी कर रहा हो।

"अजी, इधर से उतरना चाहिए कभी।" टैक्सीवाला कहता है तो अपनी गलती का भान होता है। उधर निशीथ खड़ा है, इधर मैं। बीच में टैक्सी!

पैसे लेकर टैक्सी चली जाती है तो हम दोनों एक-दूसरे के आमने-सामने हो जाते हैं। एकाएक ही मुझे खयाल आता है कि टैक्सी के पैसे आज तो मुझे देने चाहिए थे, पर अब क्या हो सकता था? चुपचाप हम दोनों अन्दर जाते हैं। आसपास बहुत कुछ है। चहल-पहल, रोशनी, रौनक। पर मेरे लिए जैसे सबका

अस्तित्व ही मिट जाता है। मैं अपने को सबकी नजरों से ऐसे बचा कर चलती हूँ, मानो मैंने कोई अपराध कर डाला हो, और कोई मुझे पकड़ न ले।

क्या सचमुच ही मुझसे कोई अपराध हो गया है?

हम दोनों आमने-सामने बैठ जाते हैं। मैं होस्ट हूँ, फिर भी उसका पार्ट वही अदा कर रहा है। वही ऑर्डर देता है। बाहर की हलचल और उससे अधिक मन की हलचल में मैं अपने को खोया-खोया-सा महसूस करती हूँ।

हम दोनों के सामने बैरा कोल्ड कॉफी के गिलास और खाने का कुछ सामान रख जाता है। मुझे बार-बार लगता है कि निशीथ कुछ कहना चाह रहा है। मैं उसके होठों की धड़कन तक महसूस करती हूँ। वह जल्दी से कॉफी का स्ट्रॉ मुँह से लगा लेता है।

मूर्ख कहीं का! वह सोचता है, मैं बेवकूफ हूँ। मैं अच्छी तरह जानती हूँ कि इस समय वह क्या सोच रहा है?

तीन दिन साथ रह कर भी हमने उस प्रसंग को नहीं छेड़ा। शायद नौकरी की बात ही हमारे दिमागों पर छायी हुई थी। पर आज...आज अवश्य ही वह बात आयेगी! न आये, यह कितना अस्वाभाविक है! पर नहीं, स्वाभाविक शायद यही है! तीन साल पहले जो अध्याय सदा के लिए बन्द हो गया, उसे उलट कर देखने का साहस शायद हम दोनों में से किसी में नहीं है? जो सम्बन्ध टूट गये अब उन पर कौन बात करे? मैं तो कभी नहीं करूँगी, पर उसे तो करनी चाहिए। तोड़ा उसने था, बात भी वही आरम्भ करे। मैं क्यों करूँ, और मुझे क्या पड़ी है? मैं तो जल्दी ही संजय से विवाह करने वाली हूँ। क्यों नहीं मैं इसे अभी संजय की बात बता देती? पर जाने कैसी विवशता है, जाने कैसा मोह है कि मैं मुँह नहीं खोल पाती। एकाएक मुझे लगता है जैसे उसने कुछ कहा...

"आपने कुछ कहा?"

"नहीं तो!"

मैं खिसिया जाती हूँ।

फिर वही मौन! खाने में मेरा जरा भी मन नहीं लग रहा है, पर यन्त्रचालित-सी मैं खा रही हूँ। शायद वह भी ऐसे ही खा रहा है। मुझे फिर लगता है कि उसके होंठ फड़क रहे हैं, और स्ट्रॉ पकड़े हुए उँगलियाँ काँप रही हैं। मैं जानती हूँ, वह पूछना चाहता है—दीपा, तुमने मुझे माफ तो कर दिया न?

वह पूछ ही क्यों नहीं लेता? मान लो, यदि पूछ ही ले, तो क्या मैं कह सकूँगी कि मैं तुम्हें जिन्दगी-भर माफ नहीं कर सकती, मैं तुमसे नफरत करती हूँ,

मैं तुम्हारे साथ घूम-फिर ली या कॉफी पी ली तो यह मत समझो कि मैं तुम्हारे विश्वासघात की बात को भूल गयी हूँ?

और एकाएक ही पिछला सब कुछ मेरी आँखों के आगे तैरने लगता है। पर यह क्या? असह्य अपमानजनित पीड़ा, क्रोध और कटुता क्यों नहीं याद आती? मेरे सामने तो पटना में गुजारी सुहानी सन्ध्याओं और चाँदनी रातों के वे चित्र उभर आते हैं, जब घण्टों समीप बैठे, मौन-भाव से हम एक-दूसरे को निहारा करते थे। बिना स्पर्श किये भी जाने कैसी मादकता तन-मन को विभोर किये रहती थी, जाने कैसी तन्मयता में हम डूबे रहते थे...एक विचित्र-सी, स्वप्निल दुनिया में!...मैं कुछ बोलना भी चाहती तो वह मेरे मुँह पर उँगली रख कर कहता, "आत्मीयता के ये क्षण अनकहे ही रहने दो, दीपा!"

आज भी तो हम मौन ही हैं, एक-दूसरे के निकट ही हैं। क्या आज भी आत्मीयता के उन्हीं क्षणों में गुजर रहे हैं? मैं अपनी सारी शक्ति लगा कर चीख पड़ना चाहती हूँ, नहीं!...नहीं!...नहीं!...पर कॉफी सिप करने के अतिरिक्त मैं कुछ नहीं कर पाती। मेरा यह विरोध हृदय की न जाने कौन-सी अतल गहराइयों में डूब जाता है!

निशीथ मुझे बिल नहीं देने देता। एक विचित्र-सी भावना मेरे मन में उठती है कि छीना-झपटी में किसी तरह मेरा हाथ इसके हाथ से छू जाये! मैं अपने स्पर्श से उसके मन के तारों को झनझना देना चाहती हूँ, पर वैसा अवसर नहीं आता। बिल वही देता है, मुझसे तो विरोध भी नहीं किया जाता।

मन में प्रचण्ड तूफान! पर फिर भी निर्विकार भाव से मैं टैक्सी में आकर बैठती हूँ...फिर वही मौन, वही दूरी। पर जाने क्या है कि मुझे लगता है कि निशीथ मेरे बहुत निकट आ गया है, बहुत ही निकट! बार-बार मेरा मन करता है कि क्यों नहीं निशीथ मेरा हाथ पकड़ लेता, क्यों नहीं मेरे कन्धे पर हाथ रख देता? मैं जरा भी बुरा नहीं मानूँगी, जरा भी नहीं! पर वह कुछ भी नहीं करता।

सोते समय रोज की तरह मैं आज भी संजय का ध्यान करते हुए ही सोना चाहती हूँ, पर निशीथ है कि बार-बार संजय की आकृति को हटा कर स्वयं आ खड़ा होता है...

कलकत्ता

अपनी मजबूरी पर खीज-खीज जाती हूँ। आज कितना अच्छा मौका था सारी बात बता देने का! पर मैं जाने कहाँ भटकी थी कि कुछ भी नहीं बता पायी।

शाम को मुझे निशीथ अपने साथ 'लेक' ले गया। पानी के किनारे हम घास पर बैठ गये। कुछ दूर पर काफी भीड़-भाड़ और चहल-पहल थी, पर यह स्थान

अपेक्षाकृत शान्त था। सामने लेक के पानी में छोटी लहरें उठ रही हैं। चारों ओर से वातावरण का कुछ विचित्र-सा भाव मन पर पड़ा रहा था।

"अब तो तुम यहाँ आ जाओगी!" मेरी ओर देख कर उसने कहा।

"हाँ!"

"नौकरी के बाद क्या इरादा है?"

मैंने देखा, उसकी आँखों में कुछ जानने की आतुरता फैलती जा रही है, शायद कुछ कहने को भी। मुझसे कुछ जान कर वह अपनी बात कहेगा।

"कुछ नहीं!" जाने क्यों मैं यह कह गयी? कोई है जो मुझे कचोटे डाल रहा है। क्यों नहीं मैं बता देती कि नौकरी के बाद मैं संजय से विवाह करूँगी, मैं संजय से प्रेम करती हूँ, वह भी मुझसे प्रेम करता है? वह बहुत अच्छा है, बहुत ही! वह मुझे तुम्हारी तरह धोखा नहीं देगा; पर मैं कुछ भी तो नहीं कह पाती। अपनी इस बेबसी पर मेरी आँखें छलछला आती हैं। मैं दूसरी ओर मुँह फेर लेती हूँ।

"तुम्हारे यहाँ आने से मैं बहुत खुश हूँ!"

मेरी साँस जहाँ-की-तहाँ रुक जाती है आगे के शब्द सुनने के लिए, पर शब्द नहीं आते। बड़ी कातर, करुण और याचना भरी दृष्टि से मैं उसे देखती हूँ, मानो कह रही होऊँ कि तुम कह क्यों नहीं देते निशीथ, कि आज भी तुम मुझे प्यार करते हो, तुम मुझे सदा अपने पास रखना चाहते हो, जो कुछ हो गया है, उसे भूल कर तुम मुझसे विवाह करना चाहते हो! कह दो निशीथ, कह दो!...यह सुनने के लिए मेरा मन अकुला रहा है, छटपटा रहा है! मैं बुरा नहीं मानूँगी, जरा भी बुरा नहीं मानूँगी। मान ही कैसे सकती हूँ, निशीथ! इतना सब हो जाने के बाद भी शायद मैं तुम्हें प्यार करती हूँ—शायद नहीं, सचमुच ही मैं तुम्हें प्यार करती हूँ!

मैं जानती हूँ—तुम कुछ नहीं कहोगे, सदा के ही मितभाषी जो हो। फिर भी कुछ सुनने की आतुरता लिये मैं तुम्हारी तरफ देखती रहती हूँ। पर तुम्हारी नजर तो लेक के पानी पर जमी हुई है...शान्त, मौन!

आत्मीयता के ये क्षण अनकहे भले ही रह जायें, पर अनबूझे नहीं रह सकते। तुम चाहे न कहो, पर मैं जानती हूँ, तुम आज भी मुझे प्यार करते हो, बहुत प्यार करते हो! मेरे कलकत्ता आ जाने के बाद इस टूटे सम्बन्ध को फिर से जोड़ने की बात ही तुम इस समय सोच रहे हो। तुम आज भी मुझे अपना ही समझते हो, तुम जानते हो, आज भी दीपा तुम्हारी है!...और मैं?

लगता है, इस प्रश्न का उत्तर देने का साहस मुझमें नहीं है। मुझे डर है कि जिस आधार पर मैं तुमसे नफरत करती थी, उसी आधार पर कहीं मुझे अपने से नफरत न करनी पड़े।

लगता है, रात आधी से भी अधिक ढल गयी है।

कानपुर

मन में उत्कट अभिलाषा होते हुए भी निशीथ की आवश्यक मीटिंग की बात सुन कर मैंने कह दिया था कि तुम स्टेशन मत आना। इरा आयी थी, पर गाड़ी पर बिठा कर ही चली गयी, या कहूँ कि मैंने जबर्दस्ती ही उसे भेज दिया। मैं जानती थी कि लाख मना करने पर भी निशीथ आयेगा और विदा के उन अन्तिम क्षणों में मैं उसके साथ अकेली ही रहना चाहती थी। मन में एक दबी-सी आशा थी कि चलते समय ही शायद वह कुछ कह दे।

गाड़ी चलने में जब दस मिनट रह गये तो देखा, बड़ी व्यग्रता से डिब्बों में झाँकता-झाँकता निशीथ आ रहा था।...पागल! उसे इतना तो समझना चाहिए कि उसकी प्रतीक्षा में मैं यहाँ बाहर खड़ी हूँ!

मैं दौड़ कर उसके पास जाती हूँ—"आप क्यों आये?" पर मुझे उसका आना बड़ा अच्छा लगता है! वह बहुत थका हुआ लग रहा है। शायद सारा दिन बहुत व्यस्त रहा और दौड़ता-दौड़ता मुझे सी-ऑफ करने यहाँ आ पहुँचा। मन करता है कुछ ऐसा करूँ, जिससे इसकी सारी थकान दूर हो जाये, पर क्या करूँ? हम डिब्बे के पास आ जाते हैं।

"जगह अच्छी मिल गयी?" वह अन्दर झाँकते हुए पूछता है।

"हाँ!"

"पानी-बानी तो है?"

"है।"

"बिस्तर फैला लिया?"

मैं खीज पड़ती हूँ। वह शायद समझ जाता है, सो चुप हो जाता है। हम दोनों एक क्षण को एक-दूसरे की ओर देखते हैं। मैं उसकी आँखों में विचित्र-सी छायाएँ देखती हूँ, मानो कुछ है, जो उसके मन में घुट रहा है, उसे मथ रहा है पर वह कह नहीं हो पा रहा है। वह क्यों नहीं कह देता, क्यों नहीं अपने मन की इस घुटन को हल्का कर लेता?

"आज भीड़ विशेष नहीं है" चारों ओर नजर डाल कर वह कहता है।

मैं भी एक बार चारों ओर देख लेती हूँ, पर नजर मेरी बार-बार घड़ी पर ही जा रही है। जैसे-जैसे समय सरक रहा है, मेरा मन किसी गहरे अवसाद में डूब रहा है। मुझे कभी उस पर दया आती है तो कभी खीज। गाड़ी चलने में केवल तीन मिनट बाकी रह गये हैं। एक बार फिर हमारी नजरें मिलती हैं।

"ऊपर चढ़ जाओ, अब गाड़ी चलने वाली है।"

बड़ी असहाय-सी नजर से मैं उसे देखती हूँ; मानो कह रही होऊँ, तुम्हीं चढ़ा दो। ...और फिर धीरे-धीरे चढ़ जाती हूँ। दरवाजे पर मैं खड़ी हूँ और वह नीचे प्लेटफॉर्म पर।

"जाकर पहुँच की खबर देना। जैसे ही मुझे इधर कुछ निश्चित रूप से मालूम होगा, तुम्हें सूचना दूँगा।"

मैं कुछ बोलती नहीं। बस, उसे देखती रहती हूँ...

सीटी...हरी झण्डी...फिर सीटी। मेरी आँखें छलछला आती हैं।

गाड़ी एक हल्के-से झटके के साथ सकरने लगती है। वह गाड़ी के साथ कदम आगे बढ़ाता है और मेरे हाथ पर धीरे-से अपना हाथ रख देता है। मेरा रोम-रोम सिहर उठता है। मन करता है चिल्ला पड़ूँ—मैं सब समझ गयी, निशीथ। सब समझ गयी! जो कुछ तुम इन चार दिनों में नहीं कह पाये, वह तुम्हारे इस क्षणिक स्पर्श ने कह दिया। विश्वास करो, यदि तुम मेरे हो तो मैं भी तुम्हारी हूँ; केवल तुम्हारी, एकमात्र तुम्हारी!...पर मैं कुछ कह नहीं पाती। बस, साथ चलते निशीथ को देखती भर रहती हूँ। गाड़ी के गति पकड़ते ही वह हाथ को जरा-सा दबा कर छोड़ देता है। मेरी छलछलाई आँखें मुँद जाती हैं। मुझे लगता है, यह स्पर्श, यह सुख, यह क्षण ही सत्य है, बाकी सब झूठ है; अपने को भूलने का, भरमाने का, छलने का असफल प्रयास है।

आँसू भरी आँखों से मैं प्लेटफॉर्म को पीछे छूटता हुआ देखती हूँ। सारी आकृतियाँ धुँधली-सी दिखायी देती हैं। असंख्य हिलते हुए हाथों के बीच निशीथ के हाथ को, उस हाथ को, जिसने मेरा हाथ पकड़ा था, ढूँढ़ने का असफल-सा प्रयास करती हूँ। गाड़ी प्लेटफॉर्म को पार कर जाती है, और दूर-दूर तक कलकत्ता की जगमगाती बत्तियाँ दिखायी देती हैं। धीरे-धीरे वे सब भी दूर हो जाती हैं, पीछे छूटती जाती हैं। मुझे लगता है, यह दैत्याकार ट्रेन मुझे मेरे घर से कहीं दूर-दूर ले जा रही है—अनदेखी, अनजानी राहों में गुमराह करने के लिए, भटकाने के लिए!

बोझिल मन से मैं अपने फैलाये हुए बिस्तर पर लेट जाती हूँ। आँखें बन्द करते ही सबसे पहले मेरे सामने संजय का चित्र उभरता है...कानपुर जाकर मैं उसे क्या कहूँगी? इतने दिनों तक उसे छलती आयी, अपने को छलती आयी, पर अब नहीं।...मैं उसे सारी बात समझा दूँगी। कहूँगी, संजय, जिस सम्बन्ध को टूटा हुआ जान कर मैं भूल चुकी थी, उसकी जड़ें हृदय की किन अतल गहराइयों में जमी हुई थीं, इसका एहसास कलकत्ता में निशीथ से मिल कर हुआ। याद आता है, तुम निशीथ को लेकर सदैव ही संदिग्ध रहते थे, पर तब मैं ईर्ष्यालु समझती थी; आज स्वीकार करती हूँ कि तुम जीते, मैं हारी!

सच मानना संजय, ढाई साल मैं स्वयं भ्रम में थी और तुम्हें भी भ्रम में डाल रखा था; पर आज भ्रम के, छलना के सारे ही जाल छिन्न-भिन्न हो गये हैं। मैं आज भी निशीथ को प्यार करती हूँ। और यह जानने के बाद, एक दिन भी तुम्हारे साथ और छल करने का दुस्साहस कैसे करूँ? आज पहली बार मैंने अपने सम्बन्धों का विश्लेषण किया, तो जैसे सब कुछ ही स्पष्ट हो गया और जब मेरे सामने सब कुछ स्पष्ट हो गया, तो तुमसे कुछ भी नहीं छिपाऊँगी। तुम्हारे सामने मैं चाहूँ तो भी झूठ नहीं बोल सकती।

आज लग रहा है, तुम्हारे प्रति मेरे मन में जो भी भावना है वह प्यार की नहीं, केवल कृतज्ञता की है। तुमने मुझे उस समय सहारा दिया था, जब अपने पिता और निशीथ को खोकर मैं चूर-चूर हो चुकी थी। सारा संसार मुझे वीरान नजर आने लगा था, उस समय तुमने अपने स्नेहिल स्पर्श से मुझे जिला दिया; मेरा मुरझाया, मरा मन हरा हो उठा; मैं कृतकृत्य हो उठी और समझने लगी कि मैं तुमसे प्यार करती हूँ। पर प्यार की बेसुध घड़ियाँ, वे विभोर क्षण, तन्मयता के वे पल, जहाँ शब्द चुक जाते हैं, हमारे जीवन में कभी नहीं आये। तुम्हीं बताओ, आये कभी? तुम्हारे असंख्य आलिंगनों और चुम्बनों के बीच भी, एक क्षण के लिए भी तो मैंने कभी तन-मन की सुध बिसरा देने वाली पुलक या मादकता का अनुभव नहीं किया।

सोचती हूँ, निशीथ के चले जाने के बाद मेरे जीवन में एक विराट् शून्यता आ गयी थी, एक खोखलापन आ गया था, तुमने उसकी पूर्ति की। तुम पूरक थे, मैं गलती से तुम्हें प्रियतम समझ बैठी।

मुझे क्षमा कर दो संजय और लौट जाओ। तुम्हें मुझ जैसी अनेक दीपाएँ मिल जायेंगी, जो सचमुच ही तुम्हें प्रियतम की तरह प्यार करेंगी। आज एक बात अच्छी तरह जान गयी हूँ कि प्रथम प्रेम ही सच्चा प्रेम होता है; बाद में किया हुआ प्रेम तो अपने को भूलने का, भरमाने का प्रयास मात्र होता है...

इसी तरह की असंख्य बातें मेरे दिमाग में आती हैं, जो मैं संजय से कहूँगी। कह सकूँगी यह सब? लेकिन कहना तो होगा ही। उसके साथ अब एक दिन भी छल नहीं कर सकती। मन से किसी और की आराधना करके तन से उसकी होने का अभिनय करती रहूँ? छीः।

नहीं जानती, यही सब सोचते-सोचते मुझे कब नींद आ गयी। लौट कर अपना कमरा खोलती हूँ, तो देखती हूँ, सब कुछ ज्यों-का-त्यों है, सिर्फ फूलदान के रजनीगन्धा मुरझा गये हैं। कुछ फूल झर कर जमीन पर इधर-उधर भी बिखर गये हैं।

आगे बढ़ती हूँ तो जमीन पर पड़ा एक लिफाफा दिखायी देता है। संजय की लिखाई है, खोला तो छोटा-सा पत्र थाः

दीपा,

तुमने तो कलकत्ता जाकर कोई सूचना ही नहीं दी। मैं आज ऑफिस के काम से कटक जा रहा हूँ। पाँच-छह दिन में लौट आऊँगा। तब तक तुम आ ही जाओगी। जानने को उत्सुक हूँ कि कलकत्ता में क्या हुआ?

तुम्हारा, संजय।

एक लम्बा निःश्वास निकल जाता है। लगता है, एक बड़ा बोझ हट गया। इस अवधि में तो मैं अपने को अच्छी तरह तैयार कर लूँगी।

नहा-धोकर सबसे पहले मैं निशीथ को पत्र लिखती हूँ। उसकी उपस्थिति से जो हिचक मेरे होंठ बन्द किये हुए थी, दूर रह कर वह अपने-आप ही टूट जाती है। मैं स्पष्ट शब्दों में लिख देती हूँ कि चाहे उसने कुछ नहीं कहा, फिर भी सब कुछ समझ गयी हूँ। साथ ही, यह भी लिख देती हूँ कि मैं उसकी उस हरकत से बहुत दुःखी थी, बहुत नाराज भी; पर उसे देखते ही जैसे सारा क्रोध बह गया। इस अपनत्व में क्रोध भला टिक भी कैसे पाता? लौटी हूँ तब से न जाने कैसी रंगीनी और मादकता मेरी आँखों के आगे छायी है...!

एक खूबसूरत से लिफाफे में उसे बन्द करके मैं स्वयं पोस्ट करने जाती हूँ।

रात में सोती हूँ तो अनायास ही मेरी नजर सूने फूलदान पर जाती है। मैं करवट बदल कर सो जाती हूँ।

कानपुर

आज निशीथ को पत्र लिखे चौथा दिन है। मैं तो कल ही उसके पत्र की राह देख रही थी, पर आज की भी दोनों डाकें निकल गयीं। जाने कैसा सूना-सूना, अनमना- अनमना लगता रहा सारा दिन! किसी भी काम में जी नहीं लगता। क्यों नहीं लौटती डाक से ही उत्तर दे दिया उसने? समझ में नहीं आता, कैसे समय गुजारूँ!

मैं बाहर बालकनी में जाकर खड़ी हो जाती हूँ। एकाएक खयाल आता है, पिछले ढाई सालों से करीब इसी समय, यहीं खड़े होकर मैंने संजय की प्रतीक्षा की है। क्या आज मैं संजय की प्रतीक्षा कर रही हूँ? या मैं निशीथ के पत्र की प्रतीक्षा कर रही हूँ? शायद किसी की नहीं, क्योंकि जानती हूँ कि दोनों में से कोई भी नहीं आयेगा। फिर?

निरुद्देश्य-सी कमरे में लौट पड़ती हूँ। शाम का समय मुझसे घर में नहीं काटा जाता। रोज ही तो संजय के साथ घूमने निकल जाया करती थी। लगता है; यहीं बैठी रही तो दम ही घुट जायेगा। कमरा बन्द करके मैं अपने को धकेलती-सी

सड़क पर ले आती हूँ!...शाम का धुँधलका मन के बोझ को और भी बढ़ा देता है। कहाँ जाऊँ? लगता है, जैसे मेरी राहें भटक गयी हैं, मंजिल खो गयी है। मैं स्वयं नहीं जानती, आखिर मुझे जाना कहाँ है फिर भी निरुद्देश्य-सी चलती रहती हूँ। पर आखिर कब तक यों भटकती रहूँ? हारकर लौट पड़ती हूँ।

आते ही मेहता साहब की बच्ची तार का एक लिफाफा देती है।

धड़कते दिल से मैं उसे खोलती हूँ। इरा का तार था।

'नियुक्ति हो गयी है। बधाई!'

इतनी बड़ी खुशखबरी पाकर भी जाने क्या है कि खुश नहीं हो पाती। यह खबर तो निशीथ भेजने वाला था। एकाएक ही एक विचार मन में आता है; क्या जो कुछ मैं सोच गयी, वह निरा भ्रम ही था, मात्र मेरी कल्पना, मेरा अनुमान? नहीं-नहीं! उस स्पर्श को मैं भ्रम कैसे मान लूँ, जिसने मेरे तन-मन को डुबो दिया था, जिसके द्वारा उसके हृदय की एक-एक परत मेरे सामने खुल गयी थी?...लेक पर बिताये उन मधुर क्षणों को कैसे भ्रम मान लूँ, जहाँ उसका मौन ही मुखरित होकर सब कुछ कह गया था? आत्मीयता के वे अनकहे-क्षण! तो फिर उसने पत्र क्यों नहीं लिखा? क्या कल उसका पत्र आयेगा? क्या आज भी उसे वही हिचक रोके हुए है?

तभी सामने की घड़ी टन-टन करके नौ बजाती है। मैं उसे देखती हूँ। यह संजय की लायी हुई है।...लगता है जैसे, यह घड़ी घण्टे सुना-सुना कर मुझे संजय की याद दिला रही है। फहराते ये हरे पर्दे, यह हरी बुक-रैक, यह टेबल, यह फूलदान, सभी तो संजय के ही लाये हुए हैं। मेज पर यह पैन उसने मुझे सालगिरह पर लाकर दिया था।

अपनी चेतना के इन बिखरे सूत्रों को समेट कर मैं फिर पढ़ने का प्रयास करती हूँ, पर पढ़ नहीं पाती। हार कर मैं पलंग पर लेट जाती हूँ।

सामने के फूलदान का सूनापन मेरे मन के सूनेपन को और अधिक बढ़ा देता है। मैं कस कर आँखें मूँद लेती हूँ।...एक बार फिर मेरी आँखों के आगे लेक का स्वच्छ, नीला जल उभर आता है, जिसमें छोटी-छोटी लहरें उठ रही थीं। उस जल की ओर देखते हुए निशीथ की आकृति उभर कर आती है। वह लाख जल की ओर देखे, पर चेहरे पर अंकित उसके मन की हलचल को मैं आज भी, इतनी दूर रह कर भी महसूस करती हूँ। कुछ न कह पाने की मजबूरी, उसकी विवशता, उसकी घुटन आज भी मेरे सामने साकार हो उठती है। धीरे-धीरे लेक के पानी का विस्तार सिमटता जाता है, और एक छोटी-सी राइटिंग टेबल में बदल जाता है,

और मैं देखती हूँ कि एक हाथ में पैन लिये और दूसरे हाथ की उँगलियों को बालों में उलझाये निशीथ बैठा है...वही मजबूरी, वही विवशता, वही घुटन लिये।...वह चाहता है, पर जैसे लिख नहीं पाता। वह कोशिश करता है, पर उसका हाथ बस काँप कर रह जाता है।...ओह! लगता है, उसकी घुटन मेरा दम घोंट कर रख देगी।...मैं एकाएक ही आँखें खोल देती हूँ। वही फूलदान, पर्दे, मेज, घड़ी...!

कानपुर

आखिर आज निशीथ का पत्र आ गया। धड़कते दिल से मैंने उसे खोला। इतना छोटा-सा पत्र!

प्रिय दीपा,

तुम अच्छी तरह पहुँच गयीं, यह जान कर प्रसन्नता हुई। तुम्हें अपनी नियुक्ति का तार तो मिल ही गया होगा। मैंने कल ही इरा जी को फोन करके सूचना दे दी थी, और उन्होंने बताया था कि वे तार दे देंगी। ऑफिस की ओर से भी सूचना मिल जायेगी।

इस सफलता के लिए मेरी ओर से हार्दिक बधाई स्वीकार करना। सच, मैं बहुत खुश हूँ कि तुम्हें यह काम मिल गया! मेहनत सफल हो गयी।

शेष फिर।

शुभेच्छु
निशीथ

बस? धीरे-धीरे पत्र के सारे शब्द आँखों के आगे लुप्त हो जाते हैं, रह जाता है केवल—'शेष फिर!'

तो अभी उसके पास 'कुछ' लिखने को शेष है? क्यों नहीं लिख दिया उसने अभी? क्या लिखेगा वह?

"दीप!"

मैं मुड़कर दरवाजे की ओर देखती हूँ। रजनीगन्धा के ढेर सारे फूल लिये मुस्कराता-सा संजय खड़ा है। एक क्षण मैं संज्ञा शून्य-सी उसे इस तरह देखती हूँ, मानो पहचानने की कोशिश कर रही होऊँ। वह आगे बढ़ता है, तो मेरी खोयी हुई चेतना लौटती है, और विक्षिप्त-सी दौड़ कर मैं उससे लिपट जाती हूँ।

"क्या हो गया है तुम्हें, पागल हो गयी हो क्या?"

"तुम कहाँ चले गये थे, संजय?" और मेरा स्वर टूट जाता है। अनायास ही आँखों से आँसू बह चलते हैं।

"क्या हो गया? कलकत्ता का काम नहीं मिला क्या?...मारो भी गोली काम को। तुम इतनी परेशान क्यों हो रही हो उसके लिए?"

पर मुझसे कुछ नहीं बोला जाता। बस, मेरी बाँहों की जकड़ कसती जाती है, कसती जाती है। रजनीगन्धा की महक धीरे-धीरे मेरे तन-मन पर छा जाती है। तभी मैं अपने भाल पर संजय के अधरों का स्पर्श महसूस करती हूँ, और मुझे लगता है, यह स्पर्श, यह सुख, यह क्षण ही सत्य है, वह सब झूठ था, मिथ्या था, भ्रम था...।

और हम दोनों एक-दूसरे के आलिंगन में बँधे रहते हैं—चुम्बित, प्रति-चुम्बित!

उषा प्रियंवदा

उषा प्रियंवदा का जन्म 24 दिसम्बर, सन् 1931 ई. को हुआ। इलाहाबाद विश्वविद्यालय से एम.ए. करने के बाद कुछ दिन अध्यापन किया, बाद में अमेरिका के इंडियाना विश्वविद्यालय में आधुनिक अमेरिकी साहित्य पर शोधकार्य किया। 'पचपन खम्भे लाल दीवारें' और 'रुकोगी नहीं राधिका' यह उनके उपन्यास हैं। तीन कहानी संकलन विशेष विख्यात हुए हैं जो 'जिन्दगी और गुलाब के फूल', 'एक कोई दूसरा' तथा 'कितना बड़ा झूठ' इस शीर्षक से प्रकाशित हुए हैं। उषा प्रियंवदा की कहानियाँ मध्यवर्गीय जीवन की कहानियाँ हैं।

स्वाभाविक है कि एक स्त्री होने के कारण उनकी कहानियाँ स्त्री जीवन की अनुभूति को व्यक्त करती हैं। इन कहानियों में आर्थिक-सामाजिक एवं नैतिकता से सम्बन्धित समस्याएँ व्यक्त हुई हैं। सूक्ष्म निरीक्षण क्षमता के कारण उषा जी टूटते पारिवारिक रिश्तों और उनके बीच कुचलने वाली भावनाओं को जबर्दस्त प्रभावी ढंग से पकड़ने में सफल रही हैं।

सारांस : वापसी

'वापसी' कहानी आधुनिक युग के वास्तविक यथार्थ को प्रस्तुत करती है। इसमें दर्शाया गया है कि आधुनिक पीढ़ी के लिए परिवार में पुराने मूल्यों की तरह पिता का भी कोई स्थान नहीं है। वह परिवार के लिए केवल धनोपार्जन का साधन मात्र बन गया है।

यह कहानी स्टेशन मास्टर गजाधर बाबू की है। गजाधर बाबू बड़े उत्साह से नौकरी से अवकाश ग्रहण करने के बाद अपने परिवार के साथ रहने की इच्छा लिये घर लौटते हैं। रेलवे क्वार्टर में गजाधर बाबू 35 सालों से परिवार से दूर रहें, ताकि उनका परिवार शहर में सुख-सुविधाओं के बीच रह सके। उन्हें किसी प्रकार की कमी न होने पाये। सेवानिवृत होकर वह सोचते हैं कि अब जिन्दगी के बचे दिन अपने परिजनों के साथ प्यार और आराम से बितायेंगे।

एक सुन्दर परिवार का सपना सँजोये वे घर लौटे तो वे पाते हैं कि परिवार के लोग अपने-अपने ढंग से जी रहे हैं। बेटा घर का मालिक बन रहा है। बेटी और बहू घर का कोई काम नहीं करतीं और यदि उन्हें रसोई बनाने को कहा जाए तो वे आवश्यकता से अधिक राशन खर्च कर देती हैं, इसलिए उनकी पत्नी रसोई की सारी जिम्मेदारी अपने ऊपर ले लेती हैं। घर के अन्य कामों के लिए नौकर रखा है, जिसकी कोई आवश्यकता नहीं है। जिस परिवार के लिए सालों छोटे-मोटे स्टेशन के क्वार्टर में अकेले रहकर उन्होंने अपना जीवन गुज़ार दिया, उसी परिवार के मन में उनके प्रति कोई लगाव नहीं है। बच्चों के लिए वे केवल पैसा कमाने का साधन हैं। गजाधर बाबू की उपस्थिति और किसी कार्य में उनका हस्तक्षेप बहू-बेटे को स्वीकार नहीं हो पाता। उनके होने से उनको स्वतन्त्रता नहीं मिल पाती है। बेटा, बेटी, बहू उनसे कटकर रहने लगते हैं। उनकी पत्नी परिवार के सदस्यों को समझने के बजाय उन्हीं को बच्चों के फैसलों के बीच न पड़ने की सलाह देती है। उनके लिए सबसे दुःखद बात यह होती है कि उनकी पत्नी भी पति से अधिक बच्चों के बीच रहने में सार्थकता समझती है और वह घर की रसोई सँभालने में ही सन्तोष पाती है। कुल मिलाकर गजाधर बाबू अपनों के बीच पराया हो जाना बर्दाश्त नहीं कर पाते। अपनी पत्नी और बच्चों से निराश होकर पुनः चीनी मिल की नयी नौकरी खोज कर घर से चले जाने का फैसला कर लेते हैं।

'वापसी' कहानी आधुनिक युग के वास्तविक यथार्थ को प्रस्तुत करती है। वह कहानी वर्तमान युग के बिखरते मध्यमवर्गीय परिवार की त्रासदी तथा मूल्यों के विघटन की समस्या पर प्रकाश डालती है। इसमें परम्परा और आधुनिकता का द्वन्द्व है। आधुनिकता के इस दौर में दो पीढ़ियों के बीच हो रहे बदलाव और टकराव का लेखा-जोखा प्रस्तुत किया गया है। इसमें निवृत्त होकर घर लौटे गजाधर बाबू को अपने ही घर में पराया कर दिये जाने के कटु अनुभवों को चित्रित किया गया है।

वापसी

●

उषा प्रियंवदा

गजाधर बाबू ने कमरे में जमा सामान पर एक नज़र दौड़ाई—दो बक्स, डोलची, बाल्टी—"यह डिब्बा कैसा है गनेशी?" उन्होंने पूछा। गनेशी बिस्तर बाँधता हुआ, कुछ गर्व, कुछ दुख, कुछ लज्जा से बोला, "घरवाली ने साथ को कुछ बेसन के लड्डू रख दिये हैं। कहा, बाबूजी को पसन्द थे, अब कहाँ हम ग़रीब लोग आपकी कुछ ख़ातिर कर पायेंगे!" घर जाने की ख़ुशी में भी गजाधर बाबू ने एक विषाद का अनुभव किया जैसे एक परिचित, स्नेही, आदरमय, सहज संसार से उनका नाता टूट रहा था।

"कभी-कभी हम लोगों की भी ख़बर लेते रहियेगा।" गनेशी बिस्तर में रस्सी बाँधता हुआ बोला।

"कभी कुछ ज़रूरत हो तो लिखना गनेशी। इस अगहन तक बिटिया की शादी कर दो।"

गनेशी ने अँगोछे के छोर से आँखें पोंछीं, "अब आप लोग सहारा न देंगे, तो कौन देगा! आप यहाँ रहते तो शादी में कुछ हौसला रहता।"

गजाधर बाबू चलने को तैयार बैठे थे। रेलवे क्वार्टर का वह कमरा, जिसमें उन्होंने कितने ही वर्ष बिताये थे, उनका सामान हट जाने से कुरूप और भद्दा लग रहा था। आँगन में रोपे पौधे भी जान-पहचान के लोग ले गये थे, और जगह-जगह मिट्टी बिखरी हुई थी, पर पत्नी और बाल-बच्चों के साथ रहने की कल्पना में यह बिछोह एक दुर्बल लहर की तरह उठकर विलीन हो गया।

गजाधर बाबू खुश थे, बहुत खुश। पैंतीस साल की नौकरी के बाद वह रिटायर होकर जा रहे थे। इन वर्षों में अधिकांश समय उन्होंने अकेले रहकर काटा था। उन अकेले क्षणों में उन्होंने इसी समय की कल्पना की थी, जब वह अपने परिवार के साथ रह सकेंगे। इसी आशा के सहारे वह अपने अभाव का बोझ ढो रहे थे। संसार की दृष्टि में उनका जीवन सफल कहा जा सकता था।

उन्होंने शहर में एक मकान बनवा लिया था, बड़े लड़के अमर और लड़की कान्ति की शादियाँ कर दी थीं, दो बच्चे ऊँची कक्षाओं में पढ़ रहे थे। गजाधर बाबू नौकरी के कारण प्रायः छोटे स्टेशनों पर रहे और उनके बच्चे और पत्नी शहर में, जिससे पढ़ाई में बाधा न हो। गजाधर बाबू स्वभाव से बहुत स्नेही व्यक्ति थे और स्नेह के आकांक्षी भी। जब परिवार साथ था, ड्यूटी से लौट कर बच्चों से हँसते-बोलते, पत्नी से कुछ मनोविनोद करते—उन सबके चले जाने से उनके जीवन में गहन सूनापन भर उठा। खाली क्षणों में उनसे घर में टिका न जाता। कवि प्रकृति के न होने पर भी, उन्हें पत्नी की स्नेहपूर्ण बातें याद आती रहतीं। दोपहर में गर्मी होने पर भी, दो बजे तक आग जलाये रहती और उनके स्टेशन से वापस आने पर गरम-गरम रोटियाँ सेंकती—उनके खा चुकने और मना करने पर भी थोड़ा-सा कुछ और थाली में परोस देती, और बड़े प्यार से आग्रह करती। जब वह थके-हारे बाहर से आते, तो उनकी आहट पा वह रसोई के द्वार पर निकल आती, और उसकी सलज्ज आँखें मुस्करा उठतीं। गजाधर बाबू को तब हर छोटी बात याद आती और वह उदास हो उठते...अब कितने वर्षों बाद वह अवसर आया था, जब वह फिर उसी स्नेह और आदर के मध्य रहने जा रहे थे।

टोपी उतारकर गजाधर बाबू ने चारपाई पर रख दी, जूते खोल कर नीचे खिसका दिये, अन्दर से रह-रह कर कहकहों की आवाज आ रही थी, इतवार का दिन था और उनके सब बच्चे इकट्ठे होकर नाश्ता कर रहे थे। गजाधर बाबू के सूखे चेहरे पर स्निग्ध मुस्कान आ गयी। उसी तरह मुस्कुराते हुए वह बिना खाँसे अन्दर चले आये। उन्होंने देखा कि नरेन्द्र कमर पर हाथ रखे शायद गत रात्रि की फिल्म में देखे गये किसी नृत्य की नकल कर रहा था और बसन्ती हँस-हँस कर दुहरी हो रही थी। अमर की बहू को अपने तन-बदन, आँचल या घूँघट का कोई होश न था और वह उन्मुक्त रूप से हँस रही थी। गजाधर बाबू को देखते ही नरेन्द्र धप से बैठ गया और चाय का प्याला उठाकर मुँह से लगा लिया। बहू को होश आया और उसने झट से माथा ढँक लिया, केवल बसन्ती का शरीर रह-रह कर हँसी दबाने के प्रयत्न में हिलता रहा।

गजाधर बाबू ने मुस्कुराते हुए उन लोगों को देखा। फिर कहा, "क्यों नरेन्द्र, क्या नकल हो रही थी?" "कुछ नहीं बाबूजी।" नरेन्द्र ने सिट-सिटाकर कहा। गजाधर बाबू ने चाहा था कि वह भी इस मनोविनोद में भाग लेते, पर उनके आते ही जैसे सब कुण्ठित हो चुप हो गये, उससे उनके मन में थोड़ी-सी खिन्नता उपज आयी। बैठते हुए बोले, "बसन्ती, चाय मुझे भी देना। तुम्हारी अम्माँ की पूजा अभी चल रही है क्या?" बसन्ती ने माँ की कोठरी की ओर देखा,

"अभी आती ही होंगी," और प्याले में उनके लिए चाय छानने लगी। बहू चुपचाप पहले ही चली गयी थी, अब नरेन्द्र भी चाय का आख़िरी घूँट पीकर उठ खड़ा हुआ, केवल बसन्ती, पिता के लिहाज़ में, चौके में बैठी माँ की राह देखने लगी। गजाधर बाबू ने एक घूँट चाय पी, फिर कहा, "बिट्टी—चाय तो फीकी है।"

"लाइए, चीनी और डाल दूँ।" बसन्ती बोली।

"रहने दो, तुम्हारी अम्माँ जब आयेंगी, तभी पी लूँगा।"

थोड़ी देर में उनकी पत्नी हाथ में अर्घ्य का लोटा लिए निकली और अशुद्ध स्तुति कहते हुए तुलसी में डाल दिया। उन्हें देखते ही बसन्ती भी उठ गयी। पत्नी ने आकर गजाधर बाबू को देखा और कहा, "अरे, आप अकेले बैठे हैं—ये सब कहाँ गये?" गजाधर बाबू के मन में फाँस-सी करक उठी, "अपने-अपने काम में लग गये हैं—आख़िर बच्चे ही हैं।"

पत्नी आकर चौके में बैठ गयी—उन्होंने नाक-भौं चढ़ा कर चारों ओर जूठे बर्तनों को देखा। फिर कहा, "सारे में जूठे बर्तन पड़े हैं। इस घर में धरम-करम कुछ नहीं। पूजा करके सीधे चौके में घुसो।" फिर उन्होंने नौकर को पुकारा, जब उत्तर न मिला तो एक बार और उच्च स्वर में, फिर पति की ओर देखकर बोली, "बहू ने भेजा होगा बाज़ार।" और एक लम्बी साँस लेकर चुप हो रहीं।

गजाधर बाबू बैठकर चाय और नाश्ते का इन्तज़ार करते रहे। उन्हें अचानक ही गनेशी की याद आ गयी। रोज़ सुबह, पैसेंजर आने से पहले वह गर्म-गर्म पूरियाँ और जलेबी बनाता था। गजाधर बाबू जब तक उठकर तैयार होते, उनके लिए जलेबियाँ और चाय लाकर रख देता था। चाय भी कितनी बढ़िया, काँच के गिलास में ऊपर तक लबालब भरी, पूरे ढाई चम्मच चीनी और गाढ़ी मलाई। पैसेंजर भले ही रानीपुर लेट पहुँचे, गनेशी ने चाय पहुँचाने में कभी देर नहीं की। क्या मजाल कि कभी उससे कुछ कहना पड़े।

पत्नी का शिकायत-भरा स्वर सुन कर उनके विचारों में व्याघात पहुँचा। वह कह रही थी, सारा दिन इसी खिच-खिच में निकल जाता है। इस गृहस्थी का धन्धा पीटते-पीटते उमर बीत गयी। कोई ज़रा हाथ भी नहीं बँटाता।

"बहू क्या किया करती हैं?" गजाधर बाबू ने पूछा।

"पड़ी रहती हैं। बसन्ती को तो फिर कहो कि कॉलेज जाना होता है।"

गजाधर बाबू ने जोश में आकर बसन्ती को आवाज़ दी। बसन्ती भाभी के कमरे से निकली तो गजाधर बाबू ने कहा, "बसन्ती, आज से शाम का खाना बनाने की ज़िम्मेदारी तुम पर है। सुबह का भोजन तुम्हारी भाभी बनायेंगी।"

बसन्ती मुँह लटका कर बोली, "बाबूजी, पढ़ना भी तो होता है।"

गजाधर बाबू ने बड़े प्यार से समझाया, "तुम सवेरे पढ़ लिया करो। तुम्हारी माँ बूढ़ी हो गयी, उनके शरीर में अब वह शक्ति नहीं बची है। तुम हो, तुम्हारी भाभी हैं, दोनों को मिलकर काम में हाथ बँटाना चाहिए।"

बसन्ती चुप रह गयी। उसके जाने के बाद, उसकी माँ ने धीरे से कहा, "पढ़ने का तो बहाना है। कभी जी हीं नहीं लगता, लगे कैसे? शीला से ही फुरसत नहीं, बड़े-बड़े लड़के हैं उस घर में, हर वक्त वहाँ घुसा रहना मुझे नहीं सुहाता। मना करूँ तो सुनती नहीं।"

नाश्ता कर, गजाधर बाबू बैठक में चले गये। घर छोटा था और ऐसी व्यवस्था हो चुकी थी कि उसमें गजाधर बाबू के रहने के लिए कोई स्थान न बचा था। जैसे किसी मेहमान के लिए कुछ अस्थायी प्रबन्ध कर दिया जाता है, उसी प्रकार बैठक में कुर्सियों को दीवार से सटाकर बीच में गजाधर बाबू के लिए पतली-सी चारपाई डाल दी गयी थी—गजाधर बाबू उस कमरे में पड़े-पड़े, कभी-कभी अनायास ही, इस अस्थायित्व का अनुभव करने लगते। उन्हें याद हो आती उन रेलगाड़ियों की, जो आतीं और थोड़ी रुक कर किसी और लक्ष्य की ओर चली जातीं।

घर छोटा होने के कारण बैठक में ही अब अपना प्रबन्ध किया था। उनकी पत्नी के पास अन्दर एक छोटा कमरा अवश्य था, पर वह एक ओर अचारों के मर्तबान, दाल, चावल के कनस्तर और घी के डिब्बे से घिरा था; दूसरी ओर पुरानी रजाइयाँ, दरियों में लिपटी और रस्सी से बँधी रखी थीं, उसके पास एक बड़े-से टीन के बक्स में घर-भर के गरम कपड़े थे। बीच में एक अलगनी बँधी हुई थी, जिस पर प्रायः बसन्ती के कपड़े लापरवाही से पड़े रहते थे। वह जान-बूझकर उस कमरे में नहीं जाते थे। घर का दूसरा कमरा अमर और उसकी बहू के पास था, तीसरा कमरा जो सामने की ओर था, बैठक था। गजाधर बाबू के आने से पहले उसमें अमर की ससुराल से आया बेंत की तीन कुर्सियों का सेट पड़ा था, कुर्सियों पर नीली गद्दियाँ और बहू के हाथों के कढ़े कुशन थे।

जब कभी उनकी पत्नी को कोई लम्बी शिकायत करनी होती, तो अपनी चटाई बैठक में डाल पड़ जाती थी। वह एक दिन चटाई लेकर आ गयी। गजाधर बाबू ने घर-गृहस्थी की बातें छेड़ीं, वह घर का रवैया देख रहे थे। बहुत हलके-से उन्होंने कहा कि अब हाथ में पैसा कम रहेगा, कुछ ख़र्च कम होना चाहिए।

"सभी ख़र्च तो वाजिब-वाजिब हैं, किसका पेट काटूँ? यही जोड़-गाँठ करते-करते बूढ़ी हो गयी, न मन का पहना, न ओढ़ा।"

गजाधर बाबू ने आहत, विस्मित दृष्टि से पत्नी को देखा। उनसे अपनी हैसियत छिपी न थी। उनकी पत्नी तंगी का अनुभव कर उसका उल्लेख करती, यह स्वाभाविक था, लेकिन उनमें सहानुभूति का पूर्ण अभाव गजाधर बाबू को बहुत खटका। उनसे यदि राय-बात की जाती कि प्रबन्ध कैसे हो, तो उन्हें चिन्ता कम, सन्तोष अधिक होता। लेकिन उनसे तो केवल शिकायत की जाती थी जैसे परिवार की सब परेशानियों के लिए वही जिम्मेदार थे।

"तुम्हें किस बात की कमी है अमर की माँ—घर में बहू है, लड़के-बच्चे हैं, सिर्फ़ रुपये से ही आदमी अमीर नहीं होता।" गजाधर बाबू ने कहा और कहने के साथ अनुभव किया। यह उनकी आन्तरिक अभिव्यक्ति थी—ऐसी कि उनकी पत्नी नहीं समझ सकती। "हाँ, बड़ा सुख है न बहू से। आज रसोई करने गयी है, देखो क्या होता है," कहकर पत्नी ने आँखें मूँदीं, और सो गयीं। गजाधर बाबू बैठे हुए पत्नी को देखते रह गये—यही थी क्या उनकी पत्नी, जिसके हाथों के कोमल स्पर्श, जिसकी मुस्कान की याद में उन्होंने सम्पूर्ण जीवन काट दिया था? उन्हें लगा कि वह लावण्यमयी युवती जीवन की राह में कहीं खो गयी और उसकी जगह आज जो स्त्री है, वह उनके मन और प्राणों के लिए नितान्त अपरिचित है। गाढ़ी नींद में डूबी उनकी पत्नी का भारी-सा शरीर बहुत बेडौल और कुरूप लग रहा था, चेहरा श्रीहीन और रूखा था। गजाधर बाबू देर तक निस्संग दृष्टि से पत्नी को देखते रहे और फिर लेटकर छत की ओर ताकने लगे।

अन्दर कुछ गिरा और उनकी पत्नी हड़बड़ा कर उठ बैठीं, "लो, बिल्ली ने कुछ गिरा दिया शायद," और वह अन्दर भागीं। थोड़ी देर में लौटकर आयी तो उनका मुँह फूला हुआ था, "देखा बहू को, चौका खुला छोड़ आयी, बिल्ली ने दाल की पतीली गिरा दी। सभी तो खाने को हैं, अब क्या खिलाऊँगी?" वह साँस लेने को रुकीं और बोलीं, "एक तरकारी और चार पराँठे बनाने में सारा डिब्बा घी उँड़ेल कर रख दिया। ज़रा-सा दर्द नहीं है, कमाने वाला हाड़ तोड़े और यहाँ चीजें लुटें। मुझे तो मालूम था कि यह सब काम किसी के बस का नहीं है?"

गजाधर बाबू को लगा कि पत्नी कुछ और बोलेंगी तो उनके कान झनझना उठेंगे। होंठ भींच, करवट लेकर उन्होंने पत्नी की ओर पीठ कर ली।

रात का भोजन बसन्ती ने जान-बूझकर ऐसा बनाया था कि कौर तक निगला न जा सके। गजाधर बाबू चुपचाप खाकर उठ गये, पर नरेन्द्र थाली सरकाकर उठ खड़ा हुआ और बोला, "मैं ऐसा खाना नहीं खा सकता।"

बसन्ती तुनककर बोली, "तो न खाओ, कौन तुम्हारी खुशामद करता है।"

"तुमसे खाना बनाने को कहा किसने था?" नरेन्द्र चिल्लाया।

"बाबूजी ने।"

"बाबूजी को बैठे-बैठे यही सूझता है।"

बसन्ती को उठाकर माँ ने नरेन्द्र को मनाया और अपने हाथ से कुछ बना कर खिलाया। गजाधर बाबू ने बाद में पत्नी से कहा, "इतनी बड़ी लड़की हो गयी और उसे खाना बनाने तक का शऊर नहीं आया।"

"अरे आता सब कुछ है, करना नहीं चाहती," पत्नी ने उत्तर दिया।

अगली शाम माँ को रसोई में देख, कपड़े बदलकर बसन्ती बाहर आयी तो बैठक में गजाधर बाबू ने टोक दिया, "कहाँ जा रही हो?"

"पड़ोस में, शीला के घर।" बसन्ती ने कहा।

"कोई ज़रूरत नहीं है, अन्दर जाकर पढ़ो।" गजाधर बाबू ने कड़े स्वर में कहा। कुछ देर अनिश्चित खड़ी रह कर बसन्ती अन्दर चली गयी। गजाधर बाबू शाम को रोज़ टहलने चले जाते थे, लौट कर आये तो पत्नी ने कहा, "क्या कह दिया बसन्ती से? शाम से मुँह लपेटे पड़ी है। खाना भी नहीं खाया।"

गजाधर बाबू खिन्न हो आये। पत्नी की बात का उन्होंने कुछ उत्तर नहीं दिया। उन्होंने मन में निश्चय कर लिया कि बसन्ती की शादी जल्दी ही कर देनी है। उस दिन के बाद बसन्ती पिता से बची-बची रहने लगी। जाना होता तो पिछवाड़े से जाती।

गजाधर बाबू ने दो-एक बार पत्नी से पूछा तो उत्तर मिला, "रूठी हुई है।" गजाधर बाबू को और रोष हुआ। लड़की के इतने मिजाज, जाने को रोक दिया तो पिता से बोलेगी नहीं। फिर उनकी पत्नी ने ही सूचना दी कि अमर अलग रहने की सोच रहा है।

"क्यों?" गजाधर बाबू ने चकित होकर पूछा।

पत्नी ने साफ-साफ उत्तर नहीं दिया। अमर और उसकी बहू की शिकायतें बहुत थीं। उनका कहना था कि गजाधर बाबू हमेशा बैठक में ही पड़े रहते हैं, कोई आने-जाने वाला हो तो कहीं बैठाने की ज़गह नहीं। अमर को अब भी वह छोटा-सा समझते थे, और मौके-बेमौके टोक देते थे। बहू को काम करना पड़ता था और सास जब-तब फूहड़पन पर ताने देती रहती थी। "हमारे आने के पहले भी कभी ऐसी बात हुई थी?" गजाधर बाबू ने पूछा। पत्नी ने सिर हिलाकर जताया कि नहीं। पहले अमर घर का मालिक बनकर रहता था—बहू को कोई रोक-टोक न थी, अमर के दोस्तों का प्रायः यहीं अड्डा जमा रहता था और अन्दर से नाश्ता-चाय तैयार होकर जाता रहता था। बसन्ती को भी वही अच्छा लगता था।

गजाधर बाबू ने बहुत धीरे से कहा, "अमर से कहो, जल्दबाजी की कोई जरूरत नहीं है।"

अगले दिन वह सुबह घूमकर लौटे तो उन्होंने पाया कि बैठक में उनकी चारपाई नहीं है। अन्दर आकर पूछने वाले ही थे कि उनकी दृष्टि रसोई के अन्दर बैठी पत्नी पर पड़ी। उन्होंने यह कहने को मुँह खोला कि बहू कहाँ है; पर कुछ याद कर चुप हो गये। पत्नी की कोठरी में झाँका तो अचार, रजाइयों और कनस्तरों के मध्य अपनी चारपाई लगी पायी। गजाधर बाबू ने कोट उतारा और कहीं टाँगने को दीवार पर नज़र दौड़ायी, फिर उसे मोड़कर अलगनी के कुछ कपड़े खिसकाकर, एक किनारे टाँग दिया। कुछ खाये बिना ही अपनी चारपाई पर लेट गये। कुछ भी हो, तन आखिरकार बूढ़ा ही था। सुबह-शाम कुछ दूर टहलने अवश्य चले जाते, पर आते-आते थक उठते थे। गजाधर बाबू को अपना बड़ा-सा, खुला हुआ क्वार्टर याद आ गया। निश्चिन्त जीवन, सुबह पैसेंजर ट्रेन आने पर स्टेशन की चहल-पहल, चिर-परिचित चेहरे और पटरी पर रेल के पहियों की खट्-खट्, जो उनके लिए मधुर संगीत की तरह था। तूफान और डाक गाड़ी के इंजनों की चिंघाड़ उनकी अकेली रातों की साथी थी। सेठ रामजीमल की मिल के कुछ लोग कभी-कभी पास आ बैठते, वही उनका दायरा था, वही उनके साथी। वह जीवन अब उन्हें एक खोयी निधि-सा प्रतीत हुआ। उन्हें लगा कि वह जिन्दगी द्वारा ठगे गये हैं। उन्होंने जो कुछ चाहा, उसमें से उन्हें एक बूँद भी न मिली।

लेटे हुए वह घर के अन्दर से आते विविध स्वरों को सुनते रहे। बहू और सास की छोटी-सी झड़प, बाल्टी पर खुले नल की आवाज़, रसोई के बर्तनों की खटपट और उसी में दो गौरैयों का वार्तालाप—और अचानक ही उन्होंने निश्चय कर लिया कि अब घर की किसी बात में दखल न देंगे। यदि गृहस्वामी के लिए पूरे घर में एक चारपाई की जगह यहीं है, तो यहीं पड़े रहेंगे। अगर कहीं और डाल दी गयी, तो वहाँ चले जायेंगे। यदि बच्चों के जीवन में उनके लिए कहीं स्थान नहीं, तो अपने ही घर में परदेसी की तरह पड़े रहेंगे...और उस दिन के बाद सचमुच गजाधर बाबू कुछ नहीं बोले। नरेन्द्र माँगने आया तो बिना कारण पूछे उसे रुपये दे दिये—बसन्ती काफ़ी अँधेरा हो जाने के बाद भी पड़ोस में रही तो भी उन्होंने कुछ नहीं कहा—पर उन्हें सबसे बड़ा गम यह था कि उनकी पत्नी ने भी उनमें कुछ परिवर्तन लक्ष्य नहीं किया। वह मन-ही-मन कितना भार ढो रहे हैं, इससे वह अनजान ही बनी रहीं। बल्कि उन्हें पति के घर के मामले में हस्तक्षेप न करने के कारण शान्ति ही थी। कभी-कभी कह भी उठतीं, "ठीक ही है, आप बीच में न पड़ा कीजिए, बच्चे बड़े हो गये हैं, हमारा जो कर्तव्य था, कर रहे हैं। पढ़ा रहे हैं, शादी कर देंगे।"

गजाधर बाबू ने आहत दृष्टि से पत्नी को देखा। उन्होंने अनुभव किया कि वह पत्नी व बच्चों के लिए केवल धनोपार्जन के निमित्त मात्र हैं। जिस व्यक्ति के अस्तित्व से पत्नी माँग में सिन्दूर डालने की अधिकारिणी है, समाज में उसकी प्रतिष्ठा है, उसके सामने वह दो वक्त भोजन की थाली रख देने से सारे कर्तव्यों से छुट्टी पा जाती है। वह घी और चीनी के डिब्बों में इतनी रमी हुई हैं कि अब वही उनकी सम्पूर्ण दुनिया बन गयी है। गजाधर बाबू उनके जीवन के केन्द्र नहीं हो सकते, उनका तो अब बेटी की शादी के लिए भी उत्साह बुझ गया। किसी बात में हस्तक्षेप न करने के लिए निश्चय के बाद भी उनका अस्तित्व उस वातावरण का एक भाग न बन सका। उनकी उपस्थिति उस घर में ऐसी असंगत लगने लगी थी, जैसे सजी हुई बैठक में उनकी चारपाई थी। उनकी सारी ख़ुशी एक गहरी उदासीनता में डूब गयी।

इतने सब निश्चयों के बावजूद भी गजाधर बाबू एक दिन बीच में दख़ल दे बैठे। पत्नी स्वभावानुसार नौकर की शिकायत कर रही थीं, "कितना कामचोर है, बाज़ार की हर चीज़ में पैसा बचाता है, खाने बैठता है, तो खाता ही चला जाता है।" गजाधर बाबू को बराबर यह महसूस होता रहता था कि उनके घर का रहन-सहन और खर्च उनकी हैसियत से कहीं ज़्यादा है। पत्नी की बात सुनकर लगा कि नौकर का खर्च बिलकुल बेकार है; छोटा-मोटा काम है, घर में तीन मर्द हैं, कोई-न-कोई कर ही देगा; उन्होंने उसी दिन नौकर का हिसाब कर दिया। अमर दफ्तर से आया तो नौकर को पुकारने लगा। अमर की बहू बोली, "बाबूजी ने नौकर छुड़ा दिया है।"

"क्यों?"

"कहते हैं खर्च बहुत है।"

यह वार्तालाप बहुत सीधा-सा था, पर जिस टोन में बहू बोली, गजाधर बाबू को खटक गया। उस दिन जी भारी होने के कारण गजाधर बाबू टहलने नहीं गये थे। आलस्य में उठ कर बत्ती भी नहीं जलायी—इस बात से बेखबर नरेन्द्र माँ से कहने लगा, "अम्माँ, तुम बाबूजी से कहतीं क्यों नहीं? बैठे-बिठाये कुछ नहीं तो नौकर ही छुड़ा दिया। अगर बाबूजी यह समझें कि मैं साइकिल पर गेहूँ रख आटा पिसाने जाऊँगा, तो मुझसे यह नहीं होगा।" "हाँ अम्माँ",—बसन्ती का स्वर था, "मैं कॉलेज भी जाऊँ और लौटकर घर में झाड़ू भी लगाऊँ, यह मेरे बस की बात नहीं है।"

"बूढ़े आदमी हैं", अमर मुनमुनाया, "चुपचाप पड़े रहें। हर चीज में दखल क्यों देते हैं!" पत्नी ने बड़े व्यंग्य से कहा, "और कुछ नहीं सूझा तो तुम्हारी बहू

को ही चौके में भेज दिया। वह गयी तो पन्द्रह दिन का राशन पाँच दिन में बनाकर रख दिया।" बहू कुछ कहे, इससे पहले वह चौके में घुस गयीं। कुछ देर में अपनी कोठरी में आयीं और बिजली जलायी तो गजाधर बाबू को लेटे देख बड़ी सिटपिटायीं। गजाधर बाबू की मुखमुद्रा से वह उनके भावों का अनुमान न लगा सकीं। वह चुप, आँखें बन्द किये लेटे रहे।

गजाधर बाबू चिट्ठी हाथ में लिए अन्दर आये और पत्नी को पुकारा। वह भीगे हाथ लिए निकलीं और आँचल से पोंछती हुई पास आ खड़ी हुईं। गजाधर बाबू ने बिना किसी भूमिका के कहा, "मुझे सेठ रामजीमल की चीनी-मिल में नौकरी मिल गयी है। खाली बैठे रहने से तो चार पैसे घर में आयें, वही अच्छा है। उन्होंने तो पहले ही कहा था, मैंने मना कर दिया था।" फिर कुछ रुककर, जैसे बुझी हुई आग में एक चिनगारी चमक उठे, उन्होंने धीमे स्वर में कहा, "मैंने सोचा था कि बरसों तुम सबसे अलग रहने के बाद अवकाश पाकर परिवार के साथ रहूँगा। ख़ैर, परसों जाना है। तुम भी चलोगी?"

"मैं?" पत्नी ने सकपकाकर कहा, "मैं चलूँगी तो यहाँ का क्या होगा? इतनी बड़ी गृहस्थी, फिर सयानी लड़की..."

बात बीच में काट गजाधर बाबू ने थके, हताश स्वर में कहा, "ठीक है, तुम यहीं रहो। मैंने तो ऐसे ही कहा था।" और गहरे मौन में डूब गये।

नरेन्द्र ने बड़ी तत्परता से बिस्तर बाँधा और रिक्शा बुला लाया। गजाधर बाबू का टिन का बक्सा और पतला-सा बिस्तर उस पर रख दिया गया। नाश्ते के लिए लड्डू और मठरी की डलिया हाथ में लिए गजाधर बाबू रिक्शे पर बैठ गये। एक दृष्टि उन्होंनें अपने परिवार पर डाली और फिर दूसरी ओर देखने लगे और रिक्शा चल पड़ा। उनके जाने के बाद सब अन्दर लौट आये। बहू ने अमर से पूछा, "सिनेमा ले चलियेगा न?" बसन्ती ने उछल कर कहा, "भइया, हमें भी!"

गजाधर बाबू की पत्नी सीधे चौके में चली गयीं। बची हुई मठरियों को कटोरदान में रखकर अपने कमरे में लायीं और कनस्तरों के पास रख दिया, फिर बाहर आकर कहा, "अरे नरेन्द्र, बाबूजी की चारपाई कमरे से निकाल दे। उसमें चलने तक की जगह नहीं है।"

रमणिका गुप्ता

रमणिका गुप्ता का जन्म 22 अप्रैल, 1930 को सुनाम (पंजाब) में हुआ।

शिक्षा : एम.ए., बी.एड.

बिहार/झारखण्ड की पूर्व विधायक एवं विधान परिषद् की पूर्व सदस्य। कई गैर-सरकारी एवं स्वयंसेवी संस्थाओं से सम्बद्ध तथा सामाजिक, सांस्कृतिक व राजनीतिक कार्यक्रमों में सहभागिता। आदिवासी, दलित महिलाओं व वंचितों के लिए कार्यरत। कई देशों की यात्राएँ। विभिन्न सम्मानों एवं पुरस्कारों से सम्मानित।

रचनाएँ : निज घरे परदेसी, साम्प्रदायिकता के बदलते चेहरे (स्त्री-विमर्श)। आदिवासी स्वर : नयी शताब्दी (सम्पादन)।

इसके अलावा छह काव्य-संग्रह, चार कहानी-संग्रह एवं तैंतीस विभिन्न भाषाओं के साहित्य की प्रतिनिधि रचनाओं के अतिरिक्त 'आदिवासी : शौर्य एवं विद्रोह' (झारखण्ड), 'आदिवासी : सृजन मिथक एवं अन्य लोककथाएँ' (झारखण्ड, महाराष्ट्र) गुजरात और अण्डमान-निकोबार) का संकलन-सम्पादन।

अनुवाद : शरणकुमार लिम्बाले की पुस्तक 'दलित साहित्य का सौन्दर्यशास्त्र' का मराठी से हिन्दी में अनुवाद। इनके उपन्यास 'मौसी' का अनुवाद तेलगू में 'पिन्नी' नाम से और पंजाबी में 'मौसी' नाम से हो चुका है। जहीर गाजीपुरी द्वारा उर्दू में अनूदित इनका कविता-संकलन 'कैसे करोगे तकसीम तवारीख को' प्रकाशित। इनकी कविताओं का पंजाबी अनुवाद बलवीर चन्द्र लांगोवाल ने किया जो 'बागी बोल' नाम से प्रकाशित हो चुका है। आदिवासी, दलित एवं स्त्री मुद्दों पर कुल 38 पुस्तकें सम्पादित।

सम्प्रति : सन् 1985 से 'युद्धरत आम आदमी' (मासिक हिन्दी पत्रिका) का सम्पादन।

सारांश : दाग़ दिया सच

हिन्दी साहित्य जगत में दलित लेखन की सुपरिचित लेखिका रमणिका गुप्ता का जन्म 22 अप्रैल, 1930 को पंजाब राज्य के 'सुनाम' में हुआ। लेखिका रमणिका गुप्ता बहुमुखी प्रतिभा की धनी हैं। उनके द्वारा रचित साहित्य बहुआयामी हैं। उन्होंने कविता, उपन्यास, कहानी, लेखन के साथ-साथ समीक्षात्मक पुस्तकों का भी लेखन किया है। दलित, उपेक्षित, शोषित, आदिवासी, नारी उनके लेखन के केन्द्र में रही हैं।

भारतीय समाज व्यवस्था का एक घिनौना सच यहाँ पनप चुकी जातीयता का है। रमणिका द्वारा लिखित कहानी 'दाग दिया सच' में दलित युवक महावीर की प्रेम कहानी है, जो ऊँची जाति 'कुर्मी' समाज की लड़की मालती से प्रेम करता है। मालती भी महावीर पर अपनी जान छिड़कती है। बचपन से एक गाँव, एक ही गली में पले-बढ़े महावीर-मालती एक-दूसरे में अपना जीवन साथी देखते हैं। साथ जीने-मरने की क़समें खाते हैं। मालती के पिता बुधन तथा महावीर के पिता धोकर रविदास को महावीर-मालती के प्रेम में कोई आपत्ति नहीं है। उनका मानना है कि अब जमाना बदल गया है। दोनों परिवारों को महावीर-मालती के प्रेम सम्बन्धों पर कोई आपत्ति नहीं है। किन्तु समाज में पनप चुकी जाति व्यवस्था मानवता को दीमक की तरह अन्दर-ही-अन्दर खोखला बनाती है। गाँव के कुर्मी लोग जो अपने-आपको छत्रपती शिवाजी महाराज के वंशज मानते हैं। उन्हें इन दोनों के प्रेम सम्बन्धों पर आपत्ति है। गाँव में लगभग चार सौ कुर्मी जाति के घर होने के बावजूद मालती ने चमार जाति के लड़के से प्रेम किया, जिसे कुर्मी समाज के लड़के बर्दाश्त नहीं कर पातें। जाति-पंचायत का मुखिया मालती के पिता बुधन को हिदायत देता है कि दस दिन के अन्दर ब्याह कर दो किसी कुर्मी समाज के लड़के के साथ, नहीं तो हम तुम्हें जाती से निकाल देंगे। तब बुधन मजबूरन मालती का अनमेल विवाह करने की बात सोचता है। लेकिन मालती-महावीर गाँव से भागकर शादी कर लेते हैं। इसी घटना पर गाँव में जाति-पंचायत होती हैं। बुधन और धोकर रविदास को जुर्माना भरना पड़ता हैं। जाति पंचायत यह निर्णय लेती है कि महावीर-मालती को गाँव में बुलाना होगा, नहीं तो धोकर का परिवार खत्म कर दिया जायेगा। महावीर की बहन के साथ उल्टा-सीधा करने की धमकी दी जाती है। मजबूरन मालती और महावीर को परिवार की खातिर वापस गाँव आना पड़ता है। मालती को जलील कर उसकी कोख को अंगारों से दाग़ देते हैं। उसकी देह को पत्थरों से

मारकर चिथड़ा-चिथड़ा कर दिया जाता है। उसका चेहरा पहचानने लायक भी नहीं रहता। इस तरह दोनों का अन्त हो जाता है।

आज लेखन की शैली में अनेक बदलाव आये हैं। जैसे प्रथम पुरुष शैली के लेखन में स्वयं लेखक उपस्थित होकर बात करता है। ऐसी कहानियाँ रचनाकार के आत्म-विश्लेषण का दस्तावेज प्रतीत होती हैं। 'मैं' शैली में रचित 'दाग दिया सच' कहानी के माध्यम से रमणिका गुप्ता जी पाठकों के सामने कई सवाल खड़े कर देती हैं जैसे चमार के बेटे को मारने वाली जाति-पंचायत के लोग मनुष्य थे? उनमें मनुष्यता का कोई अंश शेष था? वे तो जानवर भी नहीं थे। वे महज 'जाति' थे? जो अपने-आपको ऊँची जाति के मानने वाले थे। सही तो यह है कि मरने के बाद भी जो जाति नहीं खत्म होती वह 'जाति' है। भारतीय समाज में इस तरह की मनुष्यता की, मानवता की हानि आये दिन देखने को, सुनने को, पढ़ने को मिलती है। जातीयता के बन्धन से हमें मुक्ति की तलाश करनी होगी। तभी मनुष्यता साँस ले पायेगी। कहानी का उद्‌देश्य उदात्त है।

दाग़ दिया सच

रमणिका गुप्ता

"महावीर...महावीरऽऽऽ...! मालती माल ऽऽऽ...ती! फिर एक वंशी की धुन हृदय को चीरती हुयी गूँज गयी। अचानक तासा की आवाज-ढोल की आवाज-और फिर-मालती ऽऽऽ महावीर ऽऽऽ-।"

दो बरस बाद मैं हेंदेगड़ा की तरफ जा रही थी कि रास्ते में ही इन आवाजों ने मेरा रास्ता रोक लिया। मैंने गाड़ी रुकवाई। नीचे उतरकर टार्च से चारों तरफ देखा तो एक दुबला-सा बूढ़ा लडखड़ाते हुए, बँसी बजाते चला आ रहा था। गाड़ी देखकर वह नजदीक आ गया और मुझे देखते ही बोला—"अगे मैय्या तू ठीक वखत पे आ गयी, देख महावीर और मालती एही जंगल में कहीं लुक्का-छिप्पी खेल रहे हैं—तू देख न, ऊ एक दूजे को हंकाय (बुला) रहे हैं। ई मोर महावीर के वंशी है मैय्या। देख कैसन रोय-रोय के याद करे है महावीर के और देख मैय्या ई ढोल!" उसने ढम-ढम ढोल को पीटते हुए फिर कहना शुरू किया—"ढोल मालती के खबर देने खातिर महावीर बजाता रहा कि मैं आ रहा हूँ—मिलो आ के। देख मैय्या ई तासा। मोर महावीर के तासा पार्टी फस्ट आयी रही हजारीबाग में! मैय्या मोर महावीर हेन्हे ही केने भुतला (खो) गया। उसको खोज दे मैय्या! मालती भी कहाँ तो चल गयी!"—कहकर फिर वह कुछ देर चुप रहा। फिर एकाएक खुद ही अपनी आवाज बदल कर कभी मालती के कण्ठ से पुकारने लगा—'महावी ऽऽऽ र' तो कभी महावीर के कण्ठ से कातर हो पुकारता—'माल ऽऽऽ ती'।

मैंने पहचान लिया था कि वह महावीर का पिता धोकर रविदास है जो शायद अपना दिमागी सन्तुलन खो चुका है। मैंने बीच में ही उसे रोकते हुए कहा, "क्यों धोकर तुम्हारी ड्यूटी नहीं है क्या आज। यहाँ क्यों घूम रहे हो? वह गरज पड़ा—"साला हम डयूटी करेगा! नहीं मैय्या हमनी सब के तो मर जाय के चाही। ओ देख मैय्या" कहकर वह ऐसे एक तरफ झुक गया जैसे किसी

चीज से बचना चाहता हो। फिर चिल्लाया—"अरे-रे...ई पूरा पहाड़ ही हमर ऊपर गिरे जात है। मैय्या...बच-बच! ...पत्थर मार रहा है आकास! देख एही पत्थर हमर छाती पर पड़ा है मैय्या—इसके नीचे हमर महावीर दबा है। देख! देख मैय्या! पत्थर का पहाड़ लग गया है! अरे...रे-बाप रे बाप-बचाओ-बचाओ, कोई हमर महावीर के बचाओ ई राक्षसन से।" फिर वह हाथ जोड़ते हुए कहने लगा—"नहीं! हमर महावीर कोई कसूर नहीं किया बाबू-ऊ मालती संग ब्याह कर ले है। मालती और महावीर में प्यार हले बाबू। मैं आपनी बहू पर सब वार दूँगा। घर-बार सभे कुछ! छोड़ दे हमर महावीर के। तुम सबके सबके पाँव पड़ता हूँ—छोड़ दो इसको।"

मैं हतप्रभ हो उसे देख रही थी। मैंने उसका हाथ पकड़कर उसे अपनी गाड़ी में बिठाते हुए कहा—"चलो धोकर, तुम्हारे घर चलते हैं, वहीं चल सब बातें करेंगे और सुनेंगे।" वह चुपचाप मेरे साथ आ बैठा। पर उसके चेहरे को कभी दहशत और निराशा, तो कभी खुशामद और याचना की परछाइयाँ घेर लेती थीं, तो कभी उस पर प्यार और कभी उम्मीद की चमक फैल जाती थी।

गाड़ी जैसे ही पंचायत भवन के पास से गुजर रही थी तो वह चिल्लाया—"ओ देख-देख मैय्या—महावीर को बाँध दिया है ऊ सबे ने।" मैं उसकी बात सुनकर भी चुप रही। वह चिल्लाता रहा। अब हम उसके घर के समीप पहुँच रहे थे। उसे गाड़ी से नीचे उतारते हुए मैंने कहा—"नहीं कुछ भी तो नहीं है धोकर कहीं भी, मुझे तो कुछ नहीं दिखाई दिया। देखो अब महावीर-मालती नहीं आयेंगे। तुम अपने घर में जाओ।" वह रोने लगा—"मैय्या तुझे भी जुल्म होता नहीं दिखेगा तो कैसे दूर होगा इन सबका जुल्म हम पर। काहे नहीं आयेंगे मालती-महावीर अब? तनि तूं ई भारी पत्थर हटा दे। देख तुरतै महावीर उठ खड़ा होगा। ऊ चपा (दब) गया है पत्थरवा के नीचे। सुन मइया मालती चिल्ला रही है—अरे—रे, बाप रे बाप! अनर्थ हो गया। देख मोर बहू के अंचरा उतार दिया है! हे रैदास बाबा! रछा कर! सड़िया खींच लिया है। मैय्या अर्जुनवा उसे जलती लुकाठी से दाग़ रहा है। बचा मैय्या मोर बहु के बचा दे।"

फिर वह जैसे सामने वाले किसी से बात कर रहा हो, ऐसे बात करने लगा—"ए बुधन तैं तो आपन बेटी के बचा ले। तोर बेटी ही न है मालती। ई पंच हैं कि दुर्जोधन हैं सभे। देख तोर बेट के नंगा कर रहे हैं। तू काहे नहीं बोलता?" फिर वह 'नहीं-नहीं' करता ऐसे झपटा जैसे किसी सामने वाले के हाथ से कुछ छीन रहा हो। फिर वह धड़ाम से जमीन पर गिर पड़ा जैसे धक्का देने पर कोई गिर जाता है। मैंने उसे उठाया। तब तक उसके घर के लोग भी बाहर आ गये थे।

उसकी पत्नी मुझे देख कर जोर-जोर से रोने लगी और बोली, "एही रकम रोज-रोज दोहराता है ई, उस रात जो-जो हुआ मैय्या। बेटा भी गया और अब इन महतवन के चलते हमर मरद भी पगला गया है।" पत्नी की बात सुन धोकर चिहुँक कर बोला—"ए सरपंच जी! बकस दे मोर महावीर के। मैं पाँव पड़ता हूँ तुमरे, ले मुझे मार दे, इसे मत मार! रोक-रोक ऊ सोहना महतो के सरपंच जी।" फिर वह दूसरी तरफ जमीन पर लेट गया जैसे किसी के पाँव पड़ रहा हो।

"ए मुखिया जी सारी जिनगी (जिन्दगी) तेरी चाकरी करते रहे हैं हम सभै परिवार। हमर बेटा के छुड़ा दे इन जुल्मियों से। अच्छा अपनी बेटी लौटा लो आप लोग। हमरे बेटा के छोड़ दो। मैं आप सभै का कसूरवार हूँ। बहुत मार लिया। अब लाठी मत न चलावो। हमनी दस घर तो हइये हैं तोर बस्तिया में। कैसन बैर करब तोर संग?" फिर तर्क करते हुए वह अपने आप से बतियाने लगा—"भला चार सौ घर की बस्ती में हम दस घर की क्या गिनती? जो आप लोग कहोगे वही हम करेंगे आप कहो तो हम टोला छोड़ के चले जाते हैं! हमर महावीर के जान मत मारो!"

थोड़ी देर वह बेसुध-सा पड़ा रहा। उसकी पत्नी ने मुँह पर पानी छींटा। कुछ होश आया ते वह आँखें फाड़-फाड़ कर देखने लगा। ऐसा लग रहा था कि उसकी आँखें बाहर निकल आयेंगी।

वह चिल्लाया—"अरे-रे-रुक-रुक। पत्थर छोड़ दे—मत मार पत्थर से ए अर्जुन। ए नकुल बचा ले उकरा-तोरा दोस्त हले महावीर!" फिर वह जमीन पर लोट माथा पटक-पटक कर, विलख-विलख कर रोने लगा।

"बरबाद हो गये हम। आठ हजार रुपइया भी ले लिया हमसे और एक क्विंटल चावल-दाल भी। हमरी खिचड़ी खाते रहे और हमरे ही सामने हमरे बेटा के पत्थर से कूच दिया।" फिर छाती पर हाथ मारकर बोला—"हम ही गुनाहगार है मैय्या। हम ही गाड़ी भाड़ा दिया चार दिन का, तेल खुराकी समेत और आपन लछमनवा के भेज के आपन महावीर के मरवाय खातर खोजवा के मँगाय दिया। हम ही ने कह दिया पंचायत में' हम तोहनी के कसूरवार हैं—ई महावीर भी तुम सबका कसूरवार है। अब जे सजा तोहनी ठीक समझो दे दो इसको।" हमरा नाय मालूम रहा मैय्या ऊ इसका जान मरा देंगे।"

उसका प्रलाप बन्द ही नहीं हो रहा था। वो बार-बार कभी अतीत से वर्तमान और वर्तमान से अतीत में आ-जा रहा था और दोहरा रहा था वही सब जो उस रात उसकी आँखों के सामने घटा था...दो वर्ष पहले जब 400 लोगों की जमात ने जातीय अहं के उन्माद में उसके बेटे को पत्थर से कूच कर मार दिया था और

उससे जबरन कागज पर अँगूठा लगवा लिया था, जिसमें लिखा था कि अपने बेटे को उसी ने मारा है। उसके घर के लोग उसे उठा कर घर में ले गये और बाकी लोग मेरे साथ बैठकर महावीर हत्याकाण्ड के केस पर बातचीत करने लगे। वे उसकी प्रगति जानने को उत्सुक थे। रात देर गये मैं लौटी।

रास्ते भर मैं सोचती आ रही थी! कब होगा इस जातीय पागलपन का अन्त? कब होगा इस पुरुष वर्चस्व का खात्मा? कब होगा करोड़ों लोगों के मन से डर का खात्मा—कब महावीर और मालती मुक्त घूमेंगे स्वछन्द किसी रोक-टोक बिना? कब महावीर की वंशी बजेगी बिना भय के? मैं इन विचारों में डूबती-उतरती जा रही थी कि एकाएक मुझे एहसास हुआ कि जैसे महावीर-मालती कहीं मेरे आसपास हैं। मुझे उनके प्यार की बतकही के बीच एकाएक चीखें सुनाई पड़ती जान पड़ी। मैं...अतीत में...उन घने जगंल में...ऊबड़-खाबड़ रास्तों में—कच्चे-पक्के गाँवों में पहुँच गयी...।

मालती-महावीर का प्यार पेंगें ले रहा था ऊँचाइयों पर—उनके प्यार के चर्चे खेतों और सरना के पेड़ों से निकलकर, कच्चे-पक्के घर के अन्दर-बाहर होते गाँव की गलियों में आ पहुँचे थे, जहाँ उनकी मुलाकातें अब स्कूल के बाहर नहीं—पिताओं के ड्यूटी चले जाने के बाद उनके अपने घर में होने लगी थी! महावीर की तासा पार्टी में उसके मित्रों में कानाफूसी होनी शुरू हो गयी थी और घर के लोग जानबूझकर इन कनफुसकियों से अनजान बने हुए थे—यानी दोनों के माँ-बाप को कोई खास आपत्ति न थी।

लेकिन एक दिन गाँव के एक रंगदार महतो ने उन्हें देख लिया। फिर तो ववण्डर मच गया गाँव में।

"कुर्मी महतो की लड़की और साला चमार का लड़का उससे आँख लड़ाता है—ये हिम्मत उस बेटी चो... की" चिल्ला रहे थे गाँव के नवधनाढ्य कुर्मी नौजवान। यह वही नौजवान थे जो तासा पार्टी में महावीर के साथ थे। वे कोयला डिपो में उसके साथ मुंशी भी थे और उसके दोस्त भी। लेकिन जात के आगे दोस्ती की क्या औकात? "कुर्मी तो शिवाजी के वंशज हैं—शिवाजी कुर्मी, क्षत्रा थे—राजा थे—सरदार पटेल भी कुर्मी थे। फिर किसकी मजाल है कि कुर्मी लड़की से नीच जात वाला प्रेम करे?" पूरा गाँव काफी उबल रहा था। कोयला डिपो से इस गाँव को, खासकर कुर्मियों को काफी आमदनी हो जाती थी। कई लोग मुंशी थे—कई मजदूर सरदार। कुर्मियों को हफ्ते में चार दिन काम मिल ही जाता था। फिर कभी वे मांझी और रविदास के बदले भी खट आते थे घूस देकर—कभी जबरन रविदास और माँझी की पारी छीन कर। कुछ ने ट्रेकर खरीद लिए थे।

उससे भी भाड़ा आता था। पैसे की कमी नहीं थी। इस बार तो अपनी ही जाति यानी कुर्मी जाति का ही विधायक भी जीता था इस क्षेत्र से लाल झण्डे को हरा कर। फिर क्या था? अपराध करो—रंगदारी करो—कौन पूछेगा। इंसपेक्टर भी तो थाना में कुर्मी ही है। तब क्या है?

"इन सालों की ये हिम्मत? हम चार सौ घर—इन दस घर वालों की ये जुर्रत? कोलयरी में साले को नौकरी क्या मिल गयी, पक्का घर क्या बना लिया कि दिमाग सिर पर चढ़ गया है। साला मैट्रिक में अच्छे नम्बर लाया है तो सोचता है बुद्धि का भण्डार उसी के पास है! जैसे हम सब तो मूरख हैं! हीरो बनता है! इसकी तासा पार्टी है तो क्या है? हम भी तो ढोल-तासा इसके साथ में बजाते हैं। मजा चखायेंगे साले को मजनूँ बनने का।" नौजवान जगह-जगह यही सब कहते फिरने लगे।

बुजुर्गों को खबर हुई। उन्होंने मालती के पिता बुधन महतो को बुलाकर डाँटा और कहा "क्या मरजी है। बेटी चमार के साथ ब्याहनी है क्या? बिरादरी में रहना है या नहीं? दस दिन के अन्दर ब्याह कर दो इसका लड़का खोज के, नहीं तो हमसे बुरा और कोई नहीं होगा। बिरादरी की इज्जत बरबाद करवा रहे हो—दोस्त है तो दोस्त-सा रहे, समधी तो नहीं बन सकता न वह तुम्हारा। मालती का घर से निकलना बन्द करो। फिर दोनों को साथ देखा तो जिन्दा गाड़ देंगे जमीन में।"

बुधन गिड़गिड़ाया—"इतनी जल्दी कैसे 'कुटुम्ब' मिलतै बाबु! फिर धोकर का बेटा भी तो लायके ही है। के देखे है आजकल जात-पात। हमर पास पैसा-कौड़ी भी तो नांय है। आजकल जात वाला सब जो कोलयरी की नौकरी पाया गया है मोटर साइकल और टी.वी. माँगे है—हमर ठिन (पास) कहाँ से इतनी रकम आवेगी। आप सब भी तो कोई तैयार न है हमर घर शादी करे खातर। हमर घर पर खपड़ा भी पूरा नहीं है—तुरन्ते कैसे सब जुगाड़ होतै?"

"हम ई सब नाय जानत! कर्ज कर, जमीन बेच, पर बेटी के हाथ पीले कर दे आपन जात का लड़का खोज के। कँवारा न मिले तो अधवै खोज ले या फिन कोई बुतरू मिल जाये तो ब्याह दे। जंगल तरफ के लड़का का रेट कम है, होन्हे ब्याह दे बेटी के!"

"नहीं आपन ऐसन सुन्दर बेटी के जंगल में ब्याह दूँ या बेमेल संग भेज दूँ, ई कैसे होतै? फिर हमर बेटी पढ़-लिख गयी है। ऊ नहीं मानती ई सब अन्याय।" बुधन रोने लगा था। पर कोई सुनवाई नहीं थी। बेटे को लेकर निकल पड़ा बुधन मालती के लिए वर खोजने। मालती 16-17 बरस की हो गयी थी।

लड़का मिला 10 बरस का। वह भी 'बिमरईया'। मालती का बाहर आना-जाना बन्द कर दिया गया था। आमने-सामने ही घर था महावीर और मालती का। उनका मिलना बन्द था।

साँझ को कुटुम्ब आना था और रिश्ता पक्का हो जाना था। मालती बेचैन थी। वह जानती है उसका बाप और भाई महावीर को चाहता है, पर बिरादरी के डर के मारे उसकी हिम्मत नहीं हो पा रही यह बात गछने की। क्या करे मालती? पिता डर रहा है। चार दिन से ड्यूटी भी नहीं गया। दस दिन की मोहलत है चार दिन बीत चुके हैं। " 'कुटुम्ब' (लड़के वाला) साँझ को आयेगा। खस्सी (बकरे का मांस) बनेगा। रिश्ता पक्का होगा। फिर? फिर क्या होगा मेरा? बुतरू (बालक) के साथ ब्याह?"—सोचकर मालती रोने लगी। माँ भीतर-भीतर रो रही थी! पर क्या करे?

"बड़े बुजुर्ग तो फिन बी हमर रिश्ते के मान लेते—जादा से जादा हमें टोले से बाहर कर देते ऊ लोग! लेकिन ई लड़कवन? ई तो अपने को राजपूत बामन के बाप समझत हैं। उन्हीं की नकल कर रहे हैं। ओही रकम दहेज माँग रहे हैं। आजकल कौन माने है जात-पात? कैसे पढ़े-लिखे लड़कवन है ई सब? पढ़ लिख के तो जात-पात टूटे के चाही—ई तो बढ़ गेल है। स्कूल के मास्टरनी जी तो कहत रहीं—"सब जात बरोबर होवे है।" फिन हमनी सब के बी तो नीमाडीह के राजपूतन सब छोट जात कहे हैं। उनकी लड़की के कोई कुर्मी ब्याह के देखे तो? उनसे नहीं लड़ेंगे ये लोग—खाली आपन से छोटन पर रौब छाँटेंगे।" मालती मन-ही-मन बहस कर निश्चय कर रही थी—कैसे भी हो वह कुटुम्ब के आने तक इन्तजार नहीं करेगी। वह ब्याह करेगी तो महावीर के साथ।

रात को खस्सी पका...दारू चली। सब दारू पीकर मस्त थे। उसी समय चुपके से मालती महावीर के कमरे में चली गयी। महावीर ने उसे हाथ जोड़ते हुए कहा—"चली जा मालती ई बियाह नाय हो सकत है। मैं छोट जात हूँ। तुम अपने तो मरबे करेगी, मुझे भी मुसीबत में डालेगी। जा मत रुक हेन्हे (यहाँ)।"

मालती ने उसे उलाहना देते हुए कहा—"इतना जल्दी डर गये—तू जे क़सम खाया रहा दुर्गा थान पर, करमा के नाच बखत ऊ याद नई खे तोरा। जे तु बोला रहा हमर के—'हम मर जायब पर तुमरा नईं छोड़ब,' कि ऊ सब झूठै था? देख मैं जनी हो के भी आ गयी हूँ तोहरा ठिन (पास) अपना घर-बार छोड़ के। अब तू हमर के भगा के ले चल। मैं ऊ बुतरू (बच्चे) संग बिआह नहीं करूँगी। तू भगा के नहीं ले जायेगा तो मैं हन्हे (यहीं ही) फाँसी लगा के मर जाऊँगी।"

बहुत समझाने पर भी मालती जब टस-से-मस नहीं हुई तो महावीर ने अपने अन्दर के पुरुष को खदेड़ दिया और वह मरने-मिटने के लिए तैयार एक योद्धा की तरह बोला—"ठीक है मालती कल के तूं दस बजे घर से बहाना बना के आ जाना, मैं चरही मोड़ पे मिलूँगा। वहाँ से ट्रेकर धर के हम लोग रजरप्पा चले जायेंगे मेरी मौसी के यहाँ और ब्याह कर लेंगे। मेरे दोस्त भी साथ में रहेंगे।" अगले दिन दस बजे मालती सहेली से मिलने का बहाना बनाकर निकली और फिर वे दोनों नहीं लौटे।

साँझ तक मालती नहीं आयी तो घर में खुसर-पुसर शुरू हुई। खोज-खबर ली गयी। किसी ने उसे महावीर के साथ तो नहीं देखा था? पूछताछ हुई। महावीर भी नहीं लौटा तो गाँववालों का सन्देह पुख्ता हो गया कि दोनों साथ-साथ भागे हैं। पंचायत बैठी। नौजवानों ने बुजुर्गों से कहा—"आप लोग बस बैठो और देखो। फैसला हम लोग करेंगे। आप लोग बूढ़े हो गये हैं, सठिया गये हैं। इज्जत आबरू की बात नहीं समझते। लाठी ले-लेकर नौजवान जुटने शुरू हुए। चार सौ घर की कुर्मी की बस्ती में दस घर रविदासों के और पच्चीस तूरी लोग के हैं।

धोकर के पूरे परिवार को बाँधकर पेश किया गया। उनकी आठ साल की बच्ची को भी पकड़ कर छप्पर के खूँटे से बाँध दिया गया। बुधन महतो के परिवार को भी बुलाया गया। चारों तरफ़ रात के सन्नाटे में लालटेन और ढिबरी की रोशनी में लोग बैठे। बीच में अलाव जला दिया गया। आग की लपटों की रंगत और चार सौ कुर्मियों की आँखों की रंगत एक जैसी थी। सफेदी छा गयी थी रविदासों की आँखों में। "मार दो इन सालों को! धोकर की बेटी को ले जाओ और सब मिलके चो...! तब इस साले को समझ आयेगा कि किसी की बेटी की इज्जत क्या होती है?"

"बाबु हम कुछ नहीं जानते हैं। बुधन और हम दोनों ड्यूटी से संगे-संगे आ रहे हैं।" धोकर गिड़गिड़ाने लगा।

"झूठ बोलता है साले। तुम ही भेजे हो प्लान बना के ऊ दोनों के। हाजिर करो उन दोनों को नहीं तो जिन्दा गाड़ देंगे।" कई आवाजें उठीं।

"देखो, तुम दोनों पाँच-पाँच हजार रुपईया यहाँ रखो और एक-एक क्विंटल चावल-दाल लाओ। खिचड़ी बनेगी। हम सब रात-दिन यहीं पर रहेंगे। हम भाड़े पर गाड़ी ला देते हैं—हमारे आदमी भी तुम्हारे साथ जायेंगे—महावीर-मालती को खोजकर लाओ, तब तक तुम्हारा परिवार यहीं बाँध कर रखा जायेगा। केवल तुम साथ में जाओ धोकर। और देखो—खबरदार जो किसी को कुछ कहा। चुपचाप आओ उन्हें लेकर, किसी को खबर की—थाना पुलिस या नेता को—तो तुम्हारा

पूरा परिवार खत्म हो जायेगा और इस बचिया के साथ जो होगा वह तुम सात जनम तक याद रखोगे"—अर्जुन महतो बच्ची की तरफ हाथ से गन्दा इशारा करते हुए बोला।

धोकर 'रविदास' सहम गया। कोई चारा नहीं था। महाजन से गाय और सुअर बन्धक रखकर पाँच हजार रुपया और एक क्विंटल दाल-चावल ला दिया। बुधन को भी यही दण्ड दिया गया। पूरी बिरादरी से कैसे बैर मोल लेता बुधन या धोकर? थाना का चौकीदार रसूल मियाँ गाँव में ही रहता था—उसे भी धोकर के परिवार के साथ बाँध दिया गया—ना बाहर जायेगा—न थाना को खबर होगी। आखिर चार सौ घर की बस्ती—दस घर की क्या मजाल?

बुधन को भी हिदायत दी—"सारा परिवार यहीं बैठो—उठ के गये तो खैर नहीं।" गाँव के बूढ़े-बुजुर्ग महतवन तटस्थ आँखों से सब अन्याय देख रहे थे—भीस्म पितामह की तरह—कैसे बोलते? खाना तो यही औलाद देती है। सरपंच की बोली नहीं निकल रही थी। जात का मुखिया चुप्पी साधे बैठा था—"मुझे क्या-मेरी मुखियागिरी कायम रहे"—वाले अन्दाज में। रात को ही ट्रैकर में 13-14 आदमी भरकर महावीर और मालती की खोज में निकले पर अगले दिन साँझ को खाली हाथ लौट आये। कोई नहीं मिला।

फिर सब रात में जुटे। "क्यों बे हरामखोर, कहाँ-कहाँ गाड़ी घुमाता रहा साले। तू सब जानता है कहाँ छिपे हैं वे दोनों। बता नहीं तो तेरी इस बेटी को हम सभे जन... ।''

धोकर सचमुच नहीं जानता था वे कहाँ थे। महावीर का छोटा बेटा जो वहीं बँधा हुआ था, जानता था वे कहाँ जा सकते हैं। वह इस डर से चुप था कि आने पर उनको लोग जिन्दा नहीं छोड़ेगे। लेकिन जब देखा कि उनके नहीं आने से पूरा परिवार ही खत्म हो जायेगा तो वह उठा—"मैं जाऊँगा खोजे खातिर और ऊ लोग जहाँ भी होंगे वहीं से उनको ले के आऊँगा। आप लोग मेरी बहन और माँ को छोड़ दो। बप्पा को मत मारो।"

"देख साला—अब बके लगा है। ये लोग सब जानते हैं। यही लोग उन्हें भगाये हैं। तो ठीक है, एक-एक क्विंटल चावल-दाल और रखो हेन्हे दोनों पार्टी, 5-5 हजार टका भी और जमा करो गाड़ी-घोड़ा और हमनी सबका खर्चा। जाओ साले, अबकी बार खाली हाथ लौटे तो कोई जिन्दा नहीं बचेगा।"

"इत्ता पैसा कहाँ से पावो बाबू। हमर घर-द्वार तो हेन्हे ही है तोहनी सब बन्धक रख के पैसा दे दे।"

"बहुत बनता है। कोलरी में इतना कमाता है, कहाँ जाता है?" अबकी बार धोकर ने घर का सब गहना गिरबी रख के तीन हजार रुपये जमा किये, चावल-दाल तो गाँव के बनिये ने बड़ी उदारता से एहसान जता कर उधार दे दिया कि कहाँ जायेगा, पैसा वसूल तो हो ही जायेगा। बुधन महतो ने भी रो-धो कर पैसा भरा।

इस बार ट्रेकर में नौजवानों की टीम बैठी थी। महावीर का भाई साथ में गया। वह सीधे रजरप्पा मौसी के यहाँ पहुँचा। पता लगा दोनों शादी कर के गोला चले गये हैं। गोला पहुँचे सब लोग। महावीर और मालती आने को तैयार नहीं थे। इस पर महावीर का भाई लक्ष्मण बोला—"चलो महावीर घर! नहीं तो तुम्हारी बहन को बर्बाद कर देंगे ये लोग। बप्पा मैय्या के भी मार-मार के मोरा देगें। हम सब भी नहीं बचेंगे।"

"तो तुम लोग हम मरवाने के लिए लिये जा रहे हो?" महावीर ने व्यंग्य भरी हताशा से पूछा।

इस पर महतो में से कुछ होशियार लड़के बड़े ही मीठे बनकर महावीर से बातें करने लगे। उसमें कुछ लड़के उसकी तासा पार्टी में थे जो डीपो पर मुंशी भी थे।

नकुल महतो बोला—"महावीर, यार हमनी पर बी विश्वास नहीं खे। हम तोर दोस्त हैं। हम जिम्मा लेते हैं तेरा बाल-बाँका नहीं होगा! पंचायत के संतोस खातर चल। जादा से जादा टोला बाहर के दण्ड लगाय देगें। पंचायती पहले भी तो ऐसने ही होती है। भरोसा रख यार हमनी सब पर। हम तेरे दुश्मन नहीं हैं।" महावीर उनकी बातों में फँसने लगा तो मालती बोल उठी—"नहीं मैं नहीं जाऊँगी मार खाये खातर। हम जानो है कुर्मी की पंचायत में कैसे लड़का-लड़की के पिटाई होती है औरत-मरद छोड़ा-छोड़ी के मामले में—फिन हम तो भाग के आये हैं। उ सब जालिम हैं, मैं नहीं जाऊँगी।"

फिर वह कुर्मी लड़कों को सम्बोधित कर बोली—"तुम ही सब तो कहते थे न मुझे कि मैंने तुम सबकी नाक कटा दी और तुम सबमें से एको को पसन्द न करके चमरवा संग दोस्ती कर ली? अब तुम सब हमसे बदला लेने के लिए हम ले जाने आये हो?"

महावीर दुविधा में था। सब लोग बड़ा प्यार भरा दबाव दे रहे थे। बस चुप था तो लक्ष्मण—महावीर का भाई। वह जानता था कि वह अपने भाई को कसाइयों के हाथ सौंपने जा रहा है। पर वह कुछ कह नहीं सकता था। केवल रटा-रटाया बोलता था। "चल कुछ नई होगा तोहनी के। नहीं जाने पर तो हम सब कोई नहीं बचतै।" वह आँखों ही आँखों से अपने भाई को आगाह भी करना

चाहता था कि वह जाने को तैयार न हो, पर नजर पकड़ा जाने के डर से वह भाई की नजर से नजर नहीं मिला रहा था। मालती के ना जाने की जिद उसे अच्छी लग रही थी।

महावीर समझते हुए भी अनजान बन रहा था। वह जाने को तैयार होने लगा। मालती न चाहते हुए भी गाड़ी में जा बैठी। साँझ में वे हेंदगढ़ा पहुँचे। पंचायत बैठी हुई थी। खिचड़ी पक रही थी। आग जल रही थी।

महावीर और मालती के पहुँचते ही पहले तो सन्नाटा छा गया। फिर शुरू हो गयी गालियों की बौछार। गाँव की औरतें भी जुट गयी थीं, मालती के आने की खबर सुनकर। 'छिनाल-रण्डी' न जाने क्या-क्या कहा जा रहा था मालती को। लड़कों को इस बात का मलाल था कि मालती ने गाँव के इतने बड़े कुर्मी समाज में से किसी लड़के को पसन्द क्यों नहीं किया? इसके चलते वे और अधिक बदला लेने पर तुले थे। वे भी तो हीरो थे—तासा पार्टी में थे—उनमें कई मुंशी भी थे डीपो पर। उनके पास जमीनें भी थीं—पैसा भी। कुर्मी की बेटी होकर चमार के साथ क्यों फँसी वह? गुस्सा इस बात का भी था।

खैर पंचायत ने बयान लेना शुरू किया। "तुझे महावीर भगा कर ले गया था न मालती?" —लगभग धमकाते हुए उसे स्वीकर करवाने के नियत से तेजन महतो ने पूछा।

"नहीं हम ही उकरा के कहे रहे कि हमरा लेके भाग चल। हम अपने मन से गये रहे। हम बुतरू से ब्याह नहीं करेंगे।"

"कैसे फटर-फटर पुतरी-सी बतियावे है ई छोरी? कि तू नहीं जानती है कि महावीर चमार है, छोट जात है। हमनी सब भी रहे हल—हमनी में से किकरा के काहे नहीं चुन लिया तूने?"

"जात-पात आज के माने है? तोहनी भी तो छोट जात की औरत के रखनी रख लिये हो। मोहना तो ब्याहता औरत के भगा के ले आया है। हमर के महावीर अच्छा लगे है हम उकरा संग ब्याह करले है। प्यार जबरन थोड़े होत है कि हम तोहनी में से चुन लेती किसी के।" मालती ने तड़ाक से उत्तर दिया। वह तब तक डरी नहीं थी।

"पढ़-लिख के बड़की नेता बन गयी है। ऐसन बेटी के जिन्दा गाड़ देना चाहिए।"

किसी से सहा नहीं जा रहा था मालती का सच। पूरी पंचायत पचा नहीं पा रही थी मालती का सच। चार सौ घर वाली बस्ती की लड़की दस घर की बस्ती का सच बोले—ये कैसे हो सकता है? चार सौ घर...दस घर...! इसे तो चार सौ घर का सच बोलना चाहिए पर ये उलटा बोल रही है।

उधर किशुन महावीर से बयान लेने लगा। महावीर कह रहा था—"हमने ब्याह कर लिया है—अब हम लोगों को जाने दो। जो हो गेले सो हो गेले! तोहनी सब कहे तो हम गाँव छोड़कर चल जायब पन मालती के ना छोड़ब!"

"इतनी हिम्मत इसमें कि दस घर का होकर चार सौ घर की हिम्मत रखे? ये कैसे होगा। साला चमार चोट्टा।"

अर्जुन जलती हुई लुकाठी लेकर उठा और मालती की साड़ी खींचकर नंगा कर उसकी जाँघ में दाग़ दिया। "ले ई महावीर के...ले! यह लुकाठी तोहर सबक सिखायब।" और उसने दाग़ दी मालती की कोख...मालती का सच...औरत का सच...!

एक चीख—"मायगे-बप्पा गे-बचाव-" और फिर लप्पड़-थप्पड़ पड़ने लगे मालती पर। उसके बाप और माँ उस पर गिर गये—"छोड़ दे! मत मार मोर बच्ची के। अब तो ई घर आ गयी है—जान मार देगा क्या?" मालती बेहोश हो गयी थी।

उधर चिल्लाये कुछ नौजवान—"खत्म कर दो इस चमरवा को। ऐसी सजा दो कि फिर कोई कुर्मी लड़की की तरफ नजर न उठा सके दूसर जात।"

दोनों हाथ-पाँव दो खूँटों से बाँधकर, महावीर को बैठा दिया गया था। एक बड़ा-सा पत्थर लेकर दौड़ा था नकुल महतो उसकी तरफ!

"तुम न कहे थे मैं तुम्हारा दोस्त हूँ—गाँव चलो कुछ नहीं होगा—मैं तुम्हारी बात पर आया था नकुल—तुम भी दगा दे रहे हो।" महावीर ने नकुल की हिंस्र नजरों में अपनी नजर गड़ाते हुए पूछा। एक क्षण को नकुल का हाथ रुक गया।

"ऊँह! काहे की दोस्ती—वो तो तुझे लाने के लिए नाटक था।"

बात खत्म भी न हुई थी कि अर्जुन ने पीछे से आकर एक बड़ा-सा पत्थर महावीर के सिर पर दे मारा। महावीर चीख भी नहीं सका।

फिर पत्थरों से महावीर का चेहरा कूच-कूच कर उसे मार डाला गया। बस वह अपने पाँव और हाथ पटकते रहा जब तक प्राण रहे। 'दाऊ? टू ब्रूटस?' (Though too Brutus?) की कथा एक बार फिर घटी हेंदेगड़ा में। कहाँ फर्क है रोम और हेन्देगड़ा में? कहाँ फर्क है राजा और प्रजा में? छल-कपट, धोखे या बर्बरता पर उतारू मनुष्य चाहे राजा हो या प्रजा—'ब्रूटस' बनता रहा है! वह आज 'नकुल' बन गया था। महावीर ने न यह नाटक पढ़ा था और न ही शायद सुना था कभी। उसने तो दोस्ती के कुछ नियम जाने थे बस—लेकिन आज 'ब्रूटस' घट गया था उसके साथ 'नकुल' बनकर।

धोकर रो-रोकर कह रहा था—"छोड़ दे बाबू जान मत मार!" महावीर का चेहरा पहचान के बाहर हो गया था। उसके ओंठ जो वंशी में स्वर फूँकते थे—

धुनें निकालते थे चिथड़ा-चिथड़ा हो गये थे। उसकी आँखें जो तासे के साथ घूमती थीं—जो ढोल की थपक के साथ नाचती थीं—मांस के लोथड़ों में कहीं दब गयी थीं! बस केवल हाथ हरकत कर रहे थे या पाँव—जो बँधे थे! हाथ—जो वंशी को थामते थे! कन्धे—जिन पर ढोल लटकता था—लटक गये थे! तो कौन बोलता? कौन प्रतिकार करता?

सच लोथड़े-लोथड़ेकर दिया गया था—कूच दिया गया था!

चौकीदार नहीं बोला—जान प्यारी थी न!

धोकर नहीं बोला—उसी गाँव में उन्हीं के बीच रहना था न उसे!

बुधन नहीं बोला—बेटी ब्याहनी थी न! कौन ब्याहेगा उसे अब बिरादरी से अलग होकर?

बोल रहे थे वही जो हत्यारे थे! भेड़िये चिल्ला रहे थे!

रातभर लाश पड़ी रही महावीर की। सबने जशन मनाया। खिचड़ी खायी-चबेना आया। दारू चली रात भर! पत्थर से कूचने वाला उस रात नायक था पूरी जमात का। वीर योद्धा—एक निहत्थे को मारकर, एक बँधे हुए को कुचल कर, फूले न समा रहे थे। इज्जत बच गयी थी उनकी—उनके समाज की और उनकी औरतों की! इज्जत औरतों की—जो पुरुष ने दे रखी थी औरत को ताजिन्दगी गुलाम बने रहने के एवज में। कुर्मी की बेटी के आशिक को मार दिया गया था। सब औरतें खुश थीं! समाज खुश था। भला बाड़े के नियम को तोड़ कर भेड़-बकरी बाहर जा सकती है कभी? समाज ने बाड़े की सुरक्षा दी थी क्या ये कम था उनके लिए?

डर रही थी भीतर-ही-भीतर मालती की माँ। लेकिन वह जोर से रो भी नहीं सकती थी। बस रो रही थी महावीर की माँ जोर-जोर से। अब क्या बचा था गँवाने को—जो न रोती। धोकर ने सब्र कर लिया था। सब्र करना उसे विरासत में मिला था पुरखों से...जिसे उन्होंने सदियों से सीखा था!

"बेटे की लाश को घर ले जाने दो बाबू", वह गिड़गिड़ाता रहा था रात भर। घुड़की देकर उसे चुप करवा दिया गया।

सबेरे हुक्म हुआ—"जाओ-दफना दो महावीर को।"

"कफन लाने दो बाबू।"

"हाँ कफन तो जरूरी है! हिन्दू है न। विध तो करनी ही पड़ेगी" —सरपंच ने कहा।

"अब मोरा दिये हो तो ठीक है—मरे बाद तो विध करे दे बाबू!" धोकर याचना-सा कर रो पड़ा। रात भर की दहशत का बाँध जैसे अब फूट रहा था उसके आँसू बनकर।

पंचायत फिर बैठी। क्या किया जाये! इसी बीच तूरी टोला का मनकू तूरी धोकर को कह गया था चुपके से—"थाना खबर कर दे धोकर, नहीं तो हम भी तोहनी के खिलाफ यही बयान देंगे कि तुम्हीं ने मार दिया है महावीर को।"

अब क्या करे धोकर? कुर्मियों की सुने तो भी मौत-फाँसी का फन्दा! तूरियों की सुने तब भी मौत!

"तो ठीक है बेटे के हत्यारे पकड़ाने पर ही मरना ठीक है।" धोकर का मन कहने लगा था। पंचायत ने उसे कफन लाने की इजाजत दे दी थी। पाँच आदमी निकले—जरबा की ओर। गाँव का सीमाना पार करते ही वे भागने लगे। गरमी के दिन—लू चल रही थी! जंगल में भागते-भागते थाना पहुँचे। धोकर तो रास्ते में बेहोश होकर गिर पड़ा था उसकी सुध लेने का भी वक्त नहीं था बाकी साथियों के पास।

थानेदार हरिजन था। झट से उठकर उनके साथ आ गया। एफ.आई.आर. लिखाने में समय जाया नहीं किया उसने। महावीर की लाश वहीं रखी थी पंचायतघर में। सब बैठे थे। मालती को सबेरे ही उसके बाप-माय और भाई के साथ दूसरे गाँव भेज दिया था। सब लाश के गिर्द बैठे थे। धोकर रविदास के बेटे, माँ और वह छोटी बच्ची जो बहन थी महावीर की।

"पुलिस! पुलिस" चारों ओर से पुलिस को लोगों ने घेर लिया—थानेदार से बन्दूक छीन ली औरतों ने। आखिर चार सौ घर वाली बस्ती की औरतें थी न। इस पर भी गोली नहीं चलायी थानेदार ने। वह जानता था गोली चलेगी तो महावीर की हत्या गौण हो जायेगी और ग्रामीणों पर गोली चलाने के जुर्म में एक हरिजन दारोगा कटघरे में खड़ा होगा। फिर महावीर के हत्यारे कभी नहीं पकड़े जायेंगे। कुछ लोगों ने टाँगी से वार किया दारोगा पर भी—किन्तु वह बच गया। टाँगी से बैंच का वह हिस्सा जहाँ से थानेदार हट गया था वार होते देखकर चार इंच गहरे तक कट गया था।" इस पर भी दफनाने नहीं दी थानेदार ने लाश। उसने हजारीबाग एस.पी. को वायरलेस से घटना की खबर कर दी और मदद माँगी। थाना में खबर करने वाले साथी डर के मारे थानेदार के साथ नहीं आये थे। वे बाद में अनजान-से बने कफन लेकर पहुँचे। उन्हें बाद में भी गाँव में ही रहना था ना। हर वक्त तो पुलिस नहीं आयेगी ना। खैर एस.पी. को खबर दी थानेदार ने। महावीर की मौत के चौथे दिन खबर लगी बाहर की दुनिया को—"कुर्मियों ने एक चमार लड़के को कुर्मी लड़की से प्रेम-विवाह करने के आरोप में पत्थर से कूच-कूच कर मार डाला।"

दरअसल, तीसरे दिन अखबार के रिर्पोटरों को साथ लेकर हेन्देगड़ा पहुँचने वाले व्यक्तियों में मैं पहली बाहरी व्यक्ति थी और हम सबके सामने गाँव के रविदास लड़कों तथा महावीर के भाई और चाचा ने बयान दिया था। धोकर उस दिन तक भी नहीं मिला था और न ही किसी अभियुक्त की गिरफ्तारी हो पायी थी उस दिन तक।

जाति के अहं ने मानवता का गला घोंट दिया! धोकर उस दिन गाँव नहीं लौटा—लोग खोज में निकले वह जंगल में ही पड़ा मिला। उसे घर लाया गया। महावीर दफनाया जा चुका था। धोकर महावीर को खोज रहा था। मालती को खोज रहा था। गाँव में हल्ला हो गया धोकर पर बेटा का भूत सवार है। तब से धोकर ड्यूटी नहीं जाने लगा। हर रोज ठीक रात आठ बजे घर से निकलता है वह, फिर पंचायतघर के आसपास घूमता है—और वही सब बोल-बोल कर दोहराता है—जो उस रात घटा था। रातभर महावीर...मालती...की आवाज गाँव के लोग सुनते हैं। वंशी की धुन और ढोल की धमक सुनते हैं।

कुर्मी औरतें धोकर को, पुलिस को, सरकार को और मालती-महावीर को गरियातीं। कुर्मी मर्द गुस्से से लाल झण्डे वालों को, खासकर मुझे कोसते—चूँकि मैंने ही ये मामला उजागर कर उनके गाँव के 45 लोगों को गिरफ्तार करवाया।

गाँव के रविदास की औरतें आँसू बहाती हैं। कुछ तूरी गुँझू और आदिवासी युवक रविदासों की कायरता पर गुस्साते और झुझँलाते हैं तो कुछ—"क्या करते ऊ लोग—दस घर ही तो थे न—चार सौ घर में? कैसे मुकाबला करते?" कहकर सब्र कर लेते। कुछ कहते—"हमें एक होकर इस जुल्म के खिलाफ लड़ना होगा" —और वे एकता के प्रयासों की योजना मन-ही-मन बनाते। बड़े-बूढ़े कहते— "जाय दे जो हो गेल से हो गेल—रहना तो आखर उन्हीं लोगों में है। हम छोट जात हैं—फिर हमर के तो काम ओहे देत हैं।" फिर कुछ दूसरी जाति के दलित तटस्थ अंदाज से बोलते—"हमनी दूसाध है—गंझु हैं—हमनी का दरकार पड़ी है दूसर जात खातर लड़े के? तो तत्काल कोई नौजवान प्रतिक्रया में बोल उठता— "क्या तेरी बहन-बेटी की इज्जत नहीं लूटते हैं ऊ लोग? कल हमनी पे पड़ी तो के मदद करी? हमनी के ऐसन न सोचे के चाही। सब दलित के एक करके पंचायत करे के चाही।" तब बूढ़े साध और गँझू मटिया जाते।

तरह-तरह की योजनाएँ, तरह-तरह की तिकड़में, तरह-तरह की खबरें, तरह-तरह की रणनीतियाँ रोज बनती बिगड़तीं—कुछ सरंजाम होतीं, कुछ मने-मन रह जाती।

आज फिर से महावीर और मालती की कहानी को धोकर के मुँह से सुनकर मैं बेचैन हो उठी थी। धोकर ने देखा ही नहीं था वह सब भोगा था।

महावीर को मारा गया एक-एक पत्थर महावीर के चेहरे पर नहीं—जैसे उसी के चेहरे पर लगा हो—उसी ढंग से उसने पूरा प्रकरण दोहराया था मेरे सामने। मैं स्वयं उसी रात के प्रकरण में जब ये घटना घटी थी, कहीं गुम होती चली गयी थी—कि वंशी की धुन गूँज उठी! वंशी की धुन मद्धम पड़ती जा रही थी और कोई बोल उठा—"मालती..." जबाब मिला—महावीर...!"

गाँव के लोग कहते हैं—धोकर पर महावीर का भूत सवार है। हाँ महावीर का भूत सवार है धोकर पर, चूँकि धोकर एक मनुष्य है! ऐसा हादसा देखने वाले किसी मनुष्य पर भूत सवार हो सकता है—उस घटना का भूत—हत्यारे का भूत—मृतक का भूत—अगर वह संवेदनशील मनुष्य है! और धोकर मनुष्य है—मनुष्य था और मनुष्य रहेगा।

"पर उन चार सौ मरद-औरतों की पहचान क्या है?" महावीर-मालती की आवाज पूछ रही है!

"वो आदमी थे या जात! वो मनुष्य थे या कुर्मी?" धोकर की लड़खड़ाती जबान पूछ रही है।

हाँ! वो मनुष्य नहीं, जात थे।

मनु की बनायी जात! जात जो मरने के बाद ही जाती है।

"वो हिन्दू थे—मनुष्य नहीं थे!" तासा झनका!

"वो कुर्मी थे—आदमी नहीं थे!" ढोल धमधमाया!

"वो जानवर भी नहीं थे चूँकि जानवरों में ऐसी जातीयता नहीं होती।" तासा पार्टी के सब वाद्य एक साथ कोरस में बज उठे।

वंशी की धुन सरगम का सप्तम स्वर छू रही थी।

स्वदेश दीपक

स्वदेश दीपक का जन्म सन् 1942 ई. में हुआ था। स्वदेश दीपक जी एक भारतीय नाटककार, उपन्यासकार और लघु कहानी लेखक हैं। उन्होंने 15 से भी अधिक पुस्तकें लिखी हैं। उन्होंने हिन्दी और अंग्रेजी में स्नातकोत्तर उपाधि प्राप्त की थी। आपने 26 वर्ष अम्बाला के गाँधी मेमोरियल कॉलेज में अंग्रेजी साहित्य पढ़ाया। सन् 2006 में उन्हें संगीत नाटक अकादमी सम्मान से सम्मानित किया गया। वे 2 जून, 2006 ई. को सुबह सैर के लिए निकले और आज तक वापस नहीं आये।

'कोर्ट मार्शल' स्वदेश दीपक का सर्वश्रेष्ठ नाटक है। अरविन्द गौड़ के निर्देशन में अस्मिता थियेटर ग्रुप द्वारा भारत भर में इस नाटक 450 से भी अधिक बार मंचन किया गया।

रचनाएँ–अश्वारोही, मातम, तमाशा, बाल भगवान, किसी अप्रिय घटना का समाचार नहीं, मसखरे कभी नहीं रोते, निर्वाचित कहानियाँ (कहानियाँ); नम्बर 57 स्क्वाड्रन, मायापोत (उपन्यास), बाल भगवान, जलता हुआ रथ, सबसे उदास कविता, काल कोठरी (नाटक); मैंने माँडू नहीं देखा (संस्मरण)

सारांश : रफ़ूजी

हिन्दुस्तान जब आजाद हुआ तब उसे विभाजन का सामना करना पड़ा। साथ ही साम्प्रदायिकता की हिंसा को भी झेलना पड़ा। इस विभाजन की त्रासदी में हजारों लोग बेघर, अनाथ हुए और हिंसा की आग में जले। कई स्त्रियों के साथ शारीरिक हिंसा हुई। सरकार ने लोगों की सुरक्षा के लिए रिफ्यूजी कैंप स्थापित किये। इन कैंपों में हजारों-लाखों लोग शरणार्थी के रूप में 'पनाह'। हिंसा का माहौल खत्म होने पर घर जाते हैं। भारतीय सिनेमा में इस विषय पर अनेक फिल्में बनायी गयी है।

इसी विषय को केन्द्र बिन्दु बनाते हुए स्वदेश दीपक ने 'रफ़ूजी' कहानी की रचना की। कहानी का शीर्षक 'रफ़ूजी' इसलिए है क्योंकि कहानी का मुख्य

पात्र 'नानी' अनपढ़ होने के कारण रिफ्यूजी शब्द को बोल नहीं पाती। वह इसे 'रफ़ूजी' कहती है। कहानी पर पंजाबी भाषा का प्रभाव दिखाई देता है। कहानी के पात्र भी सिख धर्म से आते हैं। कहानी का समय आजादी से लेकर दिल्ली में हुई इन्दिरा गाँधी की हत्या के बाद तक की घटनाओं को दिखाया गया है। कहानी प्रधानमन्त्री इन्दिरा गाँधी की हत्या के बाद दिल्ली में हुए सिखों के कत्लेआम को भी याद दिलाती है।

कहानी हमें वर्तमान से भूतकाल में ले जाती है। फ्लेशबैक की तरह कुछ समय यह कहानी यादों में चलती है। नानी ने भारत विभाजन के दुःख को अपनी आँखों के सामने देखा और उसे झेला। अपनी आँखों के सामने जवान तीन बेटे की दर्दनाक हत्या को स्मृतियों में याद कर वह पाठकों को सन्देश देना चाहती है कि साम्प्रदायिकता हमारे समाज का रोग बना गया है। उसे जड़ से नष्ट करना है। हमें भय और नफरत के समाज में जीना नहीं है। हमारा समाज शान्ति और भाईचारे के साथ रहे। इसी में हमारे समाज और देश की भलाई है।

रफ़ूजी

•

स्वदेश दीपक

नानी बिलकुल अनपढ़। अस्सी के ऊपर आयु होगी, लेकिन अंग्रेजी के कुछ शब्द उसे आते हैं—जैसे कि 'रिफ्यूजी', जिसे वह रफ़ूजी बोलती है।

कुछ शब्द इतिहास की उपज होते हैं, जो प्रतिदिन की जिन्दगी का हिस्सा बन जाते हैं। ये शब्द राजा अथवा रानी की देन होते हैं। अंग्रेज जाते-जाते बँटवारा करा गये और विरासत में एक शब्द दे गये—रिफ्यूजी। जैसे कुछ वर्ष पहले हमारी महारानी मरीं और विरासत में एक शब्द दे गयीं—उग्रवादी।

सारा कस्बा उसे नानी कहकर बुलाता है। शायद परिवार के सदस्यों के अलावा किसी को भी असली नाम मालूम या याद नहीं। जिस्म के सारे हिस्से जिस्म का साथ छोड़ चुके हैं। सिवा आवाज के। फटे ढोल की तरह की आवाज—एकदम कानफाड़ और ऊँची।

बेटे तो बँटवारे की भेंट चढ़ गये, एक लड़की बची थी, इसलिए कि विभाजन से पहले वह जालंधर में ब्याही गयी। अब वह भी नहीं। उसके बेटे, अपने दोहते के साथ नानी रहती है, इस कस्बे में। कलेमों में थोड़ी जमीन मिल गयी, मकान भी बनवा लिया। दोहता कॉलेज में पढ़ाता है, लेकिन नानी उसे प्रोफेसर नहीं मास्टर कह कर बुलाती है। उसकी समझ में सब पढ़ाने वाले मास्टर ही होते हैं। वह जालंधर के कॉलेज में जो यहाँ से दस किलोमीटर दूर है। रोज पढ़ाने जाता है, स्कूटर पर।

नानी आँगन में नीम के पेड़ के नीचे लेटी हुई। बच्चे स्कूल जा चुके हैं अपनी माँ के साथ, जो उसी स्कूल में पढ़ाती है।

आँगन में कदमों की आवाजें। नानी कमर पर हाथ रख चारपाई पर अध-उठ गयी। अध अन्धी है। नजर बाँध कर कदमों को, आवाजों को, जिस्मों के साथ जोड़ने की कोशिश की, लेकिन कोशिश नाकाम।

"कोण। किस नूँ मिलना है घर कोई नहीं। शाम नूँ आणा।"

नानी की आवाज सुन कर नीम पर बैठे कौवे ने गर्दन घुमायी। कहीं कोई खतरा नहीं। फिर भी एक टहनी से दूसरी टहनी पर छलाँग गया।

"नानी, तेरी तो आँखें भी गयीं। चल फिकर न कर, आँखों के बैंक से किसी जवान कुड़ी की आँखें तुझे डलवा देंगे। मरने से पहले जहान तो देख लेगी।"

"जीते, तु मोया साठ का हो गया, लेकिन जबान अब भी कैंची की कैंची। मैं मरने वाली नहीं। तेरा संस्कार करके ही जाऊँगी। खातिर जमा रख।"

"नानी, बैंक से आँखें ला दूँ एकदम जवान हो जायेगी।"

"कौन? मल्कियत। नानी को जवान बनायेगा। मोया फिर सात फेरे भी लेगा न। तेरी घरवाली तो कब की मर गयी, मुझे घर ले चलना। इस उमर में लुत्तर-लुत्तर तो बन्द होगी।"

सरपंच सुरजीत सिंह ने नीम के नीचे दूसरी चारपाई बिछायी, तहमद टखनों तक खींची और पसर गया। नानी को फिर छेड़ा, "नानी बैंक से आँखें..."

"चुप ओए मोया। जीभ में कीड़े पड़ेंगे कीड़े, मुझे बेवकूफ बनाता है। बैंक में तेरे बाप रुपये देते हैं कि आँखें...? तू तो अपनी माँ को भी ऐसे ही छेड़ता था।"

नानी को अचानक याद आया कि मल्कियत सिंह बिलकुल चुप है। जरूर कोई बात होगी वरना यह तो कैंची है, कैंची—लगातार चकट-चकट करती हुई।

"मलकीते, तैनूँ साँप क्यों सूँघ गया है। बोलता क्यों नहीं। रात बोतल नहीं मिली क्या" ठहर मैं लस्सी लाती हूँ। नानी ने उठने की कोशिश की।

"तू बैठी रह नानी, अब की उठी शाम तक अन्दर से वापस आयेगी। तेरे लारे और ब्याहे भी क्वारे।"

"मरजाँणा, बस महवारे डालना तो कोई तुझसे सीखे। अच्छा यह सवेरे-सवेरे यहाँ चढ़ाई किसलिए कर दी?"

सुरजीत और मल्कियत ने एक-दूसरे की तरफ पूछती निगाहों से देखा था—नानी से बात कौन करे? नानी ने उनकी चुप्पी को सूँघ लिया। उसे पता है इस इलाके के लोगों का एकदम चुप होना किसी बुरी बात के खतरे की निशानी होती है। वह थोड़ा-सा डर गयी इसलिए और ऊँची आवाज में बोली—

"ओये मोये" जीभ तालू से क्यों चिपक गयी? कुछ बकते क्यों नहीं? मेरे मास्टर की कहीं टक्कर तो नहीं लग गयी।

इस बार आवाज का धमाका इतना ऊँचा था कि कौवे बिलकुल डर गये। उडारी भर कर छत पर जा बैठे।

"नानी की बच्ची! मास्टर, नहीं प्रोफेसर कह। तुझे कितनी बार बताया है कि जो कॉलेज में पढ़ाये उसे प्रोफेसर कहते हैं।"

"चुप्प ओये, बड़ा आया मुझे सीख देने वाला। पढ़ाता ही है न, चाहे कालज-फालज में पढ़ाये, चाहे स्कूल में, मास्टर तो मास्टर होगा, थानेदार तो नहीं। अच्छा बताओ, की गल है?"

मल्कियत ने सुरजीत को कुहनी मारी कि तू ही बोल। "सुन नानी, प्रोफेसर को समझा दे कि फालतू न बोला करे। आजकल ऐसी बातें करना ठीक नहीं।"

"क्या फालतू बोलता है, जरा मैं भी तो सुनूँ। सारा दिन तो किताबें चाटता रहता है। अभी से ऐनक चढ़ गयी, बुड्ढा हो गया।" नानी के लिए नजर की ऐनक नजर की शुरुआत है।

"नानी, उग्रवादियों के खिलाफ सरेआम बोलता है। अपनी क्लासों में भी। गाँव के लड़के, जो कॉलेज में पढ़ते हैं, उन्होंने हमें बताया।"

"खिलाफ बोलता है तो क्या बुरा करता है। अब सच बोलने पर करफ्यू लग गया है क्या?"

"नानी, लगता है तेरा दिमाग भी चल गया, सुरजीत सिंह की आवाज सख्त हो गयी, तुझे पता नहीं कि अब मुल्क में सच बोलने की मनाही है। बस दो टैम की रोटी खाओ और जो दिन खैर-खरीयत से गुजर जाये, सच्चे पातशाह की किरपा समझो। लोगाँ के सिर पर खून सवार है। लेकिन तेरा पढ़ा-लिखा प्रोफेसर तो झल्ला हो गया है, बोलने से बाज नहीं आता। क्या सरकार ने उसे सच का नम्बरदार बना दिया है?"

नानी के अतीत से अपने पेड़ जैसे तीन लड़कों का अपनी आँखों के सामने कत्ल होने का दृश्य कूदा और उसकी अध-अन्धी आँखों में ठहर गया। उसने पूरा जोर लगाया और चारपाई पर गठरी बन गयी। आजकल जो कुछ हो रहा है, उसे वैसे भी समझ नहीं आता, लेकिन आतंक की बू को तो जानवरों तक की इन्द्रियाँ ग्रहण कर लेती हैं। नानी को बहुत-सी बात सुनाई तो देती हैं, कारण समझ आये न आये। उसने याचना भरी आवाज में सलाह दी–

"मलकीते, तू ही समझा मास्टर को। तुमसे तो दबता है। मैं कुछ कहूँ तो जवाब तक नहीं देता। उसकी घरवाली भी कोशिश करती है, लेकिन पता नहीं उसे अंग्रेजी में क्या कहता है कि वह चुप हो जाती है। मेरी तो आखिरी निशानी है मेरा इन्दर। उसे भी कुछ हो गया तो खानदान का बीज तक नाश हो जायेगा।" अब नानी बेआवाज रो रही है। चेहरे की गहरी झुर्रियों में आँसू गिर कर अटक गये।

"ओये नानो, उसे क्या होगा। हमारे गाँव में किसी हिन्दू को आज तक किसी ने छुआ है क्या? मलकीते की दोनाली बन्दूक को सारा दुआबा जानता है, समझी। दो कत्ल कर चुका है, दो।" उसने इतना ऊँचा बोला कि छत की मुँडेर पर बैठे कौवों ने इस बार लम्बी उडारी भरी और मकान की हद से बाहर निकल गये।

"लेकिन नानी, बड़ा खराब वक्त चल रहा है। किसी पर भरोसा नहीं किया जा सकता। भाई को भाई शक की नजर से देखने लग पड़ा है। इस इन्दर को हम भी समझायेंगे। लेकिन तू बात जरूर करना। चौरासी में जब दिल्ली में दंगे हुए थे तो इन्दर हिन्दुओं के खिलाफ सरेआम बोलता था न। तब भी हमने समझाया लेकिन नहीं माना न। हिन्दुओं ने ही ईंट मार कर उसका सिर फोड़ दिया था। कितना खून चढ़ा, तब जाकर बचा। उसे बता कि आजकल झूठ का बोलबाला और सच का मुँह काला।" सुरजीत चारपाई से उठा, तहमद नीचे की। मल्कियत ने साफ देखा कि नानी के चेहरे पर से दहशत अब भी नहीं हटी।

"नानी, तू खातर जमा रख, हमारे होते चिड़ी भी गाँव में नहीं फड़क सकती। ऐसा सूरमा अभी किसी माँ ने पैदा नहीं किया, जो हमारे गाँव में आकर उस पर हमला कर सके। लेकिन शहर से तो स्कूटर पर अकेला आता है न, कहीं रास्ते में...," मल्कियत ने अपनी बात पूरी करने की जरूरत नहीं समझी।

"अच्छा पुत्तरों तुसी चलो, साईं रखे।"

दोनों ने आज पहली बार नानी को वहाँ से जाने से पहले छेड़ा नहीं।

कौवे फिर नीम के पेड़ पर लौट आये। काँव-काँव, रोटी दे-रोटी दे की रट लगा दी। नानी ने उन्हें गाली दी, "मोये, मरे जाते हैं। थोड़ा-सा भी सबर नहीं।" चारपाई से उतरी। कमर पर हाथ रखे, लचीले बाँस का-सा दोहरा होकर मुड़ गया शरीर अब अन्दर की तरफ घिसटना शुरू हुआ। साथ-साथ यादें भी।

हाँ, दिल्ली के दंगों के बाद इंदर का सिर हिन्दुओं ने फोड़ दिया। वह सरेआम उन्हें गालियाँ जो देता था। यह बात तो नानी को कल की तरह याद है। अभी अतीत की धूल इन दृश्यों पर जमी जो नहीं।

दिल्ली से सिखों के कुछ परिवार यहाँ के गुरुद्वारे में रफ़ूजी बन कर आये थे। नानी भी गाँव की औरतों के साथ रोटियों की पोटली बना कर वहीं गयी, उनसे मिलने। वह कहीं अतीत-वर्तमान के बीच जिन्दा है। सहमी बैठी औरतों से पूछा था–

"क्यों पाकस्तान ने आये हो जी?"

लुट-पुट कर आयी एक बूढ़ी औरत का चेहरा तमतमाया, शायद कोई कड़ा जवाब देने लगी। गाँव की औरतों ने उसे सैनत की, अपने सिर को हाथों से

छूकर इशारे से बताया कि नानी के दिमाग के पुर्जे ढीले हैं। एक ने समझाया, नानी, एह लोग दिल्ली से आये ने।

नानी से अध-अन्धी आँखें फाड़-फाड़ कर सबकी तरफ देखा। हथेली की छतरी आँखों के आगे हाथ से बनायी। कुछ बच्चों के सहमे हुए चेहरे दृष्टि-दायरे में आये। उसने फटे ढोल की आवाज में अपने गाँव की औरत को डाँटा, "दिल्ली तो आये ने हाय रब्बा, यह दिल्ली में पाकस्तान कब बन गया। मुसलमानों ने मारा है?"

"न, नानी, हिन्दुओं ने घर फूँक दिये, मरदों को जिन्दा जला दिया।"

नानी ने एक बच्ची के सिर पर हाथ रखा। बच्ची सुबकना शुरू हो गयी।

"न पुत्तर, रोंदे नहीं। देखना? कल जवाहरलाल आयेगा। तुम सबको मकान देगा, राशन भी देगा। हम पाकस्तान बनने पर कुलछेतर आये थे, हाँ। हर महीने जवाहरलाल कैम्प में आता था। एक साल में सबको फिर से बसा दिया। मेरी गल पल्ले बाँध लो। उसे पता चल गया होगा कल जरूर आयेगा।"

कुछ बच्चे हँस पड़े। एक ने दूसरे को इशारे से समझाया कि बुढ़िया बिलकुल पागल है। उस अधेड़ औरत ने नानी को बताया, "नानी, जवाहार लाल तो कब का मर गया? अब कहाँ से आयेगा?"

"चुप्प नी जवाहर जरूर आयेगा। बड्डी आयी नानी नू बेवकूफ बनाणवाली।"

अपने गाँव की औरत ने याद दिलाया, "नानी, तेरे दिन पूरे हो गये लगते हैं। तुझे तो कुछ याद नहीं रहता। ट्रक में बैठ कर दिल्ली गयी थी कि नहीं? जवाहरलाल के अन्तिम दर्शन करने।"

नानी हक्की-बक्की। याददाश्त ने छोटी-सी छलाँग लगायी—हाँ, दिल्ली तो गयी थी, किसके मरने पर? महात्मा गाँधी मरे था, तब न। कुड़ी ठीक कहेंदी होयेगी। जवाहर भी मर गया होयेगा।

नानी ने अपने हाथों से पतीलों से सबको दाल परोसी। चुन्नी के किनारे में बँधी गाँठ खोली, हाथ से छूकर बच्चों को पैसे बाँटे, "जाओ पुत्तर, लाले की दुकान से चीजी खा लो। नानी रोज आयेगी। अपने छोनो-मोनो को चीजों के पैसे देगी। खब्बरदार जे कोई रोया ते। कल जवाहर आयेगा। हाँ, कुलछेतर आता था तो मुट्ठियाँ भर-भर बच्चों को पैसे देता था। तुहानूँ वी देगा।"

"चल नानी, बहुत गलाँ हो गइयाँ। इन लोगों के लिए रात की रोटी भी बनानी है।"

"न भैणों, रहने दो। यहीं दो ईंटों का चूल्हा बना कर काम चला लेंगे।" अधेड़ उमर की औरत ने सबकी तरफ से हाथ बाँध कर कहा।

नानी को गुस्सा आ गया, "चुप्प नी, बड़ी आयी चूल्हा बनाने वाली। रफ़ूजी हो, पाकस्तानो आये हो। रोटी बणाओगे। न जी। हमारी गड्डी अम्बरसर रुकी थी।

पंदरा दिन उत्थे रहे। सरगार भरावाँ ने इक दिन चूल्हा नहीं बालने दिया। असी रोटी-रोटी पुचाँवाँगे। देख लेना कल जवाहर आयेगा जरूर-पर-जरूर। सब ठीक कर देगा... 'काँव-काँव' रोटी दे, रोटी दे। अतीत का दृश्य कट गया। मोये भुखे, जरा भी सबर नहीं। नानी घिसटती हुई बाहर आयी। कौवे फुदक कर नीम से नीचे। नानी उन्हें रोटी के टुकड़े डालने लगी।

बाहर के दरवाजे के पास फौजी बूटों की आवाजें। सीपीआरएफवाले आ गये। नानी ने इन दिनों अंग्रेजी का एक और शब्द सीख लिया—सीपीआरएफ दे फौजी।

"नानी तुम इधर से जाने का नहीं, नायक दक्षिण भारत का है। नानी से उलटी-सीधी हिन्दी बोलने में उसे मजा आता है।"

"न पुत्तर, जाणा कहाँ है।"

"बिलकुल ठीक। इस गाँव के हिन्दू-सिख में बहोत प्यार है, फिर डरने का क्यों? तुम जायेगा तो हमारी बोत इज्जत खराब होगा।"

"न पुत्तर, पर जीता ते मल्कियत सवेरे आये थे। कहते है इन्दर बहुत बकबक करता है। खतरा है।"

"हाँ नानी, तुम उसको थोड़ा समझा कर रखो। बोत बात करना अच्छा नहीं। अभी बुरे दिन खत्म नहीं हुए। अच्चा, हम जाते।"

"चुप्प ओए हम जाते के पुत्तर, वोह जो लस्सी का घड़ा भरा रखा है, तेरा बाप आकर पियेगा। हम जाते। बड़ी अंग्रेजी मारता है। जा, अन्दर से उठा ला। सबको पिला। हाय, इतनी गरमी में बेचारे सारा दिन मारे-मारे फिरते हो। लस्सी पी के जाणा।"

"नानी, तुम तो हमारे सीओ साब से ज्यादा गुस्सा करता। बहुत हुकुम मारता है", नायक ने छेड़ा।

"बड़ा देखा तेरी सीओ-फिओ। मेरे सामने ला किसी दिन वोह फटकार दूँ कि आगे से तुम पर गुस्सा नहीं करेगा। हाँ, बड्डा सीओ-फिओ। बच्चों को डाँटता है हाँ..."

जवानों ने लस्सी पी, सबने पैर ठोक कर नानी को सैल्यूट किया और हँसते हुए घर से बाहर चले गये।

नानी ने सिर उठाकर ऊपर देखा। गरदनें पेट के साथ लगाये कव्वे ऊँघ रहे हैं। भर गया पेट। मोयों को शान्ति पड़ गयी। अब सो रहे हैं।

वह फिर चारपाई पर लेट गयी। धूप सीधी माथे पर आ बैठी, शिस्त लगा कर। नानी उठी। चारपाई को थोड़ा परे खींचा, धूप को गाली दी—"मोयी, हाथ धोकर पीछे पड़े रहती है।" उसने चुन्नी की गोल गठरी बनायी, सिर के नीचे रखी, आँखें बन्द कर लीं।

हम चाहे सो जायें, लेकिन स्मृतियाँ तो हमेशा जागती रहती हैं, इन्हें कभी नींद नहीं आती। नानी के सोये मन-माथे में उसके तीन जवान लड़के उग गये। लगातार लम्बे होते हुए। बुरछे जैसे जवान। इतने बड़े हो गये, फिर भी उनके कानों के पीछे नानी काला टीका लगाती थी। बड़ा बहुत गुस्सैल था। एक बार माँ को टोका था, "टीका-फीका मत लगाया कर, यार लोग मखौल उड़ाते हैं।" नानी ने गाली देकर उसे बताया था कि मरजाणे किसी की नजर खा जायेगी। बड़े ने माँ को घूरा और सख्त आवाज में जो कहा, वह वाक्य अब भी नानी के दिल पर खुदा हुआ है–

"कोई माँ का जाया नजर उठाकर देखेगा, तब ही नजर लगेगी न। है कोई बब्बर शेर तो मेरी तरफ देखने का हौसला करे।" उसने अपनी हथेली से कान के पीछे लगा टीका पोंछा और दनदनाता हुआ बाहर निकल गया था।

दूसरा दृश्य अँधेरी कोठरी से बाहर निकला। पहले बलवाइयों ने बड़े के टुकड़े-टुकड़े किये थे, फिर दो छोटे भाइयों के। उसे जिन्दा छोड़ दिया था, ताकि ताउम्र कलेजा जलता रहे। लेकिन बड़े की शक्ल क्यों बदल रही है। उसके कटे सिर की जगह अपने दोहते इन्दर का सिर क्योंकर लग रहा है। नानी की नींद एक झटके से खुली, बिना कमर पर हाथ रखे चारपाई पर उठ बैठी। हथेलियाँ मुँह पर फेरीं। सारे दृश्य वापस अपनी गार में भाग गये। उसने खुद से कहा, "हे रब्बा, खैर रख, दिन को सपने आना तो चंगा नहीं होता। मेरा इन्दर क्योंकर सपने में आया। कहीं टक्कर तो नहीं...।"

सूरज ठीक सिर पर। इन्दर के लौटने का समय हो गया। आज तो घरवाली भी जल्दी लौटेगी। शनीचर को आधी छुट्टी सारी हो जाती है न।

नानी बाहरवाले दरवाजे पर खड़ी हो गयी। किसी आते-जाते से वक्त पूछेगी। सबके लिए गरम-गरम फुलके जो उतारने हैं।

गली वीरान भी और चुप भी। नानी ने गाली दी, "सब मर गये क्या?"

बैलो के गले की घण्टियों की आवाज।

"वे, कौन है?"

"नानी, मैं बख्तावर। जा, अन्दर बैठ। अभी सबके आने में देर है।"

"बख्ते, वकीलों की तरह बहस न किया कर। टैम बता, टैम? फुलके उतारने हैं।"

"ओए नानी दी बच्चो, स्कूल दो बजे बन्द होता है। अभी बच्चों के आने में देर है, अन्दर बैठ। धूप में क्यों सड़ रही है?"

"तू रहा खोता का खोता। आज शनीचरवार है। तेरे बाप स्कूल वाले आधी छुट्टी पूरी छुट्टी करते है। क्या टैम हो गया?"

"ओए नानी, टैम नहीं, टाइम कहते हैं।"

"अच्छा-अच्छा अंग्रेज दे बीज, टैम बता।"

बख्तावर दसवीं पास है। जाते-जाते नानी को छेड़ा, "इलेवन फारटी हो गये, फुलके उतारना शुरू कर दे।"

"ओए कंजरा, ठीक से टैम बोल। यह फारटी तेरी माँ क्या होते हैं?"

बख्तावर हँसा। "ग्यारह चालीस" कह कर आगे बढ़ गया।

नानी घिसटती हुई रसोई में आयी। उसे दिखाई नहीं देता, लेकिन छूकर सारी चीजें तलाश कर लेती है। सरक-सरक कर स्टोव के पास आटा, तवा, चकला इकट्ठा किया। पहली माचिस की तीली बत्तियों वाले स्टोव के बाहर गिरी। उसे पता नहीं चला। थोड़ी देर बाद स्टोव के मुँह के पास हथेली की आँच नहीं लगी। दूसरी तीली जलायी, गाली दी—"मोया, कितनी तीलियाँ साड़ता है।"

वह जब भी रसोई में काम करे, साथ-साथ आरती शुरू—ओम जय जगदीश...

आँगन में स्कूटर रुका। इन्दर दोनों बच्चों और बीवी को साथ ले आया है। दोनों बच्चे भागते हुए अन्दर आये। एक साथ बोले, "नानी, मुँह खोल टॉफी खा।"

"फिर आ गये जूते समेत चौके में। निकलो बाहर। मैं नहीं खाँणी टाफी-फाफी।"

बच्चों ने एक-दूसरे की तरफ देखा, पति-पत्नी ने एक-दूसरे की तरफ देखा। आते ही नानी ने बच्चों को डाँट दिया, जरूर कोई बात होगी।

"दम्मो, चटाई यहीं रसोई में बिछा दे। गरम-गरम फुलके खाओ।"

नानी आज तक सही नाम दमयन्ती नहीं बोल सकी। पहली बार सुना तो गाली दी थी। "मोया कितना मुशकल नाम है? मैं तो दम्मो बुलाऊँगी।"

सबने खाना शुरू किया।

"नानी, क्या बात है, कोई आया था क्या?"

"हाँ, जीता और मल्कियत आये थे। तेरी शिकायत लेकर।"

"क्या शिकायत?" इन्दर ने जरा कड़ी आवाज में पूछा।

"और कौन-सी नयी बात करेंगे। कहरे थे तूने उगरवादियों के खिलाफ बोलना बन्द नहीं किया।"

"जो गलत बात है। उसके खिलाफ तो बोलूँगा ही।"

"क्यों, सिर फट चुका है पहले भी, अक्कल नहीं आयी? हिन्दुओं के खिलाफ बोलता था न! जब दिल्ली में पाकस्तान बना, फाड़ दिया न सिर अगलों ने।"

"शीज राइट।" पत्नी ने समझाया।

"दम्मो, तुझे सौ बार कहा है मेरे सामने गिटपिट मत मारा करो। अपनी बोली में कह, जो कहना है।"

इन्दर ने पत्नी को डाँटा, "तुम बीच में मत बोलो। पढ़ी-लिखी हो फिर भी इतनी समझ नहीं कि हमारे चुप रहने से जो गलत है, ठीक नहीं हो जाता।"

"इन्दर पुत्तर, पढ़-लिख कर तेरी मत मारी गयी है क्या। तू सच का नम्बरदार तो नहीं। पहले तो सिर फूटा था, अब मारा जायेगा, मारा। सच्चा होने से अक्लमन्द होना चंगा है। एक चुप सौ सुख।" वह चुप हो गया। दोनों बच्चों ने ताली बजायी, "पापा को पनिशमेंट, पापा को पनिशमेंट।" नानी का मुँह उँगलियों से खोला, एक-एक टॉफी जीभ पर रखी। नानी ने लम्बी साँस अन्दर खींची। टॉफी का रस जीभ पर बिछला और वह हँस पड़ी।

"इन्दर, रेडियो सुणा। आज तो कोई नहीं मारा गया न?"

"नानी, पाँच मरे।" और वह खाना बीच में ही छोड़ कर उठ गया।

न हालात बदले, न ही इन्दर बदला। आदमी-तो-आदमी अब जानवर भी दिन ढलने से पहले लौट आते हैं, बिना मालिक गायें और सड़की-कुत्ते दुकानों के गलियारों में दुबके हुए। इन्होंने भी सब जगह व्याप्त खतरे को सूँघ लिया, पहचान लिया।

पहले नानी के नाम एक पोस्टकार्ड आया। चेतावनी दी गयी कि अपने इन्दर शर्मा को समझा ले, नहीं तो... गाँववालों ने नानी को समझाया कि किसी शरारती लड़के ने लिख दिया होगा। लेकिन हमेशा गरज कर बोलने वाला मल्कियत सिंह यह खत पढ़ कर कुछ न बोला, सिर्फ लम्बी उसाँस भर कर नानी के आँगन से उठ गया। हाँ, आजकल वह अपनी दोनाली बन्दूक हर वक्त पास रखता है। सूरज ढलने के बाद सुरजीत सिंह के साथ प्रत्येक हिन्दू परिवार के घर के सामने से गुजरता है, उन्हें हौसला बँधाता हुआ। नानी के घर दोनों रात गये तक बैठते हैं।

रात का पहला पहर ढल चुका होगा। मोटरसाइकिल की आवाज नानी के घर की तरफ बढ़ती हुई। सबसे पहले सुनी भी उसने। डर हमारी इन्द्रियों को सान पर चढ़ा कर चौकस कर देता है। उसने पूरे जोर से इन्दर को आवाज दी, "इन्दर, उठ। अन्दर भाग। आ गये वो लोग।" उसने भी मोटरसाइकिल की आवाज सुनी। नानी की फटे ढोल की आवाज ने उसे झटके से जगा दिया।

"सो जा नानी। यहाँ कौन आयेगा। कोई पिक्चर देख कर शहर से लौटा होगा।"

नानी की आँखों में अपने बड़े बेटे के कटे सिर की जगह इन्दर का सिर लगने का दृश्य फिर कूद आया। चीख-चीख कर–"बचाओ, ए लोगो बचाओ" आसमान सिर पर उठा लिया। नीम पर सोये परिन्दे जागे, इन्दर की बीवी और बच्चे जागे, आँगन में कुहराम मच गया।

मोटरसाइकिल उनके घर के आगे रुकी। नानी और दमयन्ती इन्दर को आँगन से अन्दर की ओर घसीटती हुई। बाहर का दरवाजा किसी ने लात मार कर तोड़ दिया। मुँह पर कपड़ा लपेटे एक आदमी अन्दर आया। कन्धे पर बन्दूक रखी।

मोटरसाइकिल की आवाज मल्कियत सिंह ने भी सुनी दौड़ कर अपने मकान की छत पर चढ़ा। नानी का घर साफ दिखाई दिया। इतनी दूर से निशाना तो क्या लगेगा, लेकिन फायर करके डराया तो जा सकता है। पहली गोली उसने नीम के पेड़ की तरफ चलायी। मुँह पर कपड़ा बाँधे आदमी के कन्धे पर रखी बन्दूक गोली की आवाज से थोड़ा नीचे हो गयी। उसने भी फायर किया। गोली इंदर की जाँघ पर लगी। मोटरसाइकिल पर बैठे आदमी ने कुछ कहा। मल्कियत ने दूसरा फायर किया। वह आदमी आँगन से दौड़ कर बाहर निकला। मोटरसाइकिल के पीछे बैठा। दनदनाती 'बुलेट' गाँव से बाहर जाती सड़क पर मुड़ गयी।

गोलियों की आवाज गाँव के सारे लोगों ने भी सुनी। आँगन में सो रहे लोग घरों के अन्दर भाग गये। दरवाजे मजबूती से बन्द कर लिए। सबसे पहले मल्कियत और सुरजीत नानी के घर पहुँचे। पास खड़ी इन्दर की पत्नी को सुरजीत ने डाँटा, "बीबी", अन्दर जा और बच्चों को चुप करा। तू कहाँ की डाक्टर है?"

मल्कियत ने इन्दर की लुँगी खोली। जाँघ को छुआ, जो खून से लथपथ हो चुकी थी। सुरजीत ने टॉर्च जलायी। मल्कियत ने हाथ से ही जाँघ का खून पोंछा, घाव देखने के लिए। "नानी, बच गया। गोली पट्ट के मांस पर ही लगी है। बाहर निकल गयी। हड्डी बच गयी है। चार दिन में चंगा हो जायेगा।

मल्कियत का बड़ा लड़का गाँव की डिस्पेंसरी के हिन्दू डॉक्टर को साथ लेकर वहाँ पहुँचा। डॉक्टर ने चौखट के सहारे बैठी नानी को गुस्से से देखा और जहरीली आवाज में कहा, "नानी, यह तेरा इन्दर गाँव के सारे हिन्दुओं को कत्ल करवा कर ही रहेगा।"

जवाब सुरजीत ने दिया, "भरावा, तू पहले पट्टी कर दे, फिर हिन्दू-सिक्ख का रोना रो लेना।"

"यह तो पुलिस-केस है। पहले रिपोर्ट दर्ज..."

"क्यों भाई डॉक्टर साहब बन्दूक बड़ी कि पुलिस?" मल्कियत सिंह ने अपनी बन्दूक कन्धे पर रख कर पूछा।

डॉक्टर सहम गया। अपनी दवाइयों का बैग खोला।

इन्दर को सुबह तक होश आ गया। गाँव के बड़े-बूढ़े ने आपस में सलाह की कि पुलिस में रपट दर्ज कराने से कुछ न होगा, उलटा इन्दर की जिन्दगी बिलकुल खतरे में पड़ जायेगी। सुरजीत ने भरी आवाज में इन्दर और नानी को सलाह दी अब उन्हें यहाँ से चले जाना चाहिए। मल्कियत आँखें नीचे किये धरती को घूरता रहा। वह कह या कर भी क्या सकता है। इन्दर पर रास्ते में भी हमला हो सकता है। तब कौन बचायेगा?

"हाँ पुत्तरो, अब हम हिन्दुस्तान चले जायेंगे, नानी की आवाज में न दम, न नोक-झोंक।" मल्कियत ने समझाया, "नानी झल्ली तो नहीं हो गयी कौन-से हिन्दुस्तान जायेगी।"

"न, हम हिन्दुस्तान चले जायेंगे।"

इन्दर को करनाल के एक कॉलेज में नौकरी मिल गयी। दीवाली से एक दिन पहले वहीं जाना तय हो गया। नानी ने गाँव की औरतों को बताया—"हम हिन्दुस्तान जा रहे हैं। कुलछेतर कैम्प लगा है।"

"नानी, इन्दर को करनाल नौकरी मिली है, हम कुरुक्षेत्र नहीं जा रहे।" इन्दर की पत्नी ने समझाया।

लेकिन नानी तो पिछले महीने-भर से अतीत में जी रही है—विभाजन के दिनों ने गुफा से निकल कर उसके दिमाग के छोटे-से जाग्रत हिस्से पर कब्जा कर लिया है। अतीत हमेशा अपने को दोहराता है इसलिए हमेशा वर्तमान से जुड़ा हुआ रहता है।

"देख दम्मो, मुझे झूठे दिलासे मत दे, हाँ, हम कुलछेतर कंप में जा रहे हैं। मुझे सब पता है।"

ट्रक का प्रबन्ध सुरजीत ने कर दिया। सुबह मुँह अँधेरे सामान लाद गया। नानी को उठा कर ट्रक में मल्कियत ने लिटाया और हौसला दिया, "नानी, मैं तुझे वापस लेने आऊँगा। यहाँ के मकान की फिकर न करना। रब्ब सब कुछ जल्दी ही ठीक कर देगा।"

"न पुत्तर मलकीते। हम तो अब कुलछेतर कंप में ही रहेंगे।" नानी ने आँखें बन्द कर लीं।

सुरजीत और मल्कियत अपनी जीप में इनके साथ जायेंगे, पंजाब की सीमा तक पहुँचाने।

आगे-आगे ट्रक, पीछे-पीछे जीप। हवा में ठण्डका आ गया है। नानी ने मोटा खेस मुँह पर लपेटा और सो गयी। छोटे बच्चे और दम्मो की भी आँख लग गयी। इन्दर आगे ड्राइवर के पास बैठा है।

लगभग तीन घण्टे में ट्रक हरियाणा की सीमा में पहुँच गया। धूप में थोड़ी गर्मी। पुलिस चौकी वालों ने चेकिंग के लिए रोका। इन्दर ने उन्हें करनाल में नौकरी मिलने की बात बतायी। सच पुलिस वालों को भी पता है। उन्होंने चुपचाप, उदास चेहरों से ट्रक अन्दर से देखा और आगे जाने की आज्ञा दे दी।

मल्कियत ट्रक में चढ़ा। नानी के पैर छुए, ऊँची और छेड़ती आवाज में कहा, "नानी उठ तेरा हिन्दुस्तान आ गया।" लेकिन नानी ने कोई जवाब नहीं दिया।

सुरजीत ने नानी के मुँह से खेस हटाया। कान के पास जोर से बोला, "नानी उठ अपना हिन्दुस्तान देख ले।"

लेकिन नानी न हिली, न डुली, बस पथराई आँखें खुली-की खुली। मल्कियत ने हथेली से उसकी मरी हुई आँखें बन्द कीं। नानी हिन्दुस्तान की सीमा के पार जा चुकी थी।

□□